WESTEND

W0075444

Herborn

EMRAN FEROZ

DER LÄNGSTE KRIEG

20 Jahre *War on Terror*

31.8.21

WESTEND

Mehr über unsere Autoren und Bücher:
www.westendverlag.de

Die Deutsche Nationalbibliothek verzeichnet diese Publikation in
der Deutschen Nationalbibliografie; detaillierte bibliografische Daten
sind im Internet über http://dnb.d-nb.de abrufbar.

Das Werk einschließlich aller seiner Teile ist urheberrechtlich geschützt.
Jede Verwertung ist ohne Zustimmung des Verlags unzulässig. Das gilt
insbesondere für Vervielfältigungen, Übersetzungen, Mikroverfilmungen
und die Einspeicherung und Verarbeitung in elektronischen Systemen.

ISBN: 978-3-86489-328-5
© Westend Verlag GmbH, Frankfurt / Main 2021
Satz: Publikationsatelier, Dreieich
Umschlaggestaltung: Buchgut, Berlin
Druck und Bindung: CPI – Clausen & Bosse, Leck
Printed in Germany

für Maamaa Waheed

Inhalt

Einleitung

Im April 2021 verkündete US-Präsident Joe Biden, die verbliebenen 3 500 Truppen bis zum 11. September abziehen zu wollen.[1] Damit beschreitet er den Pfad seines überaus umstrittenen Amtsvorgängers Donald Trump, der bereits im Jahr zuvor mit dem Truppenabzug begann. Der längste Krieg der Geschichte der Vereinigten Staaten soll, so scheint es, beendet werden – zumindest aus amerikanischer Sicht. Für die meisten Afghanen war Washingtons zwanzigjährige Intervention lediglich eine Fortführung der Kriege und Konflikte, die in ihrem Land bereits seit dem Ende der 1970er-Jahre andauern. Das Interesse dafür war allerdings bis zum damaligen Zeitpunkt äußerst gering oder kaum vorhanden. Viele Menschen in westlichen Staaten konnten mit Afghanistan wenig bis gar nichts anfangen. Das Land klang für viele Ohren exotisch und mystisch. Es hatte etwas Unbekanntes. Der ein oder andere wusste von den Bergen des Hindukusch und dass dort irgendwie Krieg herrscht. Doch damit hatte man selbst nichts zu tun. All dies änderte sich schlagartig mit den Terroranschlägen vom 11. September. 19 Terroristen griffen das World Trade Center in New York sowie das Pentagon in Washington an und töteten fast 3 000 Menschen. Als Folge davon erklärten die Vereinigten Staaten, damals angeführt von George W. Bush, Afghanistan, eines der ärmsten Länder der Welt, zum Feind, der die »freie Welt« angegriffen habe – und das, obwohl keiner der Täter Afghane war. Die Kriegstrommel wurde geschlagen und es war praktisch unmöglich, ihr zu entkommen.

Am 11. September 2001 war ich neun Jahre alt und lebte in Innsbruck, meinem Geburtsort. Rund zwei Jahre zuvor hatten meine Familie und ich die österreichische Staatsbürgerschaft erhalten. Jenseits der Tiroler Alpen hatte ich noch nicht viel gesehen und über meine afghanische Heimat wusste ich praktisch nichts. Als ich an jenem Tag nach Hause kam und mich auf das damals übliche Zeichentrickprogramm im Fernsehen freute, wurde ich enttäuscht. Meine Eltern starrten gebannt auf das Gerät, während auf allen Sendern ein Sonderprogramm lief. Man sah die einstürzenden Türme in New York und panische Reporter, die live zugeschaltet waren. Die Berichterstattung hörte nicht auf und meine Eltern machten einen besorgten Eindruck. Dann wurde das Bild eines bärtigen, Turban tragenden Mannes gezeigt. Mein Wissen über Afghanistan war beschränkt, doch ich wusste, dass *Osama bin Laden* kein afghanischer Name war. Allerdings sollte er in irgendeiner Art und Weise mit den *Taliban* zu tun haben, die zum damaligen Zeitpunkt über weite Teile Afghanistans herrschten. Ich wusste damals noch nicht, wie sehr mich diese zwei Begriffe, »bin Laden« und »Taliban«, in den darauffolgenden Tagen und Jahren verfolgen würden. Ab dem 12. September 2001 war ich in der Schule plötzlich »der Afghane«, mit dem zuvor selbst die Türken, Bosniaken oder Serben nichts anfangen konnten.

»Emran, ihr seid doch aus Afghanistan. Weißt du, warum die das gemacht haben?«, fragte mich eine Grundschullehrerin vor versammelter Klasse. Ich nahm es ihr damals nicht übel. »Der hat irgendwie mit Afghanistan zu tun. Er ist zwar ein Kind, aber vielleicht hat er eine Antwort.« Vielleicht dachte sie sich so etwas. Stotternd versuchte ich, etwas zu sagen, ja, etwas zu erklären. »Bin Laden ist aber kein Afghane … Das haben meine Eltern gesagt …«, brachte ich dann heraus. Rückblickend denke ich, dass das wahrscheinlich der Anfangspunkt einer langen Entwicklung war, die mich zu dem gemacht hat, was ich heute bin: Vom damaligen Tag an war ich der ewige Erklärer des Krieges in meiner Heimat. In der Pause ging es weiter mit dem Afghanistan-Thema. Meine Mitschüler meinten, dass mein Land bombardiert werden müsse und dass »wir es verdient hätten«. Der »Dritte Weltkrieg«, Atombombenabwürfe und allerlei mögliche Schreckensszenarien wurden an die Wand gemalt. »Die machen euch und die Taliban platt!«, hörte ich des Öfteren. Hinzu kamen Kommentare wie: »Ist Osama bin Laden dein Onkel?« Heute weiß ich, dass ich damals nicht der Einzige war, dem es so erging. In der gesamten westlichen Welt begann eine Welle der Islamfeindlichkeit und viele Kinder wurden in ihren Schulen aufgrund der Tatsache, dass sie Muslime waren oder als solche gesehen wurden, drangsaliert, schikaniert und gemobbt. Das Ganze hatte allerdings verschiedene Ebenen, die in der Rassismusforschung teils bis heute übergangen werden. Ein Schüler türkischer Herkunft wurde womöglich von seinen Mitschülern zum Ziel derartiger Angriffe, doch sobald sich jemand, den man eher mit »bin Laden« und »Taliban« assoziieren konnte, in der Nähe befand, wechselte auch ebenjener Türke schnell die Seite, um das neue Opfer – einen Pakistaner, einen Afghanen oder einen Iraker – anzufeinden. Dies war auch bei mir der Fall, und da ich der einzige Afghane weit und breit war, wurden der gesamte Hass sowie all die Verachtung auf mich projiziert. Meine Mitschüler waren plötzlich kriegsgeil und rassistisch. Doch letztes Endes handelte es sich nur um Kinder, und die imitieren meist die Erwachsenen. Die »Unwissenden und Ignoranten«, mit denen ich mich bis heute auseinandersetze, sind in erster Linie Historiker, Feuilletonisten, Journalisten und Politiker. In meiner Familie hingegen stieg ganz real die Angst vor einem Angriff auf Afghanistan durch die USA, der sich nun immer deutlicher abzeichnete. Plötzlich machte man sich nicht nur um Verwandte vor Ort Sorgen, sondern auch um wildfremde Landsleute, die durch mögliche Bombardements getötet werden könnten. Für mich war das ein neuartiges, besorgniserregendes Gefühl. »*Mein Land* wird bombardiert«, dachte ich mir immer und immer wieder. Es gab Tage, an denen mich der Stress erdrückte. Während die Menschen um mich herum nach Vergeltung lechzten und den Krieg regelrecht herbeisehnten, wurde ich unruhiger und nervöser. Tatsächlich war dies nicht nur in meinem persönlichen Umfeld der Fall, sondern in vielen westlichen Ländern. Kaum jemand stellte einen Angriff auf Afghanistan in Frage. Auch die höchsten politischen Institutionen der Welt, etwa die Vereinten Nationen, segneten jenen Krieg, der seinerzeit von George W. Bush als »Kreuzzug« bezeichnet wurde, ab. Der illegale Angriff auf ein Land und die kollektive Bestrafung eines gesamten Volkes, das mit den Anschlägen in den Vereinigten Staaten nichts zu tun hatte, wurden einfach für legal erklärt. Der NATO-Bündnisfall trat in Kraft und für viele Menschen, nicht nur Politiker und Militärs, war das anscheinend die normalste Sache der Welt. Im US-Repräsentantenhaus stimmte lediglich eine Abgeordnete, Barbara Lee aus dem Bundesstaat Kalifornien, gegen den Kriegseinsatz. »Ich will nicht erleben, dass diese Spirale außer Kontrolle gerät. Falls wir voreilig zurückschlagen, besteht die große Gefahr, dass Frauen, Kinder und andere Nichtkombattanten ins Kreuzfeuer geraten«, sagte sie damals. Außerdem warnte Lee vor einem Krieg »mit offenem Ende« und »ohne Exit-Strategie«. Doch sie wurde verhöhnt, verschmäht und als Terrorsympathisantin – ein Begriff, der in den darauffolgenden Jahren inflationär gebraucht wurde – abgestempelt.[2]

Am 7. Oktober 2001 begann der längste Krieg der amerikanischen Geschichte. Zum damaligen Zeitpunkt wusste das natürlich noch niemand. Bomben und erstmals auch bewaffnete Drohnen kamen im gesamten Land zum Einsatz. Am Boden verbündeten sich US-Spezialeinheiten mit verschiedenen afghanischen Warlords, Drogenbaronen und allerlei anderen fragwürdigen Akteuren, deren Biografien bereits auf dem ersten Blick deutlich machten, dass es Washington und seinen Verbündeten weder um Menschenrechte noch um Demokratie ging. Innerhalb kürzester Zeit wurde das Taliban-Regime zu Fall gebracht. Selbst noch Jahre später behauptete ZDF-Frontmann Claus Kleber, dass »die Afghanen« sich über die amerikanische Intervention gefreut hätten. Kleber meinte, derartige Reaktionen in Kabul erlebt zu haben, und wollte damit gleichzeitig jene in die Schranken weisen, die den NATO-Einsatz kritisierten. Im Dezember 2009, zwei Monate nachdem auf Befehl des Bundeswehrobersts Georg Klein über 150 Zivilisten durch einen Luftangriff in der nördlichen Kunduz-Provinz getötet wurden, behauptete ZDF-Korrespondent Hans-Ulrich Gack, dass die Bundeswehr »zu sanft« vorgehen würde und »viele Afghanen« ein härteres Vorgehen begrüßen würden.[3] Damit schloss sich Gack dem politischen Neusprech Washingtons und anderer Kriegsparteien an. Anstatt dieses als Journalist zu hinterfragen, verbreitete er es mit Eifer, etwa indem er den korrupten Polizeichef der Provinz, der von der NATO installiert wurde, zitierte und meinte, man müsse die Afghanen »auf die Linie der Bundeswehr und der Bundesregierung« bringen. Journalisten wie Kleber oder Gack, die von Afghanistan praktisch nichts wussten und doch stets mit ihrem Halbwissen prahlten, waren letztendlich wohl auch einer der Gründe, warum ich irgendwann selbst zur Schreibfeder gegriffen habe und Kriegsreporter geworden bin. Die westliche Kriegsberichterstattung hat mich meist frustriert – nicht nur in Sachen Afghanistan. Oftmals war sie geprägt von Unwissen oder rassistischen und orientalistischen Stereotypen. Allein schon von »den Afghanen« zu sprechen, offenbart große Ignoranz, denn die verschiedenen Gruppen, die im Gebiet des heutigen Afghanistan leben, sind überaus heterogen. Dennoch glauben viele westliche Journalisten, aus ihren Beobachtungen in den urbanen Ballungszentren wie Kabul allgemeingültige Rückschlüsse ziehen zu können. Hinzu kommen sprachliche und kulturelle Barrieren, die nicht nur von Kleber, sondern von vielen anderen renommierten Journalisten westlicher Medien kaum durchbrochen wurden. Noch im Jahr 2020 kündigte die *New York Times* an, dass ihr frisch gekürter Kabuler Bürochef aufgrund seiner Verlegung »ein wenig Dari« lernen wolle.[4] Dies zeugt nicht nur von Naivität, sondern auch von Ignoranz. Mir ist kein Fall bekannt, in dem ein derart bekanntes Medium eine ähnliche Ankündigung machte, bevor es einen Korrespondenten nach Washington, London oder Paris entsandt hat. Dies hat unter anderem auch mit dem verbreiteten Glauben zu tun, dass Auslandsreporter stets eine gewisse Distanz zu ihrer Arbeitsumgebung bewahren müssen. Dass die Resultate der Berichterstattung oftmals dennoch alles andere als objektiv sind, wird meist übergangen. In Afghanistan und anderen Schauplätzen des »War on Terror« wurden solche Fehler in den letzten Jahrzehnten stets wiederholt, und sie haben verheerende Folgen gehabt. Doch um zurück auf Klebers Aussage zu kommen: Natürlich freuten sich viele Afghanen über den Fall jenes Regimes, welches jahrelang ihre persönlichen Freiheiten unterdrückte. Männer rasierten sich die Bärte ab. Viele Frauen entledigten sich ihrer Burka. Die meisten Afghanen leben allerdings nicht in den Städten, sondern auf dem Land – und in jenen ländlichen Gebieten waren die Reaktionen gänzlich anders. Dort konnte man sich nämlich nicht über den Sturz des Taliban-Regimes freuen, da man selbst von den Amerikanern und ihren Verbündeten gejagt, bombardiert und massakriert wurde.

Ein Afghane aus Paktia oder Kandahar hat einen völlig anderen Erfahrungshorizont als sein Landsmann in Kabul. Während in der afghanischen Hauptstadt viele Menschen zu lauter Musik feierten, mussten sich andere vor den Bomben der US-Kampfjets in Sicherheit bringen. Es spricht im Grunde genommen für sich, dass bis heute niemand sagen kann, wie viele Afghanen in diesen Tagen zu Tode bombardiert wurden. Niemand hat sie gezählt. Belegt ist inzwischen allerdings, dass damals einige der brutalsten Kriegsverbrechen der jüngeren afghanischen Geschichte stattgefunden haben. In den darauffolgenden Monaten wurden weitere Gräueltaten von mutigen Journalisten dokumentiert. Einige davon schnappte ich schon als Kind auf. In unserer Wohnung war es abends üblich, dass meine Eltern vor dem Fernseher saßen und die Nachrichten oder Dokumentationen verfolgten, vor allem, wenn es um Afghanistan ging. Ich erinnere mich vage an einen Dokumentarfilm, in dem ein greiser Afghane weinend über das Grauen erzählte, das ihm widerfuhr, nachdem er vom US-Militär verhaftet wurde. Er wurde in ein Zimmer eingesperrt und von mehreren Soldaten sexuell missbraucht. Es fiel ihm sichtlich schwer, über seine Erfahrungen zu sprechen. Nicht nur in der afghanischen Kultur ist es ein Tabu, wenn ein Mann offen über solche Dinge spricht. Das Interview war herzzerreißend. Meine Eltern saßen wie versteinert auf dem Sofa und unterdrückten ihre Tränen. Bereits damals wurde mir klar, dass mit dem Einmarsch des Westens in Afghanistan die Barbarei dort kein Ende finden würde. Vielmehr wurden die fremden Mächte selbst ein weiteres Mal zum Barbar – ähnlich wie in den Jahren zuvor, als die Briten oder die Sowjets ins Land einmarschiert sind. Gleichzeitig verspürte ich den Drang, eines Tages selbst über diesen Krieg zu berichten. Umso bezeichnender ist die Tatsache, dass Stimmen wie jene des namenlosen, greisen Mannes bis heute konsequent überhört werden. Man könnte fast meinen, sie hätten nie existiert. Weite Teile der westlichen Berichterstattung fokussieren sich weiterhin auf die bekannten Missetäter, also auf die Taliban oder auf den sogenannten Islamischen Staat (IS), der mittlerweile auch in Afghanistan agiert und dessen Aufstieg eine direkte Folge des mörderischen und zerstörerischen »War on Terror« ist.

Oftmals wird versucht, die Gewalt zu »afghanisieren«: Wir, sprich, der Westen, haben mit alldem nichts zu tun. Wir wollen nur helfen, doch die Barbaren zerfleischen sich untereinander. Dieses Narrativ wird konsequent durchgedrückt und immer wieder neu aufgerollt. Die Opfer westlicher Gewalt werden stets als Kollateralschäden dargestellt, die man eigentlich nicht töten wollte. Auch hierfür wird meist die Gegenseite verantwortlich gemacht. Man spricht von »menschlichen Schutzschildern« oder findet irgendeine andere Rechtfertigung für das erneute Massaker. Auch hierbei handelt es sich um keine neue Entwicklung. Wer die Berichte von britischen Kolonialisten, die einst Afghanistan erobern wollten, liest, wird oftmals feststellen, dass sich diese kaum von dem unterscheiden, was einige renommierte Medien bis heute über das Land produzieren.

»Früher waren wir aufgrund eines kleinen Streites traurig und zerbrachen uns deshalb tagelang den Kopf. Heute sterben jeden

Tag Menschen und es interessiert niemanden«, sagte mir eine Frau aus Kabul vor einigen Jahren in einem Interview. Sie schwelgte in Nostalgie und erinnerte sich an ihre Schuljahre in den 1970er-Jahren in der damals friedvollen Hauptstadt. Einige Jahre später marschierte die Sowjetunion ins Land ein. Spätestens seit ihrer Niederlage wird Afghanistan als »Friedhof der Supermächte« bezeichnet. Dies stimmt in gewisser Hinsicht, doch in erster Linie haben jene Supermächte Afghanistan zum Friedhof der Afghanen gemacht. All die namenlosen Zivilisten, die in den letzten zwei Jahrzehnten getötet wurden, sind auch der Grund, warum die Vereinigten Staaten und ihre Verbündeten heute als Verlierer dastehen. »Wer weiß, was ich gemacht hätte, wenn fremde Mächte in mein Land einmarschiert wären. Ich hätte wohl auch zur Waffe gegriffen und mich verteidigt«, sagte mir der Kriegsveteran und Buchautor Erik Edstrom vor einigen Monaten.[5] Als Edstrom 2009 ein Jahr lang in Afghanistan stationiert war, fing er nach einiger Zeit an, jene, die ihn bekämpften, zu verstehen. Radikalisierung, Extremismus und Militanz liegen nicht nur in der Natur der Afghanen, obwohl man ihnen seit vielen Jahren jene Attribute in orientalistischer Manier zuschreibt, um gewisse Entwicklungen zu »analysieren«. Was das konkret bedeutet, beschrieb der palästinensisch-amerikanische Literaturtheoretiker Edward Said bereits vor über vier Jahrzehnten. In seinem umfangreichen Werk *Orientalismus* machte Said deutlich, dass eurozentristische Sichtweisen seit Jahrhunderten die Sichtweise der westlichen Welt auf den sogenannten Orient, zu dem viele auch Afghanistan zählen, bestimmen. Man hätte meinen können, dass solche Sichtweisen und Vorurteile in der Welt des 21. Jahrhunderts endgültig aus der Welt geschafft werden. Doch Fehlanzeige. Stattdessen wurden jene Theorien und Narrative, die Said und zahlreiche andere Menschen kritisiert und dekonstruiert haben, nicht nur wiederbelebt, sondern gezielt instrumentalisiert, um die afghanische oder irakische Bevölkerung zu unterdrücken. Ein Beispiel hierfür ist etwa die Arbeit des britischen Historikers und Orientalisten Bernard Lewis, dessen einstige Debatten mit

Said berühmt waren. Lewis begrüßte den »War on Terror« und sprach sich mehrmals explizit für eine US-Invasion des Iraks aus. In einem Interview mit dem bekannten US-Journalisten Michael Hirsh bezeichnete Lewis die Anschläge des 11. Septembers als »Auftakt für den finalen Kampf zwischen der westlichen und der islamischen Zivilisation«. Brutale Angriffskriege auf muslimische Länder betrachtete Lewis als notwendig.[6]

Lewis' Vision wurde auch in Afghanistan schnell sichtbar: Stetige Bombardements, Drohnenangriffe, brutale nächtliche Razzien, die mit extralegalen Hinrichtungen enden, ein korrupter Regierungsapparat und die systematische Folter an Orten wie Guantanamo oder Bagram nahe Kabul haben dazu geführt, dass die Taliban in den letzten Jahren massiv erstarkt sind und mittlerweile mindestens die Hälfte Afghanistans unter ihre Kontrolle gebracht haben. Im Fachjargon bezeichnet man dieses Phänomen als »blowback«, als Rückstoß: Die Gewaltexzesse der westlichen Militärmächte in den letzten Jahren kommen wie ein Bumerang zurückgeflogen. Dies lässt sich nicht nur auf innerafghanischer, sondern auch auf globaler Ebene feststellen. Extremistische Akteure wie die Taliban sind ein großer Teil des Problems. Allerdings sind sie in erster Linie ein Symptom und nicht die Ursache. Die Kriege in Afghanistan haben Generationen von Islamisten auf der ganzen Welt beeinflusst. Damit ist nicht nur der brutale amerikanische Krieg am Hindukusch gemeint, sondern auch der sowjetische, der in diesem Buch zum Teil ebenfalls behandelt wird. »Wir wollen keinen Kolonialismus, weder vom Westen noch vom Osten«, proklamierten junge Islamistenführer, damals noch eher unbedeutend, bereits in den 1960er-Jahren in Kabul. Später scharten ebenjene reaktionären Kräfte Hunderttausende von Afghanen um sich, die alle bereit waren, die sowjetischen Besatzer in ihrer Heimat zu bekämpfen. Im Laufe der zehnjährigen sowjetischen Besatzung wurden rund zwei Millionen Afghanen getötet, während zahlreiche weitere als Geflüchtete durch die verschiedensten Länder ziehen mussten. Wer meint, dass die afghanische Gesellschaft sich von diesem mörderischen Krieg erholt hat, täuscht sich. Tatsächlich sind viele Dinge, die sich in den späten 1970er- und 1980er-Jahren ereigneten, stark mit der Gegenwart verstrickt: So wurde bereits damals ein »Krieg gegen den Terror« propagiert, und zwar vonseiten Moskaus und der kommunistischen Diktaturen in Kabul. Erwähnenswert ist in diesem Kontext auch die unterschiedliche Wahrnehmung auf die Kriege Moskaus und Washingtons. Ich kann mich nicht erinnern, auch nur einen Afghanen getroffen zu haben, der den Aufstand gegen die Rote Armee sowie die Tötung sowjetischer Soldaten durch afghanische Rebellen nicht gutgeheißen hat. Dies betrifft sogar die Vertreter jener Lager, die während des Kalten Krieges mit Moskau verbündet waren. »Der Dschihad gegen die Sowjets war legitim«, erzählten mir im Laufe der Jahre mehrere afghanische Exkommunisten. Wer Russen getötet hat, gilt als Held, der nichts Verwerfliches getan hat. Paradoxerweise wird über die US-Besatzung bereits in ähnlicher Art und Weise gesprochen. Auch hier – und das mag eine unbequeme Wahrheit für so einige westliche Beobachter sein – unterscheiden viele Afghanen ganz klar zwischen NATO-Soldaten und afghanischen Sicherheitskräften, die getötet werden. Im Grunde genommen weiß man nämlich, dass es sich bei Ersteren um ausländische Besatzer handelt, die in Afghanistan nichts zu suchen haben. Paradoxerweise hört man derartige Töne oftmals auch, »off the record« selbstverständlich, von ehemaligen Offiziellen und Vertretern der Kabuler Regierung, deren Machterhalt seit zwei Jahrzehnten von den westlichen Truppen abhängt.

Dieses Buch soll vor allem die afghanische Sichtweise der Dinge deutlich machen und einige der Märchen und Falschaussagen rund um die Afghanistan-Kriege dekonstruieren, die bis heute in den westlichen Medien verbreitet werden. Es soll verdeutlichen, dass Afghanistan nicht zur Projektionsfläche für den eigenen Eurozentrismus werden darf, um verschiedene politische Agenden zu rechtfertigen. Afghanistan ist ein wunderbares Land mit einer äußerst komplexen Geschichte und heterogenen Gesellschaft. Es lässt sich in vielerlei Hinsicht weder in links noch rechts oder in konservativ, liberal oder traditionell einordnen. Obwohl derartige Begrifflich-keiten oft fallen, sind sie die Resultate westlicher Denkweisen und Diskurse – und diese haben in den letzten Jahrzehnten nicht nur in Afghanistan viel Unheil angerichtet. Ein Grund hierfür ist auch die westliche Wissensproduktion rund um das Land. Die meisten Autoren bekannter englischsprachiger Bücher, wissenschaftlicher Schriften oder journalistischer Artikel sind keine Afghanen. Einige von ihnen sind renommierte Denker, deren Expertise ich zu schät-zen weiß. Viele andere hingegen haben Afghanistan mehr oder weniger als eine Art Karriereleiter missbraucht. Die eurozentristi-sche Brille wird dabei selten abgelegt. Gleichzeitig profitieren sie vom Krieg und vom Leid der Menschen und agieren nicht selten als indirekte Vertreter der militärisch-industriellen Komplexe des Westens. Konkret bedeutet dies, dass ihre Einschätzungen und Analysen oftmals in Einklang mit denen jener Akteure sind, die von solchen Kriegen profitieren, sprich, Rüstungsindustrie, Geheim-dienste, Militär und Politik. Im vorliegenden Buch soll daher expli-zit die afghanische Perspektive auf die Konflikte der Vergangenheit und insbesondere seit dem Einmarsch der USA 2001 zur Geltung kommen. Viele Leser und Leserinnen mögen durch die mediale Berichterstattung bereits stark vorgeprägt sein, daher gleicht mein Vorhaben auch einer Zurückeroberung dieser ganz anderen Sicht-weise auf den Krieg in Afghanistan – im heutigen Sprachgebrauch würde man wohl von »Reclaimen« sprechen.

Seit fast einem Jahrzehnt berichte ich über und aus Afghanistan. Während meiner regelmäßigen Reisen hielt ich mich nicht nur in Kabul auf, sondern besuchte bewusst Orte, zu denen andere Jour-nalisten, auch afghanische, nur selten gelangen. Der Umstand, dass ich selbst einen afghanischen Hintergrund habe, hat im Laufe meiner Recherchen sowie meiner Berichterstattung meist eine wichtige, konstruktive Rolle gespielt. Mein Zugang unterscheidet sich ganz grundsätzlich von den meisten meiner westlichen Kolle-gen. Ich habe in Afghanistan nie in einem abgesicherten Hotel noch hinter dicken Betonmauern gelebt. Meist war ich mit einfachen Taxis, die vom Großteil der Bevölkerung benutzt werden, unterwegs und nicht mit kugelsicheren SUVs und bewaffnetem Sicherheitspersonal. Worüber in der Berichterstattung meist nicht gesprochen wird: Ausländische Journalisten sind in Afghanistan strengen Sicherheitsprozeduren ausgesetzt, die im Endeffekt eine »normale« Berichterstattung in vielerlei Hinsicht fast unmöglich machen. Ein gutes Beispiel hierfür ist etwa der »Embedded Journalism«, in dem privilegierte Reporter Soldaten bei Operationen begleiteten und sich dabei stets innerhalb der Militärstrukturen bewegten. Die Resultate davon waren meist freundschaftliche Beziehungen zu den Truppen, keinerlei Kontakt zur lokalen Bevölkerung und eine alles andere als differenzierte Berichterstattung. Das, was die meisten Nachrichtenagenturen letztendlich verbreiten, ist extrem gefiltert und in vielerlei Hinsicht nicht vollständig. Hinzu kommt, dass die echte, die gefährliche Arbeit meist von Lokaljournalisten für einen Hungerlohn erledigt wird, während sich ihre amerikanischen, britischen oder auch deutschen Kollegen mit den Lorbeeren schmücken dürfen.

Die Vereinigten Staaten und ihre Verbündeten griffen Afghanistan an, während sie sich folgende Dinge auf die Fahne schrieben: Menschen- und vor allem Frauenrechte, Demokratie, Pressefreiheit sowie das Ziel, einen funktionierenden Rechtsstaat zu errichten. Dieses Buch soll verdeutlichen, dass Washington, London, Berlin und so weiter, sprich, »der Westen« dabei in praktisch jeder Hinsicht gescheitert sind. Schlimmer noch: Dieses Scheitern wurde womöglich von Anfang an bewusst in Kauf genommen. Nicht nur wurden die eigenen, stets proklamierten Werte vor Ort aufs Schlimmste verletzt, die westliche Allianz erschütterte in ihrem Kriegsgeheul sogar die Fundamente der eigenen Rechtsstaatlichkeit. Mit dem »War on Terror« wurden Folter und Massenmord praktisch legalisiert und Hunderttausende von Menschen für vogelfrei erklärt. Zivilisten, die von Drohnen oder schattenhaften Spezialeinheiten gejagt und ermordet wurden, deklarierte man als »Terroristen«, etwa indem man ihnen Waffen unterjubelte. All diese Dinge sind als Verbrechen zu betrachten – und zwar nach jeder westlichen Verfassung, die es gibt. Die eigene Progressivität galt allerdings nicht für die »Barbaren«. Man war im Orwell'schen Sinn »gleicher als andere« – und ist es bis heute.

Ergo belog man nicht nur die Afghanen mit leeren Demokratieversprechungen, sondern baute ebenjene grundlegenden Errungenschaften auch in der eigenen Heimat ab. Man belog sich selbst und die eigenen Bürger. Der »War on Terror« verdeutlicht, in welch einer dystopischen Welt wir bereits leben. Unter dem Vorwand der Terrorismusbekämpfung werden nicht nur (wenn überhaupt) eindeutige Täter gejagt, sondern ganze Bevölkerungsgruppen systematisch überwacht. Die Grundrechte von Millionen von Bürgern werden mit Füßen getreten und dank der verschiedenen Algorithmen, die bereits seit Jahren unseren Alltag bestimmen, ist es kaum noch möglich, sich dem globalen Überwachungsapparat zu entziehen. Jener Überwachungsapparat wurde in den letzten zwanzig Jahren massiv ausgebaut, und er hat unsere Welt nicht sicherer, sondern unsicherer gemacht. Parallel dazu hat – und das ist die womöglich wichtigste Prämisse dieses Buches – der Krieg in Afghanistan den Terror nicht beseitigt, sondern massiv zu dessen Verbreitung beigetragen.

Wie der »Kreuzzug« begann:
Der Pate des Dschihad

Im Juli 2001 bekam Waheed Mozhdah Besuch in seinem verstaubten, spärlich eingerichteten Büro im Kabuler Außenministerium. Mehrere junge Männer wollten ihn sehen und mit ihm Tee trinken. Im Grunde war dies nichts Ungewöhnliches. Mozhdah, damals ein Taliban-Beamter Mitte vierzig, empfing regelmäßig Besuch aus aller Herren Länder: Journalisten, Forscher und andere Afghanistan-Interessierte und -Enthusiasten. Er hatte eine ruhige und sachliche Art, sobald er das politische Geschehen in seinem Land analysierte. Meist starrte Mozhdah ins Nichts, während er Interviews gab. Bereits zum damaligen Zeitpunkt brillierte er nicht nur mit seinem enzyklopädischen Wissen, sondern auch mit seinen guten Englischkenntnissen. Für einige Ausländer war dies Grund genug, um nach Kabul zu reisen. Und das, obwohl die Taliban-Herrschaft in Kabul bereits ihr fünftes Jahr erreicht hatte. Sie war das vorläufige Endresultat einer langen Kette von Ereignissen. Im Jahr 1992 wurde das letzte kommunistische Regime Kabuls, angeführt von Mohammad Najibullah, von den Mudschaheddin-Rebellen gestürzt. Najibullah konnte sich drei Jahre lang nach Abzug der sowjetischen Truppen an der Macht halten, vor allem dank massiver Finanzspritzen aus Russland und der Instandhaltung des Kabuler Militärapparats, der zuvor jahrelang von Moskau aufgebaut wurde. Die Folgen der Perestroika waren letzten Endes allerdings auch in Afghanistan spürbar, und Kabul fiel an die Rebellen. Najibullah führte ein diktatorisches Regime. Der Präsident agierte einst als Folterchef des berühmt-berüchtigten Kabuler Geheimdienstes KhAD (Persisch für

»Khidamat-e Ittilaat-e Dawlati«, zu Deutsch »Staatlicher Nachrichtendienst«), der vom KGB aufgebaut wurde. Letzten Endes konnte Najibullah, ähnlich wie seine Vorgänger, nur mit Moskaus Gnaden herrschen. Dennoch herrschte in Kabul sowie in anderen urbanen Zentren des Landes ein gewisses Maß an Sicherheit. Viele Bürger, darunter auch jene, die insgeheim mit den Rebellen verbrüdert waren, dachten womöglich sogar, dass der Status quo besser war als in den Jahren zuvor. Najibullah war der letzte von insgesamt vier kommunistischen Regierungschefs, die in Kabul regierten. Viele Afghanen in der Hauptstadt waren zufrieden, wirtschaftlich geriet das Land durch die abnehmende Unterstützung aus Russland allerdings immer weiter in Schieflage. Zeitgleich wurde in vielen ländlichen Regionen des Landes der Krieg brutal weitergeführt. Najibullah konnte sich vor den Massen als patriotischer, friedensliebender Mann präsentierten, doch innerhalb weniger Sekunden konnte er auch schnell wieder zu jenem Folterchef werden, der seine Gefangenen gefoltert und zu Tode getreten hatte.[1] Dieses Charisma, gepaart mit seiner Pragmatik und seiner Brutalität, schätzten viele seiner Weggefährten und Parteigenossen. Es hat allerdings wohl auch dazu geführt, dass Najibullahs Feinde, sprich, die Mudschaheddin, die 1992 Kabul einnahmen, während der letzten Phase seiner Amtszeit seine Friedensgebärden und Aufrufe zu einer »nationalen Versöhnung« keinen Glauben schenkten. 1996 wurde die Mudschaheddin-Regierung von den Taliban gestürzt. Najibullah, der zum damaligen Zeitpunkt noch in Kabul war, wurde von den Extremisten verhaftet und brutal hingerichtet.

Nachdem die Mudschaheddin Kabul eroberten, kehrte Mozhdah in die Hauptstadt zurück. In den 1970er-Jahren hatte er Wirtschaft an der Universität Kabul studiert und sich vor allem für das Wirken von Abdul Majid Zabuli interessiert, dem »Vater des afghanischen Kapitalismus«. Zum damaligen Zeitpunkt herrschte zwar kein Krieg in Afghanistan, dennoch waren viele der späteren Konflikte bereits vorgezeichnet. Das Land hatte sich dank einiger Reformschritte des Königs, Mohammad Zahir Shah, zu einer parlamentarischen Monarchie entwickelt. In den 1960er-Jahren fanden erstmals Wahlen statt und vom Volk gewählte Abgeordnete lieferten sich verbale Schlachten im afghanischen Parlament. Die politische Landschaft war geprägt von Monarchisten, republikanischen Nationalisten, jungen, sozialdemokratischen Bewegungen, Kommunisten, Maoisten, traditionell-konservativen Kräften und Islamisten verschiedenster Couleur. Gleichzeitig herrschten massive Armut und Hungersnöte, während die Kabuler Bourgeoisie in einer Art Parallelwelt lebte. Besonders prägend waren in diesen Jahren Islamisten und Kommunisten, die sich an der Universität und anderswo nicht nur mit Worten bekriegten. Immer wieder kam es zu gewalttätigen Auseinandersetzungen, und wie viele andere Studenten beobachtete Mozhdah das Geschehen mit Sorge. Im Jahr 1973 führte Mohammad Daoud Khan, der Vetter des Königs, einen friedlichen Putsch durch, während der Monarch in Italien Urlaub machte. Die Monarchie wurde abgeschafft und Daoud rief die erste afghanische Republik aus. Gleichzeitig ging er ein Bündnis mit den afghanischen Kommunisten ein und näherte sich der Sowjetunion an. Die Situation verschlechterte sich im Laufe der darauffolgenden Jahre. Daoud ging sowohl gegen die verbündeten Kommunisten als auch gegen islamistische Kräfte vor, während er auf der internationalen Bühne weiterhin auf Afghanistans Souveränität pochte und dadurch während eines Treffens vor allem Leonid Breschnew erzürnte. Nachdem dieser Daoud diktieren wollte, wie er seine nördliche Grenze an der Sowjetunion zu bewachen habe, brach der afghanische Präsident, verletzt in seinem Stolz, das Gespräch abrupt ab und verließ die Sitzung. Dadurch hatte er womöglich sein Todesurteil unterzeichnet. Im April 1978 putschten die afghanischen Kommunisten und ermordeten Daoud mitsamt seiner Familie. Im darauffolgenden Jahr marschierte die Rote Armee ins Land ein.

Bereits kurz nach dem Einmarsch der sowjetischen Truppen im Dezember 1979 griff Mozhdah, ähnlich wie Zehntausende weitere Afghanen, zu den Waffen und schloss sich dem Widerstand an. Während des Dschihad, des bewaffneten, muslimischen Kampfes gegen die sowjetische Besatzung und die kommunistische Regierung in Kabul, verbrachte Mozhdah mehrere Jahre in Pakistan sowie im Iran, wo er sich mehr auf seine Tätigkeit als Journalist und Publizist konzentrierte. Er schrieb über den Krieg in seiner Heimat und analysierte das Geschehen. Während seiner Zeit in Peschawar traf er auch jenen Mann, den Jahre später die ganze Welt kennen sollte: Osama bin Laden, damals bekannt als Abu Abdullah (Arabisch: »Vater von Abdullah«). Für Mozhdah und die meisten anderen Afghanen war der hochgewachsene Araber zum damaligen Zeitpunkt ein Niemand, dem sie kaum Beachtung schenkten. Die Situation war eher umgekehrt. Die arabischen Kriegstouristen wollten jene Männer sehen, die den gottlosen Kommunisten trotz spärlicher Bewaffnung das Leben schwer machten. Um die Mudschaheddin wurden in den 1980er-Jahren bereits allerlei Mythen und Zuschreibungen gestrickt: Für das Politbüro in Moskau und dessen Marionettenregime in Kabul waren sie »Terroristen«. Für die meisten Kontrahenten der Sowjetunion, allen voran die Vereinigten Staaten und ihre westlichen Verbündeten, handelte es sich um »Freiheitskämpfer«. Für Muslime aus anderen Ländern, etwa den reichen Golfstaaten, stellten die Mudschaheddin das Ideal des muslimischen Mannes dar: Reine Gotteskrieger, die bereit sind, für ihren Glauben zu sterben. Für viele Afghanen waren sie eine Mischung aus alldem. Unterstützer und Sympathisanten des Kabuler Regimes sprachen stets abwertend von den *Ashraar* (wortwörtlich übersetzt »Schurken«), während die breite Masse sie als fromme Freiheitskämpfer betrachtete und auch dementsprechend unterstützte. Die Mudschaheddin waren keine homogene Masse und entstammten aus unterschiedlichen sozialen und konfessionellen Schichten. Es gab Gruppierungen aus verschiedenen Richtungen des Islams, sprich, Sunniten, Schiiten oder Sufis (de facto ebenfalls Sunniten). Etliche der Männer waren einfache Bauern und Arbeiter, viele aber auch Studenten, Ingenieure oder Ärzte.

Nachdem die Mudschaheddin Kabul einnahmen, hofften viele Afghanen auf ein Ende des Krieges. Stattdessen trat das genaue Gegenteil ein. Der Konflikt ging in die nächste Phase und die verschiedenen Rebellengruppen begannen nun, sich gegenseitig zu bekämpfen. Die afghanische Hauptstadt erlebte daraufhin einige der dunkelsten Tage ihrer Geschichte. Während viele Mudschaheddin bereits nach dem Abzug der Sowjets ihre Waffen niedergelegt hatten, stürzten sich nun zahlreiche der verbliebenen Kämpfer verschiedener Fraktionen über Kabul und plünderten, vergewaltigten und mordeten. Die Straßen stanken nach Tod und verwesten Leichen, während junge Frauen sich von den Dächern jener Plattenbauten, die einst von den Sowjets errichtet wurden, stürzten, um nicht in die Hände jener bewaffneten Männer zu gelangen, die gierig nach ihnen ausschweiften. »Ich war während der Bürgerkriegsjahre in den 90ern ein Kind. Meine Mutter verdeckte meine Augen, als wir durch die Straßen gingen. Sie wollte nicht, dass ich all die Leichen sehe. Doch ich konnte sie riechen und hörte die Fliegen, die sich von ihnen ernährten, oder die Ratten, die an ihnen nagten«, erzählte mir etwa ein Bewohner Kabuls während eines Interviews. Zeitgleich versuchte die zersplitterte Mudschaheddin-Führung, eine provisorische Regierung zu errichten. Mozhdah, der nach langer Zeit wieder in Kabul war, erhielt einen Posten im Außenministerium und war dort hauptsächlich für die MENA-Region verantwortlich. Während seiner Zeit in Pakistan hatte Mozhdah viele arabische Freiwillige getroffen – heute würde man von Dschihadisten sprechen –, die sich den Mudschaheddin anschließen wollten. Die meisten von ihnen waren als Ärzte, Lehrer oder Köche tätig. Nur ein Bruchteil war bereit zu kämpfen. Angeführt wurden diese Männer von Abdullah Azzam, einem radikalen, palästinensischen Prediger, der als *der* Vordenker des bewaffneten Dschihad im 20. Jahrhundert gilt. Das Charisma Azzams ist bis heute nicht nur innerhalb islamistisch-militanter Kreise unangefochten. Binnen weniger Jahre schlossen sich ihm zahlreiche Männer an. Viele von ihnen suchten sein »Dienstleistungsbüro für arabische

Mudschaheddin« (»Maktab al-Khidamat al-Mujahideen al-Arabi«) in Peschawar auf, nachdem sie von den sowjetischen Gräueltaten hörten. Einer dieser Männer war – wenn auch erst im späteren Verlauf des Krieges – Osama bin Laden, dessen Mentor Azzam wurde. »Abdullah Azzam war ein rhetorisches Genie. Nach seinen Reden fühlten sich viele Männer in gewisser Art und Weise erleuchtet. Sie sahen viele Dinge klarer und wollten diesem Mann folgen«, erinnert sich Mozhdah. Azzams Biografie wurde in den letzten Jahren mehrfach aufgeschrieben, und sie kann einiges zum Verständnis der dschihadistischen Strömungen beitragen, die in vielen Teilen der Welt bis heute präsent sind: Während des Sechstagekrieges im Jahr 1967 verließ Azzam mitsamt seiner Familie das Westjordanland und flüchtete nach Jordanien. Seitdem galt er als Geflüchteter, der seine palästinensische Heimat nie wieder sah. Bereits zu diesem Zeitpunkt war Azzam stark von der ägyptischen Muslimbruderschaft, einer islamistischen Gruppierung mit revolutionären Idealen, beeinflusst. Er bewunderte ihre Ideologie, während er jene der säkularen, arabischen Nationalisten zunehmend verachtete und sie für die Misere in Palästina mitverantwortlich machte. Während der Gründung Israels erlebte der achtjährige Azzam den Einsatz vieler arabischer Milizen hautnah. Die meisten von ihnen waren keine Islamisten, sondern säkulare Araber, darunter auch viele Nichtmuslime, die Alkohol tranken und Drogen konsumierten. »Der wahre Islam war kein Teil der Schlacht von 1948«, resümierte Azzam später.[2]

Mit Beginn seines Exils hatte Azzam mehrere Lehraufträge in arabischen Staaten und entwickelte sich zu einem islamistischen Prediger, der die muslimische Welt von ihren Besatzern befreien wollte. Neben den Israelis, die ihn heimatlos gemacht hatten, wandte er sich in seinen Reden gegen die Amerikaner, die Briten und die Sowjets. Hinzu kamen die nationalistischen, arabischen Führer, die Azzam aufgrund ihres säkularen Weltbildes sowie ihrer Nähe zur Sowjetunion als Frevler betrachtete. Um für seinen »großen Kampf« gegen den Westen (die Sowjetunion miteingeschlossen) Stimmung zu machen, reiste Azzam durch zahlreiche Länder. Bin Laden, seinen späteren Schüler, traf er das allererste Mal etwa nicht in Pakistan nahe der afghanischen Grenze, sondern – so unvorstellbar das heute klingen mag – in einem islamischen Zentrum in Indianapolis im US-Bundesstaat Indiana, wahrscheinlich im Jahr 1978.[3] Damals konnten sich islamistische Prediger um einiges freier bewegen und auch einfacher Personal rekrutieren. Die amerikanischen Sicherheitsbehörden fokussierten sich nicht auf mögliche islamistische Feinde, sondern auf den Kommunismus. Beiden Seiten wurde damals klar, dass sie die Gegenseite für eigene Zwecke instrumentalisieren konnten. Besonders deutlich wurde dies im Fall des afghanischen Warlords und Mudschaheddin-Führers Gulbuddin Hekmatyar und dessen Partei »Hizb-e Islami«, der sich Hunderttausende von Afghanen angeschlossen hatten. Hekmatyar gehörte zu den Erzfeinden des kommunistischen Regimes in Kabul. Bereits in seinen Studienjahren machte er sich einen Namen als Kommunistenjäger und konnte bereits zahlreiche Anhänger für sich gewinnen. In mindestens einem Fall, der sich während der Daoud-Ära ereignete, wurde dem jungen Hekmatyar sogar Mord angelastet. Nach einem Zusammenstoß zwischen linken und islamistischen Studenten wurde ein junger Maoist namens Saydal Sokhandan tot aufgefunden. Einigen Quellen zufolge war der Täter jedoch nicht Hekmatyar, sondern ein Mann namens Mohammad Karim, einer seiner Bewunderer, der für die Tat allerdings nie belangt wurde. Währenddessen wurden Hekmatyar und andere junge Islamistenführer vom Daoud-Regime verhaftet. Der Schritt hat lediglich zur fortführenden Heroisierung unter deren Anhängern beigetragen. Während Hekmatyar in seiner Zelle saß, empfing er durchgehend Besuch und wurde mit Geschenken überhäuft.[4] Während des Krieges gegen die Sowjetunion gehörte Hekmatyars Partei zu den Hauptempfängern westlicher Gelder, unter anderem auch dank des pakistanischen Geheimdienstes ISI (Inter-Services Intelligence). Hekmatyar, weiterhin ein Radikaler, der den Westen verachtete, wusste sehr wohl, wie er mit seiner Rolle zu spielen hat.

Ähnlich wie Azzam, allerdings um einiges bekannter und beliebter in vielen muslimischen Gemeinschaften, tourte Hekmatyar durch zahlreiche Staaten. In Westdeutschland traf er unter anderem Franz Josef Strauß und Willy Brandt. Hekmatyar sprach vor Muslimen in München und in anderen Städten über die Gräueltaten der Roten Armee. Doch gleichzeitig warnte er sein Publikum vor den »anderen Kolonialisten«, sprich, den westlichen Staaten, die, so betonte er, in Afghanistan keine höheren Ziele, sondern lediglich ihre eigenen Interessen verfolgen würden.[5] Ein Treffen mit dem damaligen US-Präsidenten Ronald Reagan sagte Hekmatyar bewusst ab. Als die USA und ihre Verbündeten fast zwei Jahrzehnte später in Afghanistan einmarschierten, erklärte ihr ehemaliger Verbündeter ihnen den Krieg. Gulbuddin Hekmatyar wurde von nun an von Washington, London und Berlin als »Terrorist« betrachtet.

Azzams Büro, das in den 1980er-Jahren enge Kontakte zu Hekmatyar und anderen Mudschaheddin-Führern pflegte, wurde in Peschawar zum Dreh- und Angelpunkt der »afghanischen Araber«, wie die ausländischen Mudschaheddin-Kämpfer genannt wurden. Auf dem Schlachtfeld gegen die Sowjets spielten diese Männer, immerhin einige Tausend, keine nennenswerte Rolle. Der Krieg wurde hauptsächlich von den Afghanen ausgetragen, und nicht wenige von Azzams Kämpfern konnten sich mit deren Sitten und Bräuchen nicht anfreunden. Die Mehrheit Afghanistans besteht aus sunnitischen Muslimen der hanafitischen Rechtsschule. Innerhalb des Sunnitentums gibt es noch drei weitere Rechtsschulen, die malikitische, die hanbalitische sowie die schafiitische, deren Anhänger sich sowohl in Nordafrika als auch auf der arabischen Halbinsel finden lassen. Einige religiöse Praktiken, die unter den afghanischen Muslimen verbreitet waren, wurden von den Arabern kritisch beäugt. Ein Beispiel hierfür war etwa das Aufsuchen von Schreinen, das in der Region seit Jahrhunderten verbreitet ist.

Azzam warb für Verständnis, indem er seine Kämpfer über die Realitäten vor Ort aufklärte und darauf hinwies, lokale Bräuche zu respektieren. Einen konfessionellen Konflikt zwischen Muslimen wollte er auf jeden Fall verhindern. Aufgrund seiner Erfolge in der militant-islamistischen Szene gilt Abdullah Azzam heute als eine Art »Pate des globalen Dschihad«. Viele dschihadistische Terrorgruppen, die heute zahlreiche Länder heimsuchen – darunter auch Osama bin Ladens Al-Qaida, lassen sich in gewisser Hinsicht auf ihn zurückführen – oder auch nicht. Denn selbst das »Büro« von Azzam war heterogen, und radikalere Kräfte – heute spricht man von salafistisch-dschihadistischen Akteuren – versuchten schon bald, an ihrer eigenen Agenda zu arbeiten. Eine besonders problematische Entwicklung fand seitens Ayman az-Zawahiris statt, eines ägyptischen Arztes, der später als die Nummer zwei von Al-Qaida bekannt werden sollte. Az-Zawahiri war aufgrund seiner Erfahrungen in Ägypten bereits vor seiner Ausreise nach Pakistan ein überzeugter Extremist, der sich die Ideologie des *Takfir* zu eigen gemacht hatte und Individuen oder ganze Gruppen per se aus dem Islam ausschloss, sprich, zu Nichtmuslimen erklärte und sie zum Abschuss freigab. Selbst viele jener afghanischen Mudschaheddin, die die Sowjets bekämpften, wurden von az-Zawahiri und seinen Anhängern als verirrte Menschen betrachtet, die teils schon längst vom Glauben abgefallen seien. Die Lehre Abdullah Azzams wurde den Takfiris um az-Zawahiri, die auch Osama bin Laden mit Blick auf dessen finanzielle Ressourcen auf ihre Seite gezogen hatten, irgendwann zum Dorn im Auge. Es steht außer Frage, dass Azzam selbst ein radikaler Prediger war und bis heute nicht umsonst als führende Persönlichkeit des globalen, bewaffneten Dschihad betrachtet wird. Er war der Vordenker von Bewegungen, die bis heute für Angst und Schrecken sorgen. Doch gleichzeitig war er auch das Symptom einer viel größeren Problematik. Azzam betrachtete die Sowjetunion, die Vereinigten Staaten, Israel, das ihn vertrieben hatte, und die säkular-nationalistischen Diktaturen in der arabischen Welt als Feinde der Muslime, die man bekämpfen müsse. Die sowjetische Invasion Afghanistans war für ihn das Paradebeispiel eines »defensiven Dschihad«, der – und so argumentierte er mehrmals ausführlich – die Pflicht eines jeden Muslims sei, ähnlich wie das tägliche Gebet oder das Fasten im Monat Ramadan. Mit seiner Begründung stand Azzam keineswegs alleine da. Die Angriffe und Massaker der Roten Armee und ihrer afghanisch-kommunistischen Verbündeten in Kabul waren seiner Auffassung nach ein massiver Angriff auf den muslimischen Glauben der Afghanen. Azzam und andere Prediger beobachteten das Geschehen genau und nutzten die Kriegsverbrechen als Beleg ihrer Argumente, und sie fanden immer größeren Anklang. »Als ich von all den Gräueltaten der Sowjets hörte, musste ich weinen. Ich konnte nicht tatenlos bleiben«, erzählte mir Mohamedou Ould Slahi, der Autor des bekannten *Guantanamo-Tagebuchs* Jahre später.[6] Der gebürtige Mauretanier gehörte in den späten 1980er-Jahren zu jenen Muslimen, die nach Afghanistan reisten, um an der Front zu kämpfen. 2002 wurde Slahi aufgrund vermeintlicher Verbindungen zu Al-Qaida-Extremisten entführt und im neu errichteten US-Gefangenenlager in Guantanamo 14 Jahre lang ohne Anklage inhaftiert und gefoltert.

Im Angesicht des gemeinsamen Feinds wollte Azzam die Muslime wiedervereinen, sektiererische Aktivitäten seiner Glaubensbrüder liefen ihm zuwider. Ein weiteres Indiz für die antisektiererische Gesinnung Azzams war sein Verhalten gegenüber den zwei größten afghanischen Mudschaheddin-Parteien: »Hizb-e Islami« unter Gulbuddin Hekmatyar und »Jamiat-e Islami« unter Burhanuddin Rabbani und Ahmad Shah Massoud. All diese Männer erlangten in den Bürgerkriegsjahren nach dem sowjetischen Abzug einen berühmt-berüchtigten Ruf als brutale Kriegsfürsten und Zerstörer Kabuls. Der Konflikt zwischen den beiden Parteien zeichnete sich allerdings bereits während des Dschihad gegen die Sowjetunion ab. Azzam hatte mehrmals versucht, dem entgegenzuwirken, um einen künftigen Bürgerkrieg in Afghanistan zu verhindern. Seine Bemühungen blieben vergeblich und im November 1989 wurde Abdullah Azzam durch eine Autobombe in Peschawar getötet. Mozhdah fiel am Tag vor Azzams Ermordung ein Putztrupp in jenem Viertel Peschawars auf, in dem das Büro Azzams lag sowie eine Moschee, die hauptsächlich von Arabern besucht wurde. Bei dem Trupp handelte es sich wahrscheinlich um ein getarntes Killerkommando, das an einer unterirdischen Wasserleitung eine Bombe installiert hatte. Als Azzam am Tag darauf auf dem Weg zum Freitagsgebet war und an ebenjener Leitung vorbeifuhr, riss die Bombe ihn und seine beiden Söhne, Mohammad und Ibrahim, in den Tod. Die Drahtzieher des Anschlags sind bis heute unbekannt. Im Laufe der Jahre kamen viele Beobachter zu verschiedenen Schlussfolgerungen. Als mögliche Täter wurden die CIA, der Mossad, der pakistanische ISI, der afghanische KhAD und nicht zuletzt jene extremistischen Kräfte rund um Ayman az-Zawahiri und Osama bin Laden genannt. Letztere profitierten de facto von der Ermordung und konnten erfolgreich jene Gruppierung gründen, die seitdem als Al-Qaida bekannt ist. Zahlreiche Vertraute Azzams, darunter etwa sein Sohn Hutaifa sowie sein Schwiegersohn, der Journalist und Buchautor Abdullah Anas, behaupteten in den darauffolgenden Jahren immer wieder, dass es mit Azzam keine Al-Qaida gegeben und die Anschläge des 11. Septembers 2001 nie stattgefunden hätten. In seinem 2019 erschienenen Buch *To The Mountains* schreibt Anas ausführlich über seine Zeit mit Azzam in Pakistan und Afghanistan.[7] Er zieht dabei einen klaren Strich zwischen dem damaligen Konzept des Dschihad sowie der Pervertierung ebenjenes Begriffs, die seitens Gruppierungen wie Al-Qaida in den Jahren darauf stattfand.[8]

Als Mozhdah im Sommer 2001 von jenem jungen Mann und seiner Gefolgschaft aufgesucht wurde, fiel ihm erst etwas später auf, dass es sich bei ihm um keinen Afghanen handelte. Anfangs unterhielt er sich mit ihm in fließendem Paschtu. Als er einen Anruf bekam, wechselte er ins Arabische. Mozhdah wollte daraufhin wissen, woher der Mann stamme. »Ich bin eigentlich Algerier«, war seine Antwort. »Mir wurde klar, dass er wohl zu Al-Qaida bin Ladens gehört«, erzählte Mozhdah Jahre später. Im Laufe des Gesprächs unterhielten sich die beiden Männer über die Rolle der USA nach dem Fall des Eisernen Vorhangs und den amerikanischen

Imperialismus in der muslimischen Welt. Irgendwann lächelte der algerische Mann und verließ nach einer auffallenden Bemerkung Mozdahs Büro:»Wir haben etwas Großes geplant – und bald wird die ganze Welt über unseren Kampf sprechen.« Mozdah wusste nicht, was der Algerier meinte. Allerdings bereitete ihm die ganze Sache Unbehagen. Er wandte sich an seinen damaligen Chef, dem Außenminister der Taliban-Regierung, Ahmad Muttawakil. 1996 eroberten die Taliban Kabul und die meisten Mudschaheddin-Führer flohen ins Exil. Ihr chaotischer Regierungsapparat blieb in Teilen erhalten und einige ihrer Beamten wie Mozdah blieben weiterhin in der Hauptstadt. Die Taliban waren von den wenigen verbliebenen Experten, unter ihnen Ex-Mudschaheddin und ehemalige Kommunisten, in vielerlei Hinsicht abhängig. Viele ihrer Krieger waren in pakistanischen Flüchtlingslagern oder abgeschiedenen afghanischen Dörfern aufgewachsen. Sie hatten weder Ahnung von der großen, weiten Welt noch von der Führung eines Staates. Muttawakil zeigte kaum Interesse an den Worten des Algeriers und meinte, dass die Araber um Osama bin Laden »ohnehin alle verrückt« seien.[9] Bin Laden lebte zu diesem Zeitpunkt bereits seit fünf Jahren in Afghanistan. Für seine Rückkehr waren allerdings nicht die Taliban verantwortlich, sondern hochrangige Mudschaheddin-Führer. Bekannt sind unter anderem Personen aus den Kreisen der Kriegsfürsten Burhanuddin Rabbani und Abdul Rab Rasoul Sayyaf. Ausgerechnet jene beiden Männer gehörten ab Ende 2001 zu den engsten Verbündeten der Amerikaner am Hindukusch.[10][11] Allerdings wurde bin Laden den Taliban, die ihn aufgrund muslimischer Bruderschaft und afghanischer Gastfreundschaft weiterhin beherbergten, zunehmend zum Dorn im Auge. Denn während die reaktionären Extremisten eine nationale Agenda verfolgten und sich über die wirtschaftliche Abhängigkeit von ausländischen Mächten inklusive der USA im Klaren waren, erklärte bin Laden den Amerikanern von afghanischem Boden aus den Krieg. In den 1990er-Jahren fanden mehrere Anschläge von Al-Qaida statt und machten eine immer stärker werdende Globalisierung der Gruppierung deutlich. Der Höhepunkt des Terrors sollte allerdings noch folgen. Rund zwei Monate später, am 11. September 2001, entführten 19 Terroristen mehrere Passagierflugzeuge und griffen mit ihnen das World Trade Center in New York sowie das Pentagon in Washington an. Mehr als 3 000 Menschen wurden getötet, und die Nachrichten über den Angriff verbreiteten sich wie ein Lauffeuer. Nachdem sie Mozhdah erreichten, verstand dieser umgehend, wovon der junge Algerier in seinem Büro vor wenigen Wochen gesprochen hatte. Mozhdah wurde bewusst, dass jener Tag Afghanistan für immer verändern werde.

Der Mann mit der Karakul-Mütze und die Warlords

Ein Mann, der die Geschehnisse in den Vereinigten Staaten aufmerksam beobachtete und bereits seinen persönlichen Nutzen darin sehen konnte, saß in der pakistanischen Stadt Quetta nahe der afghanischen Grenze. Hamid Karzai, ein paschtunischer Stammesführer mittleren Alters, war damals praktisch ein Niemand. Doch er wusste, dass seine Zeit gekommen war. »Die Amerikaner werden die Taliban angreifen. Wir müssen den Moment nutzen«, versuchte der hagere, groß gewachsene Karzai, dessen Profil an jenes des indisch-britischen Schauspielers Ben Kingsley, der ihn Jahre später tatsächlich spielen sollte, erinnert, seinen Verwandten und Clanmitgliedern zu erklären. Hamid Karzai gehörte dem paschtunischen Popalzai-Stamm aus dem Süden Afghanistans an. Die Popalzai sind ein Unterstamm der Durrani, die als Gründer des modernen Afghanistans betrachtet werden. Im 18. Jahrhundert wurde der Paschtune Ahmad Shah Durrani zum Emir jenes Reiches ernannt, welches weite Teile des heutigen Afghanistans umfasst. Das Durrani-Imperium erstreckte sich von den Steppen Zentralasiens bis hin zum nördlichen Teil Indiens, dem Sultanat von Delhi. Im selben Jahrhundert, noch vor Ahmad Shah, gelang es einem weiterem Paschtunen, Shah Mahmoud Hotak, sich von dem dominanten Perserreich unabhängig zu machen. Hotaks erfolgreiches Handeln machte selbst das Osmanische Reich nervös. Einige Jahrzehnte später war das Durrani-Imperium eine Zeit lang das zweitgrößte muslimische Reich der Welt.[12] Bereits zum damaligen Zeitpunkt war das Reich multiethnisch und konfessionell vielfältig, doch seit jeher prägten die Durrani-Paschtunen den politischen Alltag und übernahmen bis in die Neuzeit die Führung Afghanistans. Die Karzai-Familie entstammte nicht direkt dem Adelsgeschlecht. Allerdings sah sie sich als Teil ebenjener Tradition und mischte seit langem in der Politik des Landes mit. Karzais Vater, Abdul Ahad, war während der Ära des letzten Königs Afghanistans, Mohammad Zahir Shah, als stellvertretender Parlamentssprecher tätig. Während der sowjetischen Besatzung unterstützte er die Mudschaheddin und verbrachte drei Jahre in kommunistischer Gefangenschaft. Doch gleichzeitig beäugten die Karzais den pakistanischen Staat, der ihnen und Millionen anderen Afghanen Exil bot, äußerst kritisch. Der Grund hierfür ist historischer Natur. Fast ein Drittel Pakistans gehörte einst zum Reich der Durrani, das mehrmals britischen Kolonialisierungsversuchen widerstand. Ende des 19. Jahrhunderts installierten die Briten Emir Abdur Rahman Khan, einen ihnen gegenüber wohlgesinntem Herrscher, in Kabul. Der exzentrische Abdur Rahman hatte dank britischer Unterstützung seinen Vetter entmachtet und nahm dessen Platz ein. 1893 unterzeichnete er den Vertrag von Durand, benannt nach dem britischen Diplomaten Sir Mortimer Durand, der das afghanische Gebiet von jenem des britischen Imperiums geografisch trennte. Zeitgleich betrieb er eine machiavellistische Politik und entwickelte sich zu einem brutalen Tyrannen, der gegen jegliche politische Dissidenz vorging, zahlreiche innerafghanische Kriege führte, seine Feinde noch vor Stalin und andere Despoten deportieren und massenhaft exekutieren ließ und einen Genozid gegen die mehrheitlich schiitische Hazara-Minderheit ausführte. All dies tat Abdur Rahman, um einen modernen, afghanischen Nationalstaat nach westlichem Vorbild aus dem Boden zu stampfen – und die Absegnung der Durand-Linie war ein Teil davon.[13] Die neue Linie zog sich durch die paschtunischen Stammesgebiete, die ein halbes Jahrhundert später im Laufe des indischen Unabhängigkeitskampfes Teil des neu entstandenen, pakistanischen Nationalstaates wurden. Sie umfassten die Provinzen Khyber Pakhtunkhwa, Belutschistan mit seinem Zugang zum Meer und die Federally Administered Tribal Areas (kurz FATA, weitläufig auch als paschtunische Stammesgebiete bekannt). Unter den paschtunischen Nationalisten Afghanistans, zu denen auch die Karzais gehörten, löste dies ein Trauma aus, von dem sie sich bis heute nicht erholt haben. Umso problematischer war für Abdul Ahad Karzai die pakistanische Unterstützung für den afghanischen Widerstand. Pakistans sogenanntes Establishment, bestehend aus Politik, Militär und dem berühmt-berüchtigten Geheimdienst ISI, gehörte zu den großen Profiteuren des Krieges im Nachbarland. Die Mudschaheddin, allen voran die »Hizb-e Islami« von Hekmatyar, wurden massenhaft mit Waffen und allerlei anderen logistischen und finanziellen Mitteln unterstützt, um die Rote Armee und die kommunistische Regierung in Kabul, auf deren Seite sich zeitgleich auch Pakistans Erzfeind Indien befand, zu bekämpfen. Bereits Mitte der 1970er-Jahre wurden die Islamisten um Hekmatyar von Islamabad unterstützt, um einen möglichen Putsch gegen Daoud Khan, den autoritär regierenden, nationalistischen Präsidenten Afghanistans, durchzuführen. Daoud gehört zu jenen politischen Führern in Kabul, die die sogenannte Paschtunistan-Frage – gemeint sind damit die erwähnten Stammesgebiete jenseits der Durand-Linie – aufrollten. Mit diesem Schritt bot er Pakistan entschieden die Stirn und wollte der Welt klarmachen, dass die Afghanen keine koloniale Linie akzeptieren würden. Kritiker werfen Daoud und anderen gleichgesinnten Nationalisten allerdings bis heute einen spezifischen Ethnozentrismus da ihr Fokus nur der Durand-Linie und den paschtunischen Gebieten gilt, obwohl es sich de facto bei allen Grenzen des modernen Afghanistans um koloniale Grenzen, die Völker voneinander getrennt haben, handelt. Als Reaktion auf Daouds Politik begann Pakistan mit der Instrumentalisierung von islamistischen Akteuren innerhalb Afghanistans, die sich zeitgleich formierten und denen der Regent in Kabul ein Dorn im Auge war. Jene Islamisten, unter ihnen Männer wie Hekmatyar, wurden nun im Kontext des Kalten Krieges massiv von Pakistan unterstützt, während traditionell-nationalistische Führer wie Abdul Ahad Karzai immer mehr in den Hintergrund gerieten und unbedeutend wurden. Bereits zum damaligen Zeitpunkt war die Karzai-Familie geografisch zersplittert. Während drei seiner Söhne, Ahmad Wali, Qayoum und Mahmoud, in den Vereinigten Staaten lebten und sich dort als Unternehmer in der Gastronomie versuchten, war Hamid meist an der Seite seines Vaters. Sein britisches Englisch eignete er sich während seines Politik-Studiums in Indien an. Bereits damals wurde klar, was Karzai von Männern wie Hekmatyar und anderen Warlords unterscheidet. Er war kein Krieger, sondern ein Diplomat und Politiker. Im Afghanischen würde man wohl auch von *chalbaazi* sprechen, was so viel bedeutet wie »an der Nase herumführen«. Karzai erwies sich nämlich als schlauer Fuchs. Er kannte sein Volk und wusste, wie er gewisse Realitäten zu seinem Vorteil nutzen konnte. Diese prägende Eigenschaft Karzais wurde allerdings erst in späteren Jahren deutlich. In Pakistan war Karzai lange in den Diensten der Mudschaheddin tätig. Als die Rebellen 1992 Kabul einnahmen, wurde Karzai zum stellvertretenden Außenminister ernannt. Er spielte allerdings eine eher unbedeutende Rolle und gab den Posten frühzeitig ab. Abermals wurde deutlich, wie sehr sich Karzai von jenen Warlords unterschied, die in Kabul nun das Sagen hatten. Es kam zu einem Disput zwischen ihm und Burhanuddin Rabbani, dem Ministerpräsidenten der zersplitterten Mudschaheddin-Regierung. Karzai wurde vorgeworfen, heimlich Kontakt mit dem Feind, Hekmatyar, damals offiziell Premierminister, aufgenommen zu haben. Während Rabbani und Hekmatyar sich mit Raketen beschossen, wurde Karzai von einem von Rabbanis Kommandanten, Mohammad Fahim, verhaftet und brutal verhört. Ironischerweise sollte ebenjener Fahim einige Jahre später Karzais Vizepräsident werden.[14]

Nach dem Disput mit Rabbani flüchtete Karzai abermals nach Pakistan. Als die Taliban die afghanische Hauptstadt einnahmen, wurden sie anfangs von Karzai begrüßt und als legitime Regierung, die Ordnung ins Chaos bringen würde, betrachtet. Mit einigen Taliban-Offiziellen pflegte Karzai Kontakt. Es kam teils zu Annäherungsversuchen.[15] Der paschtunische Patriotismus der Karzai-Familie flammte allerdings abermals auf, und Karzai machten vor allem die Verbindungen des pakistanischen Establishments zur jungen Extremistenbewegung in seiner Heimat Sorgen. In Quetta fand sich Karzai in den späten Neunzigern in seiner alten Rolle wieder. Er agierte als eine Art Mischung aus Brückenbauer, Diplomat und williger Agent verschiedener Interessen. Für Journalisten, NGO-Mitarbeiter und westliche Diplomaten erwies er sich als geeigneter Ansprechpartner und Afghanistan-Erklärer. Er konnte sich mit ihnen in fließendem Englisch unterhalten, während er auf dem Boden saß und die Gespräche gleichzeitig seinen Stammesmitgliedern und Landsmännern in Persisch oder Paschtu übersetzte. Karzai war ein Kosmopolit. Er pflegte den Kontakt zu seiner Familie und der afghanischen Diaspora in den USA, zum afghanischen König Mohammad Zahir Shah und dessen Kreis im italienischen Exil, zu westlichen Botschaften in Islamabad sowie zu paschtunischen Nationalisten innerhalb Pakistans. Die meisten Akteure betrachteten Hamid Karzai allerdings als keinen »wichtigen Mann« in Afghanistan. Der deutsche UN-Diplomat Norbert Holl sah in ihm jemanden mit »begrenztem Potenzial«.[16] Das familiäre Misstrauen innerhalb der Karzai-Familie gegenüber dem pakistanischen Staatsapparat bestand weiterhin. Es bestätigte sich, als Karzais Vater Abdul Ahad im Juli 1999 von unbekannten Männern in Quetta erschossen wurde. Die Familie machte die Taliban und damit indirekt auch ihre pakistanischen Unterstützer für den Mord verantwortlich. Karzai übernahm daraufhin die Rolle seines

Vaters und wurde zum Stammesoberhaupt der Popalzai. Nach den Anschlägen des 11. Septembers gelang es Karzai, von all seinen Attributen Gebrauch zu machen. Er griff nicht zu den Waffen, sondern zu rhetorischen Mitteln und begann, von Quetta ausgehend, seinen Clan auf einen baldigen Regierungswechsel in Kabul einzustimmen. Das Ziel Karzais war die Rückkehr in seine afghanische Heimat, die damals noch von den Taliban kontrolliert wurde, um dort weitere Unterstützer um sich zu scharen. Karzai fokussierte sich vor allem auf die südlichen Provinzen Uruzgan, sein traditionelles Stammesgebiet, sowie das angrenzende Kandahar in seiner Heimatprovinz, die der Hauptstadt des einstigen Durrani-Imperiums, das mittlerweile als inoffizielles Zentrum des Taliban-Emirats agierte. Während sich Karzai über die Durand-Linie mit einem Motorrad nach Afghanistan einschleuste, setzten sich auch andere Akteure in Bewegung. Die Kriegsplanung des Weißen Hauses war auf Hochtouren und verschiedene Szenarien standen auf dem Plan. Der Einsatz von US-Spezialeinheiten, die sich vor Ort mit verschiedenen US-freundlichen Assets verbünden sollten, wurde immer konkreter. Dank Karzais diplomatischer Vorarbeit befand er sich nun auf einer Liste mit Warlords, Schmugglern und Drogenbaronen, die allesamt die amerikanische Intervention sowie den Fall des Taliban-Regimes herbeisehnten. In einem Briefing mit dem damaligen US-Verteidigungsminister Donald Rumsfeld fiel der Name des »sanft aussehenden« Karzais, der als möglicher Verbündeter Washingtons in Südafghanistan agieren könnte. »Wir können ein Team dorthin schicken«, hieß es seitens der Agency. Der Krieg war bereits in vollem Gange, ebenso wie der Aufstieg Karzais.[17]

Während Karzai seine eigenen Pläne schmiedete, formierten sich weiterhin Allianzen. De facto fand ein Wettlauf in Richtung Machtbeteiligung statt. Vor allem die Warlords der Bürgerkriegsjahre bereiteten sich nun auf ihre Rückkehr vor und wollten das größte Stück vom Kuchen haben. Karzai war im Vergleich zu ihnen tatsächlich ein Unschuldslamm. Bei den anderen Männern

Washingtons handelte es sich nämlich fast ausnahmslos um gewalttätige Kriegsfürsten, die den Taliban in Sachen Brutalität in nichts nachstanden. De facto war sogar deren Terrorherrschaft in den 1990er-Jahren der Grund für den Aufstieg der reaktionären Extremisten. Als Schlüsselszene hierfür dient ein Ereignis, mit dem praktisch der Gründungstag der Taliban in Verbindung gebracht wird. In Kandahar verbreitete sich die Nachricht, dass ein lokaler Warlord zwei Mädchen entführt habe und diese hinter den Mauern seiner Festung drangsalieren, quälen und vergewaltigen würde. Er habe die Köpfe seiner Opfer rasiert und hielt sich diese als Sexsklaven. Die Bewohner der Region konnten nichts tun und waren dem Mann und seinen Milizen hilflos ausgeliefert. Als der Mullah einer kleinen Dorfmoschee von dem Vorfall erfuhr, formierte er seine Schüler. Spärlich bewaffnet stürmten sie die Festung des Warlords und töteten ihn mitsamt seiner Truppe. Die Mädchen wurden befreit und der Mullah und seine Schüler wurden von vielen Afghanen, anfangs zumindest, als Heilsbringer betrachtet. Jener Mann aus der Moschee war kein Geringerer als Mullah Mohammad Omar, der Gründer und spätere Führer der Taliban. Im Grunde genommen machten jener Tag und die darauffolgenden Ereignisse deutlich, dass es sich bei den Taliban um das Symptom eines viel größeren bestehenden Problems handelte. Der afghanische Staat war zum damaligen Zeitpunkt nämlich bereits ein Warlord-Imperium, welches aus einer zerfallenen kommunistischen Diktatur entstanden war. Die »nation building«-Mission des Westens verstärkte ausgerechnet dieses Problem. Jene, die sich Demokratie, Freiheit und Menschenrechte auf die Fahne schrieben, verbündeten sich ab Tag eins des »War on Terror« mit ebenjenen Warlords und Milizionären. Sie kämpften mit ihnen gemeinsam an der Front und schauten bei einigen der brutalsten Kriegsverbrechen der modernen Geschichte Afghanistans entweder bewusst weg oder beteiligten sich daran. Eine Aufarbeitung dieser Problematik hat bis heute nicht stattgefunden. Stattdessen trat auch in diesem Fall das Gegenteil ein. Einige der bekanntesten afghanischen Warlords wurden heroisiert und idealisiert, unter anderem auch dank eines massiven Propaganda-Apparates namens Hollywood. Ein jüngeres Beispiel hierfür ist der Film *Operation: 12 Strong* aus dem Jahr 2018, in dem sich US-Soldaten mit dem berühmt-berüchtigten Kriegsherrn Abdul Rashid Dostum verbünden und mit dem wahrscheinlich letzten Kavallerieritt der modernen Kriegsgeschichte Taliban-Kämpfer heroisch verjagen. Dass es sich bei Dostum um einen brutalen Kriegsverbrecher handelt, der eigentlich auf einer Anklagebank in Den Haag sitzen müsste, bleibt unerwähnt. Seit Beginn der ersten Tage des Einsatzes zählt der stämmige Dostum, dessen Kämpfer bereits in den späten 80er- und 90er-Jahren zahlreiche Kriegsverbrechen verübten, zu den engsten Verbündeten des Westens. Dostum, der einst für die Armee des kommunistischen Kabuler Regimes kämpfte und sich später in den Bürgerkriegsjahren so gut wie allen Seiten anschloss, bevor er diese wieder verriet, ist für eine ganze Reihe von Gräueltaten verantwortlich. Einige davon fanden unmittelbar nach den Anschlägen des 11. Septembers statt.

Im Dezember 2001 verübten seine Milizen das Massaker von Dasht-e Laili, einer Wüste im Norden des Landes, als Tausende von Taliban-Kämpfern sowie zahlreiche unbekannte Männer, die lediglich zur falschen Zeit am falschen Ort waren, in Containern eingesperrt und hingerichtet wurden. Tagelang ließen Dostums Männer die Container in der Wüste stehen, während sie Löcher in die Wände schossen. Die Gefangenen durchlitten schlimmste Qualen, während sie in der Hitze verdursteten. Als die Container später geöffnet wurden, entwich, so beschrieben es später Augenzeugen, ein bestialischer Gestank, eine Mischung aus Blut, Verwesung, Urin und Kot. Von den etwa 220 Männern, die in jeden Container gepfercht wurden, überlebten nur wenige die Tortur. Die meisten von ihnen wurden danach hingerichtet. Ihre Leichen verscharrte man in Massengräbern. Asif Iqbal überlebte das Verbrechen und erinnerte sich später an das Massaker: »Wir konnten nur überleben, weil jemand Löcher in die Wände geschossen hatte. Doch sie schossen weiterhin tief, weshalb immer mehr Menschen durch die

Kugeln starben. Das Letzte, woran ich mich erinnern kann, ist die Hitze. Es wurde sehr heiß und jeder begann zu schreien und pochen. Man hatte das Gefühl, auf Feuer zu sitzen. Jegliche Flüssigkeit verließ den Körper und die Menschen rissen sich die Kleidung vom Leib.« Als Iqbal wieder aufwachte, war er völlig entkräftet, er hatte zwei Tage lang nichts getrunken. Mit einem Stück Stoff wischte er die Flüssigkeit von den Wänden der Container ab und begann, daran zu saugen. Irgendwann fiel ihm auf, dass er das Blut der Toten trank. »Wir waren wie Zombies. Wir stanken und waren voller Blut und dem Geruch des Todes«, so Iqbal.[18]

Dostum war an diesem unvorstellbaren Verbrechen persönlich beteiligt, während die US-Soldaten ihn gewähren ließen. Sie sahen praktisch zu. Der pakistanische Journalist Ahmed Rashid, bekannt für seine zahlreichen Bestseller über die Region, bezeichnete das Massaker von Dasht-e Laili als eines der brutalsten Kriegsverbrechen des Afghanistan-Krieges. Beobachter berichteten von 4500 bis 7000 Todesopfern.[19] Umso makabrer ist die Tatsache, dass im genannten heroischen Hollywoodstreifen das Massaker vollkommen ausgeblendet wird. Dostum erscheint als nachdenklicher Freiheitskämpfer, während seine heldenhaften amerikanischen Verbündeten lediglich eine Aufgabe vor Augen haben: die Jagd auf böse Terroristen und die Rettung der »guten« Afghanen. Die Titelrolle übernahm der australische Schauspieler Chris Hemsworth, einem breiten Publikum hauptsächlich bekannt als der Marvel-Superheld Thor. Der Film ist eine schier unfassbare Heuchelei und vorsätzliche Verzerrung der tatsächlichen Ereignisse.

Während Dostum als Washingtons Mann im Norden Afghanistans galt, spielten sich im ganzen Land ähnliche Szenarien ab. Kleine Teams von US-Spezialeinheiten, aber auch von anderen NATO-Truppen wie der deutschen Bundeswehr, schafften gemeinsam mit Männern wie Dostum Tatsachen vor Ort, indem sie wahllos Zivilisten, die meist allesamt als »Terrorverdächtige« abgestempelt wurden, angriffen, festnahmen, folterten und massakrierten. Schauplatz derartiger Verbrechen war auch Kabul, obwohl viele westliche Medien ein anderes, »positives« Bild zeichneten und sich in erster Linie auf Menschen fokussierten, die den Sturz des Taliban-Regimes zelebrierten. »Eine weitere Supermacht ist in unser Land einmarschiert, um uns zu bombardieren«, hieß es damals etwa seitens der Opfer amerikanischer Luftangriffe in der afghanischen Hauptstadt.[20] Andere wichtige Verbündete neben Dostum waren der bullige Politiker und Drogenbaron Gul Agha Sherzai, ein Kontrahent Karzais in der Region um Kandahar, Ismail Khan, Karim Khalili, Noor Mohammad Atta und Mohammad Fahim, einstige Mudschaheddin-Kommandanten, sowie der Warlord Burhanuddin Rabbani, der in den Iran geflüchtet war, als die Taliban Kabul eroberten. Währenddessen fehlten einige andere bekannte Warlords als Verbündete, allen voran Ahmad Shah Massoud, Rabbanis rechte Hand und einstiger Führer der »Nationalen Islamischen Vereinigten Front zur Rettung Afghanistans«, damals weitläufig bekannt als »Nordallianz«. Sie hatte sich in den 1990er-Jahren gegen die Taliban formiert. Massoud wurde zwei Tage vor den Anschlägen des 11. Septembers von Al-Qaida-Attentätern, die sich als Journalisten ausgaben, ermordet. Er gehörte zu den bekanntesten Mudschaheddin-Führern Afghanistans. Westliche Journalisten, allen voran französische, bewunderten den Mann, der meist einen kurzen Kinnbart und eine traditionelle Pakolmütze trug, und verglichen ihn gerne mit Ho Chi Minh oder Che Guevara. Diese Zuschreibung gefiel Massoud offenbar. Auf Fotos nahm er gerne die heldenhafte Pose des Che ein, und er imitierte teils auch dessen Kleidungsstil. Während einer Europareise gehörte Massoud zum kleinen Kreis jener Personen, die den Westen vor der Gefahr Al-Qaidas und ähnlicher Gruppierungen warnten. In Afghanistan galt Massoud selbst lange nach seiner Ermordung als eine umstrittene Persönlichkeit. Während ihn die Regierung Ende 2001 offiziell zum Staatshelden ernannte, verbinden ihn viele Afghanen weiterhin mit den Gräuel der Bürgerkriegsjahre sowie seinen fragwürdigen Beziehungen zu ausländischen Akteuren, allen voran den sowjetischen Truppen, die er nicht nur bekämpfte, sondern mit mit denen er auch eine Art Friedensdeal abschloss, sowie Pakistan und zuletzt auch Indien und Iran. Massoud galt als Hauptkontrahent Hekmatyars. In ihrem Kampf um die Hauptstadt zerstörten die beiden Männer Kabul und traumatisierten Hunderttausende von Afghanen. Im Februar 1993 verübten die Milizen Massouds und Sayyafs ein Massaker im Kabuler Stadtviertel Afshar während einer Operation gegen die schiitische Mudschaheddin-Fraktion »Hizb-e Wahdat«. Dabei wurden zahlreiche Angehörige der mehrheitlich schiitischen Hazara-Minderheit ermordet. Berichten zufolge wurden insgesamt über 5 000 Häuser von den Milizen gestürmt. Unter den Opfern befanden sich viele Kinder und Frauen, deren Leichen meist geschändet wurden. Laut der Menschenrechtsorganisation Human Rights Watch ließ sich die genaue Opferzahl des Afshar-Massakers nicht bestimmen. Allerdings ging man von mindestens mehreren Hundert Opfern aus.[21] Einige Beobachter sprechen von einem Angriff auf die Zivilbevölkerung mit genozidalem Ausmaß. Auch die Taliban verübten Massaker an den Hazara, nachdem sie an die Macht gekommen waren.[22] Derartige Ereignisse haben sich in das kollektive Gedächtnis afghanischer Volksgruppen eingebrannt und wurden bis heute nicht aufgearbeitet.

Dennoch steht außer Frage, dass Massouds Ermordung mit den zwei Tage später stattfindenden Anschlägen des 11. Septembers in Verbindung stand. Die Präsenz Massouds stellte gleich für mehrere Akteure ein Problem dar, vor allem aber stand er dem großen Plan von Al-Qaida und Osama bin Laden im Weg. Die Terrorgruppe plante die Zerschlagung des amerikanischen Imperiums und wollte dieses in einen neuen Konflikt, der jahrelang Ressourcen verbrauchen würde, hineinziehen. Am 2. Mai 2011 wurde Osama bin Laden von einem SEAL Team der U.S. Navy getötet. Schauplatz der Operation war nicht Afghanistan, sondern ausgerechnet ein Haus in der pakistanischen Garnisonsstadt Abbottabad. Pakistan, das den »War on Terror« der Amerikaner von Anfang an tatkräftig unterstützte, war in Erklärungsnot. Bis heute wollen viele Beobachter nicht glauben, dass der ISI nichts über bin Ladens Aufenthaltsort wusste. Stattdessen spielte der Geheimdienst seit Beginn des Krieges ein perfides Spiel, in dem er einerseits von der milliardenhohen US-Militärhilfe profitierte, während er prominenten Taliban-Führern und deren Fußvolk sowohl Unterschlupf gewährte als auch nach Belieben verhaften und foltern ließ. Die militanten Islamisten wurden quasi, ähnlich wie in den 1980er-Jahren, vom pakistanischen Staat nach Belieben instrumentalisiert, um die Interessen Islamabads in der Region durchzusetzen. Jene, die sich nicht daran hielten, wurden abgestraft, etwa mittels blutiger Militäroperationen oder Drohnenangriffen der CIA, oder den Amerikanern ausgeliefert. Nachdem bin Ladens Versteck nach der Operation durchsucht wurde, fand man zahlreiche Al-Qaida-Dokumente, die den »ultimativen Plan« der Gruppierung bestätigten. Dieser nahm seine Form allerdings bereits in den 1990er-Jahren an, als bin Laden den Vereinigten Staaten den Krieg erklärte. Das Ziel war ein »Krieg an tausend Fronten«, der Washington letztendlich zu Fall bringen würde.[23] Das Leid der afghanischen Bevölkerung durch eine US-Besatzung nahmen bin Laden und seine Gefolgsmänner dabei voll in Kauf. Erwähnenswert ist in diesem Kontext auch die Tatsache, dass Al-Qaida auf dem afghanischen Schlachtfeld kaum eine bedeutende Rolle spielte. Doch während die Amerikaner mit den Taliban und anderen afghanischen Gruppierungen beschäftigt waren, expandierte die Terrorgruppe erfolgreich in Afrika sowie im Nahen Osten. Zwanzig Jahre nach Beginn des »War on Terror« lässt sich sagen, dass Al-Qaidas Strategie in gewisser Hinsicht aufgegangen ist. Das US-Imperium verlässt Afghanistan als Verlierer und im Weißen Haus sitzt mittlerweile Joe Biden, jener Mann, den bin Laden als »absolut unfähig« betrachtete und gerne als Präsidenten gesehen hätte, um seinen Plan schneller zu verwirklichen. Hierfür zog er sogar ein mögliches Attentat auf Barack Obama während eines Afghanistanbesuchs in Betracht.[24] Um einiges glücklicher wäre Osama bin Laden allerdings wohl mit dem Aufstieg von Bidens Vorgänger, Donald Trump, gewesen, sofern er diesen erlebt hätte.

Im Gegensatz zu bin Laden verfolgte Massoud eine dezidiert nationalistische Agenda und war vor allem gegen jedweden pakistanischen Einfluss. Manch einer behauptet sogar, dass er einem amerikanischen Einmarsch im Weg gestanden hätte. Hierfür hätte er sowohl die Autorität und die lokale Unterstützung genossen. Eine solche Haltung hätte allerdings weder Washington interessiert noch die zahlreichen anderen Kriegsfürsten, die von der US-Invasion profitierten. Einigen Quellen zufolge standen die Attentäter, die Massoud ermordeten, mit Abdul Rab Rasoul Sayyaf, jenem Mann, der bin Laden in den 1990er-Jahren nach Afghanistan brachte, in Verbindung.[25] Ein weiterer Mann, dem in jenen Tagen ein ähnliches Schicksal widerfuhr, war Abdul Haqq, einst ein bekannter Mudschaheddin-Kommandant, der gute Kontakte zu amerikanischen und britischen Geheimdiensten pflegte. Er wurde rund drei Wochen nach Beginn der US-Invasion von den Taliban getötet. Haqq, der im Osten Afghanistans starken Rückhalt hatte, unterstützte eine Intervention gegen die Taliban. Allerdings wurde später bekannt, dass er bereits vor der Invasion seinen eigenen Putsch gegen die Taliban geplant hatte und eine dauerhafte Präsenz US-amerikanischer Truppen womöglich nicht toleriert hätte. Für seine Ermordung wurde ein Taliban-Führer namens Mawlana Abdul Kabir, der wahrscheinlich eigenständig gehandelt hat, verantwortlich gemacht. Einigen Quellen zufolge pflegte Haqq enge Kontakte mit mehreren Taliban-Führern. Es bestand die Möglichkeit, dass er diese erfolgreich auf seine Seite gezogen hätte.[26]

Trotz dieser möglichen »positiveren« Szenarien sollte nicht vergessen werden, dass es sich sowohl bei Massoud als auch bei Haqq um Warlords handelte, deren Milizen in zahlreichen Fällen für entsetzliche Menschenrechtsverbrechen verantwortlich gemacht wurden. Jeder friedliebende Idealist würde sich deren Verbannung aus der afghanischen Politik wünschen. Doch Realpolitik läuft nun einmal anders. Alle genannten Kriegsfürsten waren bereits zum damaligen Zeitpunkt ein fester Bestandteil der politischen Landschaft Afghanistans, ähnlich wie die Taliban. Wäre es tatsächlich das Ziel gewesen, Frieden und Demokratie in Afghanistan zu schaffen, hätte der starke Einfluss der Warlords nach 2001 ein Ende finden müssen. Im Gegenteil stärkten die USA deren Position jedoch, erklärten den Taliban den Krieg – und stürzten sich damit in jenen Konflikt, der bis heute kein Ende gefunden hat. Schauplatz dieser folgenschweren strategischen Entscheidung war die erste Afghanistan-Konferenz am Bonner Petersberg am 27. November 2001, wo über die Zusammensetzung der Interimsregierung verhandelt wurde. Präsent waren UN-Sondergesandter Lakhdar Brahimi, die Vertreter genannter Warlords und einiger anderer politischer Fraktionen sowie Zalmay Khalilzad, ein US-Afghane, der seit Jahren Washingtons Politik am Hindukusch prägt. Die Taliban waren nicht anwesend. Ohne ihre Interessen weiter zu beachten, wurden die Nordallianz sowie die sogenannte Rom-Gruppe des ehemaligen Königs Zahir Shah, zu der auch Karzai gehörte, die politischen Gewinner der Konferenz. Burhanuddin Rabbani, der Führer der Jamiat-e Islami, der in den Bürgerkriegsjahren regierte, machte sich für seine Rückkehr bereit. Er betrachtete sich weiterhin als offiziellen Staatschef, dessen Amtszeit aufgrund des Einmarschs der Taliban in Kabul ein unrechtmäßiges Ende fand und ihn ins Exil zwang. Dennoch war die Wiedereinsetzung Rabbanis äußerst umstritten. Etliche Afghanen plädierten etwa für die Rückkehr des Königs. Hinzu kam das ethnische Gemenge des Landes, das sich seit den 1990er-Jahren zunehmend destruktiv auswirkte. Bis heute dominieren diesbezüglich noch fragwürdige Narrative aus der britischen Kolonialzeit, die auch 2001 den neuen Besatzern in die Hände spielten (wie etwa die unbegründete Ansicht, dass Afghanistan nur von einem Paschtunen beherrscht werden könne). Afghanistans Bevölkerung ist sowohl in ethnischer als auch in kultureller und konfessioneller Hinsicht extrem vielschichtig. Dominant waren meist die Paschtunen, die den modernen afghanischen Nationalstaat gegründet haben. Ob sie tatsächlich auch zahlenmäßig in der Mehrheit sind, ist hingegen nicht gesichert. Bis heute fand in Afghanistan keine umfassende Volkszählung statt, weshalb auch die geografische Verteilung anderer Ethnien und Völker, etwa Tadschiken, Usbeken oder Hazara, vage bleibt. Hinzu kommt, dass sich die verschiedenen Ethnien im Laufe der Jahrhunderte selbstverständlich vermischt haben und eine klare Abgrenzung immer schwieriger wird. Anstatt diese Realitäten zu akzeptieren, wurden auch 2001 am Bonner Petersberg neokolonialistische Narrative wiederbelebt. Im Irak teilte man wenige Jahre später die Bevölkerung in erster Linie nach ihrer Konfession auf. Federführend in Afghanistan war vor allem Khalilzad, selbst ein Paschtune, der die Bevölkerung kurzum nach Ethnien einteilte und dieses Handeln bis heute kaum hinterfragt hat. Stattdessen wiederholt Khalilzad in seinem 2016 erschienenen Buch *The Envoy* (dt. »Der Gesandte«) ebenjene problematischen Narrative.[27]

Im Laufe der Bonner Konferenz gesellte sich allerdings noch ein weiterer, unerwarteter Gast zu den Teilnehmern: Hamid Karzai, ausgerüstet mit einem Satellitentelefon der CIA, wurde aus Uruzgan zugeschaltet, während die amerikanischen Luftangriffe noch in vollem Gange waren und Kabul von der Nordallianz erobert wurde.[28] So gut wie keiner der Anwesenden nahm Karzai zum damaligen Zeitpunkt wirklich ernst. Selbst seine eigene Rom-Gruppe hatte nicht damit gerechnet, dass ausgerechnet er, der zeit seines gesamten Lebens kein einziges Mal eine Waffe bedient hatte, sich unter all den brutalen und kampferprobten Männern durch sein diplomatisches Geschick durchsetzen könnte. Für die Architekten des »neuen Afghanistans« erfüllte Karzai wichtige Kriterien: Er war ein Paschtune, der sich mit allen Seiten verstand. Er hatte einen gewissen Rückhalt seitens seines Stammes, doch er besaß keine Privatarmee wie die anderen Warlords. Karzai war einfacher zu kontrollieren und zeigte sich deshalb in den ersten Jahren als gehorsamer Verbündeter des Westens in Kabul. Letztendlich konnte die Auswahl Karzais nicht nur die anwesenden innerafghanischen Akteure überzeugen, sondern auch Afghanistans Nachbarstaaten, die das Land seit Jahren als persönliches Schachfeld missbrauchten, allen voran Pakistan und Iran. Überraschenderweise war es

Karzais eigene Rom-Gruppe, die gegen ihn stimmte und stattdessen für ihren Anführer Abdul Sattar Sirat, der Jahrzehnte zuvor dem König als Minister diente. Im Gegensatz zu Karzai war Sirat kein Paschtune, sondern ein ethnischer Usbeke. Nachdem Karzai zum Präsidenten der Interimsregierung ernannt wurde, zerwarf sich Sirat mit ihm und machte ihn für eine zunehmende Ethnisierung der afghanischen Politik mitverantwortlich. Karzai schenkte derartigen Vorwürfen allerdings keine weitere Beachtung. Als Zeichen der ethnischen Vielfalt des Landes schmückte er sich mit einer Karakulmütze, die meist von den politischen Eliten des Landes getragen wurde, und einem im Norden des Landes verbreiteten usbekischen Umhang, der im Laufe der Jahre zu seinem Markenzeichen wurde. In seinen Reden sprach Karzai meist sowohl Dari als auch Paschtu, um niemandem auf die Füße zu treten. Je nach Darstellung war Karzai von nun an Präsident des »neuen« und »demokratischen« Afghanistans oder aber der »Bürgermeister von Kabul«: machtlos, korrupt und umzingelt von Drogenfürsten und Warlords, die um politische Einflussnahme konkurrierten.

Abseits von Kabul: Von Bushs illegalem »Kreuzzug« und dem »Kampf der Kulturen«

»Dieser Kreuzzug, dieser Krieg gegen den Terrorismus, wird eine Weile dauern«, waren die Worte George W. Bushs, nachdem dieser am 16. September 2001 von seinem Aufenthalt vom Camp David ins Weiße Haus zurückkehrte und sich aufgrund der Anschläge auf das World Trade Center und das Pentagon den Journalisten stellte. Außerdem sprach Bush mehrmals von »Bösewichten«, die es nun zu bekämpfen galt, und von »einer Barbarei«, die die Vereinigten Staaten schon lange nicht mehr erlebt hätten. Später musste sich das Weiße Haus für die Wortwahl des Präsidenten entschuldigen. Man habe nicht beachtet, was die muslimisch dominierte Welt mit dem Begriff »Kreuzzug« assoziieren würde.[29] Die Entschuldigung, eine Fußnote – die Bush-Administration war bereits im Kriegsmodus: Entweder man war mit ihr oder gegen sie. Die Kriegsmaschinerie war in vollem Gange und die Bush-Administration stellte klar, dass »bürokratische Hürden« nicht tolerierbar seien: »Die Regeln haben sich geändert«, hieß es seitens des damaligen CIA-Direktors George Tenet. In einem Schreiben an seine Mitarbeiter forderte er diese zu einer »schnellen und cleveren« Lösung von Problemen auf. Verbündete Regierungen und Geheimdienste dürften die CIA und ihr Vorgehen in keiner Weise in Frage stellen. Man müsse schnell handeln, um den Krieg zu gewinnen und den Präsidenten »stolz zu machen«. Dadurch öffnete man Tür und Tor für alles, was danach geschah, inklusive geheimer Foltergefängnisse, einen dystopischen Überwachungsapparat, der bis heute die eigenen Bürger ausspäht, sowie Bombardements auf die Zivilbevölkerung, deren Todesopfer man kurzerhand zu »Terroristen« erklärte.[30]

Doch während gegenwärtig viele Kritiker den Fokus auf das darauffolgende Kriegsgeschehen legen, wird der Krieg an sich immer noch selten bis gar nicht hinterfragt. Fakt ist: Bei dem westlichen Einmarsch in Afghanistan handelte es sich um einen illegalen Angriffskrieg. Bis heute wird die Intervention sowie die historisch erstmalige Ausrufung des NATO-Bündnisfalles in Anbetracht der Anschläge des 11. Septembers als angemessen oder gar selbstverständlich betrachtet. Doch nicht nur aus Sicht von weiten Teilen der afghanischen Bevölkerung ist dies mitnichten der Fall. Das militärische Eingreifen in Afghanistan war genauso rechtswidrig wie das darauffolgende im Irak. Eine Einsicht gibt es diesbezüglich allerdings nicht. Stattdessen spricht man weiterhin vom »guten Krieg« (»good war«) und stützt sich bis heute auf fadenscheinige Rechtfertigungen, die dank des einseitigen Handelns verschiedener Institutionen, etwa der UN, als juristisch akzeptabel betrachtet werden und sich im politischen Neusprech durchgesetzt haben. Meist bezieht man sich etwa auf den vermeintlich notwendigen Bündnisfall oder auf das UN-Mandat. Am 11. September wurden die Vereinigten Staaten allerdings nicht von einem anderen Staat angegriffen, sondern von mehreren Einzelpersonen, die der Terrorgruppierung Al-Qaida zugeordnet wurden. Keines dieser Individuen war afghanischer Staatsbürger. Ihre Pilotenausbildung erhielten die Attentäter nicht am Hindukusch, sondern in den Vereinigten Staaten.[31] Dennoch wurde die afghanische Bevölkerung kollektiv bestraft. Es gab auch keine »verbündete« Regierung, welche die Amerikaner und ihre Alliierten »zur Hilfe« gerufen hat, sondern lediglich eine vom Westen installierte Kleptokratie – anders kann man sie schlichtweg nicht bezeichnen –, die nach dem Einmarsch die Regierungsgeschäfte übertragen bekam und die sich unter der schützenden Hand der ausländischen Truppen massiv bereicherte. Die Präsenz der NATO-Truppen werde deshalb bis heute nur als Mittel zum Zweck, sprich, zum eigenen Machterhalt betrachtet. Der Angriff auf Afghanistan war auch keineswegs ein Verteidigungsakt, wie ihn manche Politiker bis heute darstellen wollen. Die Taliban, deren brutales Regime nicht verharmlost werden darf, hatten mit den Anschlägen des 11. Septembers nichts zu tun. Im Gegenteil: Nachdem Al-Qaida-Führer Osama bin Laden in Afghanistan 1996 den Krieg gegen die Vereinigten Staaten ausrief – ein Akt, der sich damals auch gegen die Interessen der Taliban richtete –, hatte er sein Gastrecht verwirkt. Die Taliban wollten ihn danach so schnell wie möglich aus dem Land schmeißen. Schließlich hatten auch nicht sie, sondern der Mudschaheddin-Warlord Abdul Rab Rasoul Sayyaf, mit dem sich die Amerikaner 2001 verbündeten, bin Laden nach Afghanistan eingeladen. Taliban-Führer Mullah Mohammed Omar verlangte von den USA lediglich Beweise für die Täterschaft bin Ladens, um ihn auszuliefern. Richtig gelesen: Es waren ironischerweise die Taliban und nicht die »freie Welt«, die hier auf Rechtsstaatlichkeit beharrten.[32] Die Bush-Administration folgte diesem Ansinnen nicht und wollte Krieg, vielmehr: Rache für 9/11. »Sie müssen erledigt werden. Ich möchte Fotos von ihren aufgespießten Köpfen sehen. Ich möchte, dass bin Ladens Kopf in einer mit Trockeneis gefüllten Kiste in die USA gebracht wird. Ich möchte dem Präsidenten bin Ladens Kopf zeigen. Das habe ich ihm versprochen«, hieß es etwa seitens des Leiters der Antiterror-Abteilung der CIA, Cofer Black. Nach dem Sturz der Taliban wurden jegliche Friedensangebote seitens der besiegten Extremisten von Washington ausgeschlagen. Federführend hierfür waren Bush und Rumsfeld. Dabei hätte man mit den damals geschwächten Taliban wohl eher einen Frieden schließen können, anstatt diese zwei Jahrzehnte später doch an den Verhandlungstisch zu holen. Auch in den darauffolgenden Jahren wurden Taliban-Führer, die zu Verhandlungen bereit waren, gezielt aus dem Weg geräumt. Die fatale Folge: In der Zwischenzeit konnten sich die Taliban neu formieren und erlebten einen massiven Aufschwung. Im Sommer 2021 wurde mindestens die Hälfte Afghanistans von den Taliban kontrolliert. Einigen Zählungen zufolge lebt die Mehrheit der afghanischen Bevölkerung heute wieder in Hoheitsgebieten der Extremisten.

Politischer Dissens und willige Helfer

Politischer Widerstand gegen den Krieg, wenn überhaupt vorhanden, wurde nicht toleriert oder gar verachtet. Als im US-Senat über den Krieg am Hindukusch abgestimmt wurde, gab es keine einzige Gegenstimme. Im Repräsentantenhaus stimmte lediglich die afroamerikanische Abgeordnete Barbara Lee aus Kalifornien gegen den Krieg und drückte ihre Bedenken aus. »Ich will nicht erleben, dass diese Spirale außer Kontrolle gerät. Falls wir voreilig zurückschlagen, besteht die große Gefahr, dass Frauen, Kinder und andere Nichtkombattanten ins Kreuzfeuer geraten«, sagte sie damals. Außerdem warnte Lee vor einem Krieg »mit offenem Ende« und »ohne Exit-Strategie«. Jahre später beschreibt Lee die damalige Stimmung in ihrer Autobiografie. Es fiel ihr schwer, sich gegen mehr als 400 Politiker zu stellen, die allesamt ihre Meinung nicht teilten. Einige von ihnen verschmähten sie im Nachhinein.

Lee wurde als »Verräterin« oder als »Terrorsympathisantin« betrachtet und erlebte eine Schmierkampagne. Doch zu ihrer Entscheidung steht sie bis heute. »Dies ist der längste Krieg in der amerikanischen Geschichte, und der Kongress hat nicht einmal eine Debatte über die Frage geführt, ob wir in den Krieg ziehen sollen oder nicht. Genau darum habe ich gegen diese schreckliche Resolution am 14. September 2001 gestimmt. Es war extrem schwierig, so abzustimmen, weil ich die einzige Politikerin im Kongress war, aber das war die richtige Entscheidung, viele andere Abgeordnete haben mir gegenüber das später auch eingeräumt«, schreibt Lee.[33]

Die Stimmung bei den US-Verbündeten war unmittelbar nach den Anschlägen ähnlich aufgeheizt und unreflektiert. Die Worte des damaligen deutschen Bundeskanzlers Gerhard Schröder hätten auch aus dem Mund Bushs oder dessen Stellvertreters Dick Cheney stammen können. Am 12. September 2001 bezeichnete Schröder die Terroranschläge in den USA als »Kriegserklärung gegen die gesamte westliche Zivilisation«. Die darauffolgenden Floskeln hört man bis heute immer wieder – von westlichen Staatschefs bis hin zu arabischen oder asiatischen Diktatoren. *»Wir müssen nun rasch noch wirksamere Maßnahmen ergreifen, um dem Terrorismus weltweit den Nährboden zu entziehen. Es hat zu gelten: Wer Terroristen hilft oder sie schützt, verstößt gegen alle fundamentalen Werte des Zusammenlebens der Völker.«* Außerdem sagte Schröder: »Der Kampf gegen den Terror wird noch lange dauern und wird uns einen langen Atem abverlangen.« Mit diesen Worten wurde die deutsche Beteiligung am »War on Terror« in Afghanistan eingeleitet.[34] Auch der damalige Außenminister Joschka Fischer sehnte den Krieg in Afghanistan herbei und schwadronierte von einem »Kampf gegen das Böse«. Seine Kollegen sprachen von »Demokratie«, »Freiheit« und einer »Durchsetzung des Friedens«. Dass ausgerechnet Rot-Grün den Krieg mit tosendem Applaus unterstützte, während CDU und FDP gemeinsam mit der Linken (damals PDS) mehr oder weniger die »Friedensbewegung« darstellten, erscheint rückblickend umso überraschender. »Eine solche Regierung, ein solcher Bundeskanzler haben Vertrauen nicht verdient«, hieß es damals etwa – heute glaubt man es kaum – seitens des damaligen CDU-Abgeordneten Friedrich Merz. Am Schluss stimmten im Bundestag 336 für und 326 gegen jenen Krieg, der »die deutsche Sicherheit am Hindukusch verteidigen würde«, wie SPD-Verteidigungsminister Peter Struck ein Jahr später behauptete.[35] Laut dem deutschen Historiker Gregor Schöllgen war der deutsche Afghanistan-Einsatz ohne Massendemonstrationen und Straßenkrawallen nur mit Rot-Grün möglich gewesen.[36]

Ähnlich verhielt es sich mit anderen Verbündeten der USA, allen voran Großbritannien, das damals von der sozialdemokratischen Labour-Partei Tony Blairs geführt wurde. Im Gegensatz zu Schröder verbündete sich Blair wenige Jahre darauf abermals mit Bush beim Angriff auf den Irak. Vom Nahen Osten bis nach Zentral- und Südasien werden heute beide als die brutale Fratzen des amerikanischen Imperialismus betrachtet – unter anderen politischen Vorzeichen stünden sie wohl als Kriegsverbrecher vor dem Internationalen Gerichtshof. Besonders deutlich wurde diese Wahrnehmung nach dem Tod des damaligen US-Verteidigungsministers Donald Rumsfeld im Juni 2021. Rumsfeld gehörte zu den wichtigsten Architekten des »War on Terror«. Er war ein Extremist, der einen »Vergeltungskrieg« gegen Afghanistan und den Irak als notwendig erachtete und die Gefangennahme, Folter sowie die Ermordung von Millionen von Menschen in Kauf nahm. Dementsprechend fielen die Reaktionen nach dessen Tod aus. »Er hat viele Amerikaner, aber vor allem Hunderttausende von Irakern auf dem Gewissen«, kommentierte der deutsch-ägyptische Journalist Karim El-Gawhary.[37] Das bekannte US-Magazin *The Atlantic* bezeichnete Rumsfeld als »schlimmsten Verteidigungsminister, der nie einen Funken Reue gezeigt habe«.[38] Der US-Journalist Jeremy Scahill schrieb von einem »grausamen Kriegsverbrecher«, dessen Erbe man dementsprechend benennen sollte.[39]

Zu den wichtigsten »War on Terror«-Verbündeten Washingtons gehörten außerdem zahlreiche demokratiefeindliche Diktatoren im Nahen Osten und in Zentralasien – meist aufgrund ihrer Brutalität die Ursachen für Extremismus in den Regionen –, die nun durch die amerikanische Kriegswirtschaft profitierten. Die Despoten jener Länder konnten ihre Macht zusätzlich absichern, indem sie sich am Krieg beteiligten und als willige Helfer agierten. Viele von ihnen, etwa das Assad-Regime in Syrien, der ägyptische Despot Hosni Mubarak, der tadschikische Diktator Emomali Rahmon oder der pakistanische Präsident Pervez Musharaf, machten sich die Antiterror-Rhetorik der Amerikaner zu eigen, um gegen politische Dissidenten in der eigenen Heimat vorzugehen. Afghanistan war deshalb praktisch umzingelt. CIA-Einheiten befanden sich bereits vor dem offiziellen Beginn des Einsatzes im Land. Dem Taliban-Regime wurde vorgeworfen, Terroristen auszubilden und ihnen Schutz zu gewähren. Deshalb, so wurde es allen weisgemacht, war die militärische Intervention notwendig. Nach dieser Logik hätten andere Staaten allerdings auch die USA angreifen dürfen. Es wäre demnach etwa das gute Recht der Iraner gewesen, die Vereinigten Staaten anzugreifen, nachdem sie 1979 dem diktatorischen König Reza Pahlavi Schutz gewährten. Dasselbe betrifft auch zahlreiche südamerikanische Staaten, in denen während des Kalten Krieges rechte Militärputschisten dank der CIA und Konsorten an die Macht kamen und zuvor ihre Foltermethoden in amerikanischen Militärschulen perfektioniert hatten. Auf derartige Gedanken kommen viele Beobachter allerdings heute kaum. Sie gelten weiterhin per se als absurd oder gar als Tabu. Die eigene Gewalt wird stets relativiert oder als »gut« betrachtet. Die Doktrin lautet deshalb weiterhin wie folgt: Die Vereinigten Staaten sind in jeglicher Hinsicht einzigartig – und genauso hat sie jeder zu behandeln. Deshalb bestimmen sie auch, wer als »Terrorist« zu betiteln ist und wer nicht. Bereits Anfang September 2001 waren 21 000 US-Soldaten in der Region um Afghanistan stationiert. 12 000 weitere Soldaten wurden binnen weniger Tage nach Zentralasien verlagert.[40] Eine wichtige Rolle hierbei spielte das postsowjetische Usbekistan, welches ebenfalls von einem berühmt-berüchtigten Diktator, Islom

Karimov, absolutistisch regiert wurde. Im Land gab es zum damaligen Zeitpunkt keinerlei Meinungsfreiheit, Journalisten und politische Dissidenten wurden verfolgt. Laut der UN gehörte Mord zum politischen Alltag und war »institutionalisiert, systematisch und weit verbreitet«.[41] Im Jahr 2002, kurz nach Beginn des »War on Terror«, erhielt Karimovs Regime dennoch 202 Millionen Euro als »Dank« aus Washington.[42] Eine eskalierende Rolle spielte vor allem Pakistan, das damals vom Militärdiktator Musharaf regiert wurde und regelmäßig US-Hilfe in Milliardenhöhe bezog. Islamabad unterstützte den »War on Terror« und ließ diesen auch im eigenen Land eskalieren, etwa indem man Drohnenangriffe der CIA im eigenen Land gestattete. Doch zeitgleich kochte das »Establishment«, bestehend aus Politik, Militär und Geheimdienst, ihr eigenes Süppchen und gewährte bekannten Terrorführern – direkt oder indirekt – Unterschlupf. Das beste Beispiel hierfür ist Osama bin Laden selbst, der nach der ersten Dekade des Krieges nicht in Afghanistan, sondern in einer abgesicherten, pakistanischen Garnisonsstadt von US-Soldaten gefasst und getötet wurde. Im Juni 2020 bezeichnete Pakistans Premierminister Imran Khan bin Laden während einer Rede im Parlament gar als Märtyrer.[43] Das logistische Fundament des amerikanischen Kreuzzuges wäre ohne die Hilfe Pakistans, Usbekistans und anderer Nachbarstaaten nicht möglich gewesen. Auch Moskau unterstützte den Krieg in jenem Land, in dem es einst nach einer zehnjährigen Besatzung eine niederschmetternde Niederlage erlitt. Der Grund hierfür war allerdings wohl auch eine strategische Schwächung des US-Imperiums durch ein »zweites Vietnam«, das man aufgrund der eigenen Erfahrungen am Hindukusch wohl voraussah.

Das ideologische Gerüst des »War on Terror«

Am 7. Oktober 2001 begann die »Operation Enduring Freedom« (dt. »Operation andauernde Freiheit«) mit dem Einmarsch von Tausenden NATO-Soldaten, massiven Bombardements in ganz Afghanistan sowie dem Einsatz neuartiger Waffen, welche die moderne Kriegsführung dauerhaft verändern sollten: unbemannte, bewaffnete Drohnen. Für all diese massive Gewalt war allerdings auch ein ideologisches Gerüst notwendig, um die Massen in westlichen Staaten zu befriedigen und die Rechtfertigung des Krieges aufrechtzuerhalten. Dies war vor allem nach dem Fall der Sowjetunion Ende der 1980er-Jahre notwendig, denn der Westen brauchte ein neues Feindbild, sprich, einen neuen Dämon, der dauerhaft als Sündenbock herhalten konnte, um politische Aggressionen in der Region zu rechtfertigen. Derartige politische Gerüste werden meist am Schreibtisch geschmiedet. Ein zentraler Kern war etwa die Theorie vom »Kampf der Kulturen«, die der amerikanische Politikwissenschaftler Samuel P. Huntington erstmals 1993 in seinem gleichnamigen Essay aufstellte. Drei Jahre später erweiterte er den Text zu einem Buch. Huntington teilte darin die Welt in verschiedene »Kulturkreise« ein und stellte die These auf, dass zwischen diesen vermeintlich starren Konstrukten ein Konflikt vorprogrammiert sei.[1] Dabei beging er allerdings eine ganze Reihe von Fehlern, die im Laufe der Jahre von zahlreichen Kritikern dekonstruiert wurden. Der indische Wirtschaftswissenschaftler und Nobelpreisträger Amartya Sen verdeutlichte etwa, dass Kultur weder fest noch starr sei und dass man geografische Regionen schwer in derartige Konstrukte einteilen könne. Als Beispiel hierfür nannte er sein eigenes Heimatland, das Huntington zu dem sogenannten »hinduistischen Kulturkreis« zählte. Sen kritisierte diesen neokolonialen, eurozentristischen Ansatz und hob zu Recht hervor, dass Indien ein heterogenes Land sei, in dem nicht nur Hindus leben würden, sondern auch Sikhs, Christen oder Muslime. Vor allem Letztere hätten in den letzten Jahrhunderten einen prägnanten Beitrag in praktisch allen Lebens- und Gesellschaftsbereichen geleistet und oftmals gerade aufgrund ihres Glaubens, und sie würden in Huntingtons Ansätzen untergehen. Trotz der Tatsache, dass Muslime in Indien eine Minderheit darstellen, dürfe man laut Sen nicht vergessen, dass es sich hierbei um über 150 Millionen Menschen handelt. Somit gehört Indien zu den drei größten muslimischen Ländern der Welt. Ein weiterer Punkt, auf den Sen hinweist, sind die multiplen Identitäten von Individuen, die in Huntingtons Theorie ignoriert werden. »Die islamische Identität kann eine der Identitäten sein, die der Betreffende als wichtig (oder gar als entscheidend) betrachtet, ohne damit zu leugnen, dass andere Identitäten ebenfalls bedeutsam sein können«, schreibt Sen.[2] Für die zahlreichen Anhänger des vermeintlichen Zivilisationskampfes sind derartige Feinheiten und Nuancen allerdings uninteressant. Stattdessen geht man weiterhin davon aus, dass die sogenannte zivilisierte Welt sich im Krieg gegen die »Barbaren« befindet. In der englischsprachigen Debatte wird in diesem Kontext oftmals auch von »Othering« gesprochen. Konkret bedeutet dies, dass eine Gruppe von Menschen aufgrund unterschiedlicher Merkmale als »andersartig« oder »fremd« betrachtet wird, um diese fortgehend zu entmenschlichen und im schlimmsten Fall Gewalt gegen ebenjene zu rechtfertigen. Diese Narrative setzten sich umgehend in Afghanistan durch. Der muslimische, bärtige, Turban tragende Afghane wurde ein weiteres Mal von externen Aggressoren als Feindbild stilisiert, während es galt, seine verschleierte Frau zu befreien. Diese Art der Propaganda wurde auch von jenen islamistisch-extremistischen Akteuren wie Al-Qaida und anderen Gruppierungen begrüßt. Der Grund hierfür ist offensichtlich: Die Rhetorik des Kulturkampfes passt auch in das Narrativ der Extremisten der »anderen Seite«. Doch während die Kritik des westlichen Diskurses sich auf Letztere fokussiert, wird mit der eigenen Geschichte denkbar unkritisch umgegangen.

Hierbei handelt es sich allerdings um kein neues Phänomen. Viele westliche Staaten wollen sich weder mit ihrer brutalen Gegenwart noch mit ihrer meist von Gewalt geprägten Vergangenheit auseinandersetzen. Besonders kritisch geht der indische Literaturkritiker und Autor Pankaj Mishra mit dieser Entwicklung um: »Europa sollte viele dieser jungen Leute, die sich für die Gewalt entscheiden, als Teil einer längeren Tradition der Gewalt und Zergliederung in Europa begreifen. Stattdessen wird der Islam oder eine besondere Region der Welt dafür verantwortlich gemacht. Es ist falsch zu sagen, ›die Leute kommen mit ihren Problemen zu uns‹. Diese Probleme spielen eine zentrale Rolle für die moderne Welt, und zwar seit ihrem eigentlichen Beginn«, sagte mir Mishra während eines Interviews im Jahr 2018, kurz nachdem sein damaliger Bestseller *Zeitalter des Zorns* in deutscher Sprache erschienen war.[3] Mishra behauptete darin unter anderem, dass jene jungen Männer, die Europa verließen, um sich dem sogenannten Islamischen Staat in Irak und Syrien anzuschließen, viel mehr mit europäischen Gesellschaften gemein haben als mit jenen des Nahen Ostens oder Nordafrikas. Die Analyse Mishras, der zu den größten Kritikern des »War on Terror« gehört, traf viele Europäer und Amerikaner ins Mark. »Die Vorstellung, dass der IS etwas vollkommen Unbekanntes und Neues repräsentieren würde, ist eigentlich eine sehr ahistorische Vorstellung. Das ist keine Darstellung der Wirklichkeit, in der es so viele derartige Schnittstellen der modernen Geschichte gab. Es gab militante, extremistische und sezessionistische Bewegungen von jungen Revolutionären, die sich manchmal einfach auf exhibitionistische Weise in die Luft jagen wollten. Diese Männer konnten an Gewalt als eine ästhetische Erfahrung glauben. Das lässt sich viele Male zuvor sehen«, so Mishra. Sein

Resümee: Die Vorstellung, dass es sich bei dem IS oder anderen, ähnlichen Gruppierungen wie Al-Qaida, um ein vollkommen beispielloses Ereignis handelt, sei falsch, absurd und ein weiteres Symptom der historischen Ignoranz und Naivität westlicher Gesellschaften. Viele Beobachter konnten mit der scharfen Analyse Mishras nicht umgehen. Ich bemerkte dies am eigenen Leib, als eine bekannte deutschsprachige Tageszeitung, die das Interview zuvor bestellt hatte, es plötzlich nicht mehr haben wollte. Die verantwortliche Redakteurin reagierte wütend, ganz so, als fühlte sie sich von Mishras Worten persönlich angegriffen. Ihre ganze Weltanschauung wurde allem Anschein nach auf den Kopf gestellt. Das Interview erschien später an anderer Stelle. Derartige Reaktionen sind keine Ausnahme. Viele Medien haben einen gehörigen Beitrag dazu geleistet, dass sich der »War on Terror« und die damit verbundenen Narrative überhaupt durchsetzen konnten. Mishra spricht in diesem Kontext von einem »intellektuell-industriellen Komplex«, der sich der Formulierung solcher Analysen gewidmet hat und über ein weitreichendes Netzwerk sowie massive finanzielle Ressourcen verfügt. Einfach ausgedrückt: Wer entlang der genannten Linien denkt und sich dementsprechend positioniert, wird belohnt. Resultate dieses Diskurses sind ganze universitäre Einrichtungen, politische Institutionen und Denkfabriken sowie mittlerweile nahezu alltägliche Begrifflichkeiten wie »Islamismus« oder »Dschihadismus«, die vor 2001 weder inflationär verwendet wurden noch derart negativ konnotiert waren. Diese beschreiben zwar reale Probleme innerhalb politischer und militanter Bewegungen in der islamischen Welt. Allerdings werden sie seit Jahren zunehmend plakativ verwendet, in breiten Diskursen selten exakt definiert und scheinen mittlerweile, ähnlich wie das Wort »Terrorismus«, als Vorwand für alle möglichen politischen Entscheidungen zu dienen. Dass in diesen Begriffen der Huntington'sche Ansatz sowie die »War on Terror«-Rhetorik mitschwingt, verdeutlicht im Übrigen die Tatsache, dass für militante, extremistische Bewegungen mit christlichem, jüdischem, buddhistischem oder hinduistischem Hintergrund keine ähnlichen Begrifflichkeiten existieren. Es liegt auf der Hand, dass der von Mishra erwähnte Komplex für die Durchsetzung des Kriegs eine große Rolle bei der Schaffung dieser Begriffe spielte. Vor allem die Medien agierten als eine Art Speerspitze, indem sie die Massen mit großem Trommelwirbel auf den Afghanistan-Krieg einstimmten. Neben Videos von Osama bin Laden und den einstürzenden Türmen in New York waren auch andere Bilder omnipräsent. Man sah das zerstörte Kabul, bärtige, Turban tragende afghanische Männer, die böse in die Kamera starrten, und Taliban-Extremisten, die Frauen auspeitschten oder alte Kulturgüter wie die Buddha-Statuen von Bamiyan zerstörten. »Seht her. In diesem Land herrscht der Barbarismus. *Wir* müssen einmarschieren, um es zu zivilisieren«, war die Botschaft hinter den zahlreichen Berichten in westlichen Fernsehsendern. Afghanistan wurde als ein Land dargestellt, das sich noch im dunklen Mittelalter befindet. Die militärische Intervention würde Licht ins Land bringen, die afghanischen Frauen befreien und die Gesellschaft demokratisieren. Es mag überraschend klingen, dass Afghanistan nicht zum ersten Mal eine solche Hasskampagne über sich ergehen lassen musste. Bereits in den Jahren zuvor fand Ähnliches statt – und für einige kluge Beobachter war klar, dass sie ein Déjà-vu erleben würden.

Von anderen »Kriegen gegen den Terror«

Immer wieder wird vergessen, dass es sich bei den Amerikanern und ihren Verbündeten nicht um die ersten Truppen handelt, die in Afghanistan einmarschiert sind. In den letzten Jahrzehnten und Jahrhunderten wurde das Land mehrfach zur Zielscheibe ausländischer Besatzer. Während des 19. und 20. Jahrhunderts versuchte das britische Empire ganze drei Mal, aus Afghanistan eine Kolonie zu machen, die an das damalige Britisch-Indien anschließt. Viele

Berichte aus der damaligen Zeit unterscheiden sich im Kern kaum von den gegenwärtigen. Auch in Afghanistan ließen die Briten ihrer kolonialistischen Arroganz sowie ihrem Rassismus und ihren Orientalismus-Märchen freien Lauf. Sie betrachteten die afghanischen Völker als rückschrittliche Barbaren, über die der weiße Mann herrschen dürfe, ja sogar müsse, um ihnen die Erleuchtung zu bringen. Während ihrer Kolonialisierungsversuche verbündeten sich die Briten mit verschiedenen afghanischen Machthabern, um ihre eigenen Interessen durchzusetzen. Das beste Beispiel hierfür ist womöglich der afghanische Emir Shah Shuja Durrani, der 1803 mithilfe des Empires in Kabul an die Macht kam. Lokale Kriegsfürsten unterstützten Durrani und die Briten und bekämpften dabei die rebellierenden Afghanen, die einen Dschihad gegen den von Nichtmuslimen installierten König ausgerufen hatten. Durrani wurde mitsamt seiner Gefolgschaft nach Britisch-Indien verjagt, wo sich einige prominente Nachfahren bis heute finden lassen. Einer von ihnen ist der indische Schauspieler Nasiruddin Shah, der mit dem Warlord und Durrani-Verbündeten Jan Fishan Khan verwandt ist.

Zu den Helden des afghanischen Widerstands zählten etwa Mohammad Akbar Khan, einer der Söhne von Durranis Nachfolger Dost Mohammad Khan, oder Mir Masjidi Khan aus der nördlich von Kabul gelegenen Region Kohistan. Nach beiden Männern sind heute Ehrenmedaillen benannt, die regelmäßig von der afghanischen Regierung verliehen werden, unter anderem auch an US-Militärs, NATO-Personal und ausländische Politiker. Das Ganze erscheint umso paradoxer, wenn man bedenkt, dass sowohl Masjidi als auch Akbar heute, 200 Jahre später, wohl von US-Drohnen gejagt oder in irgendeiner Folterhölle eingesperrt worden wären. Shah Shuja Durrani war ein gebildeter, eloquenter Mann, der sich unter anderem der Dichtkunst verschrieben hatte und von britischen Chronisten meist gelobt wurde. Allerdings galt er auch als äußerst grausam und psychisch gestört. Selbst seine eigenen Untertanen ließ er aufgrund kleinster Fehler verstümmeln, kastrieren oder hinrichten. Die meisten Afghanen haben ihn bis heute als

Volksverräter in Erinnerung, weshalb der Vorname »Shah Shuja« eher ungern gesehen wird. In den zwei darauffolgenden Anglo-Afghanischen Kriegen spielten sich zum Teil ähnliche Szenarien ab. Afghanistan wurde also bereits damals zu einem Spielball verschiedener Mächte, allen voran von Russen und Briten, die das Land für ihr »Great Game« missbrauchten.

Aufgrund dieser Historie und den verschiedenen Handelsrouten, die durch das Land führten, war Kabul schon zu jener Zeit wie eine globalisierte Stadt, die alles andere als isoliert war. In der afghanischen Hauptstadt lebten Muslime, Sikhs, Juden, Hindus, armenische Christen sowie Angehörige verschiedenster Ethnien. Auf dem Kabuler Bazar traf man auf Geschichtenerzähler, Hellseher, Schneider, Töpfer, Schmiede und Händler aller Art, und manche boten nicht nur antiken Schmuck und Waren aus dem Nahen Osten oder China feil, sondern auch die ergatterten Uniformen und Gewehre britischer Soldaten. Dieser Trend setzt sich bis ins 21. Jahrhundert fort: Auf dem sogenannten »Bush Market« in Kabul – benannt nach George W. Bush – kann man bis heute Stiefel oder Rucksäcke von US-Soldaten oder Ready-to-eat-Mahlzeiten des US-Militärs ergattern. Damals wie heute wurde der Krieg in Literatur und Kunst verarbeitet. Während heute Hollywood Actionfilme über den Afghanistan-Krieg und den »War on Terror« produziert, schufen britische Autoren wie Arthur Conan Doyle Romanfiguren, die am Hindukusch traumatische Erfahrungen hatten: Sherlock Holmes' Partner Dr. John Watson ist ein Afghanistan-Veteran und traumatisierter Kriegsarzt, der den »Wilden« entrinnen konnte. Winston Churchill hatte den britischen Kolonialisierungskrieg in Afghanistan tatsächlich oder zumindest laut eigener Aussage hautnah miterlebt und war der Auffassung, dass die Krone an dieser Front wohl keine Chance haben dürfte. Grund hierfür waren Männer wie Mullah Sartor Faqir, auch bekannt als Mullah Mastan, ein paschtunischer Stammesführer aus dem heute pakistanischen Swat-Tal, der einen Aufstand gegen die Kolonialisten anzettelte, die ihn dann als den »verrückten Mullah« bezeichneten. *Der Spiegel* erinnerte vor einigen Jahren etwas plump und orientalistisch-verklärend an diese historische Episode und berichtete von Churchill und den »Ur-Taliban«.[4] Bei heutigen Debatten zum Kolonialismus gerät zunehmend in den Vordergrund, dass der spätere britische Premierminister, der in westlichen Staaten bis heute als antifaschistischer Kriegsheld und politische Ikone gefeiert wird, ein äußerst menschenfeindliches und rassistisches Weltbild hatte, wenn es um Menschen aus Afrika oder Asien ging. Die Afghanen waren da keine Ausnahme. Obwohl einige britische Kolonialisten sich mit deren »europäischen Gesichtszügen« identifizieren konnten, stand Churchills Meinung über die afghanischen Völker fest. Er betrachtete sie unter anderem als eine »degradierte Rasse«, die am »Rande der menschlichen Zivilisation« in »ihren schmutzigen und löchrigen Hütten inmitten von Dreck und Unwissenheit« leben würde. »Die Stellung ihrer Frauen ist gleichwertig mit der von Tieren. Sie werden verkauft und nicht selten gegen Gewehre eingetauscht. Jegliche Wahrheit ist ihnen unbekannt«, so Churchill.[5]

In vielen Gesellschaften jener Länder, die von den Briten kolonialisiert wurden, haben sich in den letzten Jahren zunehmend kritische Debatten in Bezug auf Churchill und andere Akteure des Empires entwickelt. Sie machen die hässlichen Fratzen jener historischen Persönlichkeiten, die in der westlichen Hemisphäre weiterhin heroisiert und idealisiert werden, deutlich. Die indische Wissenschaftlerin Priyamvada Gopal etwa, Professorin für Postcolonial Studies an der Universität Cambridge, geht mit Churchill messerscharf ins Gericht. So hebt sie hervor, dass Churchill aus der Sicht zahlreicher Völker, die von den Briten unterdrückt wurden, in erster Linie Rassist und Massenmörder war. Der britische Premierminister war ein Anhänger menschenfeindlicher Rassenlehren und fand lobende Worte für den »arischen Stamm«, bei dem es sich seiner Meinung nach um eine »stärkere und höhere Rasse« handelte. Außerdem schwadronierte er von der »Überlegenheit der Angelsachsen«, einer »Gemeinsamkeit« der Briten und der weißen Amerikaner und bezeichnete antikoloniale Dissidenten als

»mit Ideologie bewaffnete Barbaren«. Wer derartige Tatsachen verbreitet, wird allerdings schnell diffamiert und angefeindet. Auch Gopal erlebte im Kontext einer Churchill-kritischen Veranstaltung einen Shitstorm, durch den man versuchte, sie zu »canceln«. Dabei waren schon einige von Churchills Anhängern schockiert über dessen rassistische Weltsicht: »In Sachen Indien ist Winston nicht wirklich zurechnungsfähig … Ich sah keinen großen Unterschied zwischen seiner Anschauung und jener Hitlers«, meinte etwa Leopold Amery, der während der Kriegsregierung Churchills als Minister für Indien und Burma agierte. Amery bezog sich auf Churchills Haltung bezüglich der Hungersnot in Bengalen, die zu den verheerendsten der Menschheitsgeschichte gehörte und de facto von den Briten verursacht wurde. Churchill verweigerte in Bengalen jegliche Nahrungsmittelhilfe und ließ Hunderttausende von Menschen bewusst verhungern. Viele Inder werfen ihm deshalb bis heute einen Genozid vor. Der indische Politiker und Autor Shashi Tharoor betont in diesem Kontext die massive Ausbeutung und Fehlsteuerung der indischen Landwirtschaft durch die britischen Kolonialisten, die in Bengalen und anderswo zu schrecklichen Hungersnöten geführt hat. Laut Tharoor starben zwischen 30 und 35 Millionen Inder während der Kolonialherrschaft an Hunger. In seinem Buch *Inglorious Empire* bezeichnet Tharoor den Massenmord an seinen Landsleuten als »britisch-kolonialen Holocaust« und hinterfragte deshalb, warum Indien und andere Staaten, die unter der kolonialen Tyrannei litten, sich der unkritischen, westlichen Meinung zu Churchill anschließen müssten.[6]

Die britischen Kolonialisierungsversuche in Afghanistan fanden auch in Deutschland ihre Unterstützer. 1858 schrieb etwa der renommierte deutsche Schriftsteller Theodor Fontane folgende Zeilen:

»Wir waren dreizehntausend Mann,
Von Kabul unser Zug begann,
Soldaten, Führer, Weib und Kind,
Erstarrt, erschlagen, verrathen sind.

Zersprengt ist unser ganzes Heer,
Was lebt, irrt draußen in Nacht umher,
Mir hat ein Gott die Rettung gegönnt,
Seht zu, ob den Rest ihr retten könnt.«[7]

Sein »Trauerspiel von Afghanistan« vermittelt den Eindruck, dass die
britischen Kolonialisten in erster Linie die Opfer und nicht die Täter
am Hindukusch waren. Bei dem »Verrat«, von dem Fontane spricht,
handelt es sich um den letzten Angriff der Truppen Mohammad Akbar Khans, welche die verbliebenen britischen Soldaten während ihres Abzuges angriffen und lediglich einen einzigen Mann am Leben
ließen. Khan verstieß gegen die Kriegsgesetze des Islams, die Angriffe
auf Truppen verbieten, die sich bereits ergeben haben. Das Massaker
war allerdings weniger die Folge von religiösem Fanatismus, sondern
vielmehr von Rachegelüsten nach dem brutalen britischen Überfall
auf das Land – ein Aspekt, der weder von Fontane noch von anderen westlichen Literaten aufgearbeitet, geschweige denn verurteilt
wurde. Die Briten und ihre lokalen Verbündeten griffen regelmäßig
Zivilisten an, begingen unvorstellbare Massaker, brachen in Häuser
der Afghanen ein und vergriffen sich an Frauen und Kindern. Die
Vertreibung der Briten war aus afghanischer Perspektive ein Befrei-
ungsschlag und die Tötung des britischen Kolonialbeamten William
Hay Macnaghten durch Mohammad Akbar Khan wird bis heute in afghanischen Liedern und Gedichten besungen. Macnaghten gehörte
zu den Gesichtern der britischen Kolonialisierungspolitik in der Region und hinterließ in Afghanistan viel verbrannte Erde. Den Briten
gelang zwar keine territoriale Kolonialisierung Afghanistans, allerdings eine ideologische. Nach der Intervention wurde die Weltanschauung afghanischer Eliten zunehmend westlicher. Ideologische
Konstrukte aus Europa, allen voran die Idee eines Nationalstaates,
einer modernen, westlichen Gesellschaft sowie rassistische Denkweisen wie die Rassenlehre, wurden übernommen und imitiert, was
zu zusätzlichem Leid in der Region geführt hat. Das Geschehen rund
um die britischen Angriffskriege auf Afghanistan steht allerdings in

einer Linie mit den Praktiken und der Rhetorik des »War on Terror«, die seit 2001 zu beobachten ist. In vielen Analysen wird darauf eingegangen, dass westliche Besatzer bereits vor vielen Jahrzehnten in Afghanistan einmarschiert sind und scheiterten. Viele der damaligen Gründe für die Niederlage unterscheiden sich kaum von den gegenwärtigen. Man marschierte Hals über Kopf in ein Land ein, über das man praktisch nichts wusste, um dieses nach den eigenen Interessen zu unterjochen. Die Realitäten vor Ort wurden von den Besatzern konsequent ignoriert, doch irgendwann wurden sie von ihnen eingeholt. Währenddessen führte die Gewalt und Brutalität, die man gegen die Zivilbevölkerung eingesetzt hatte, zu einem Rückschlag, der letztendlich zur Niederlage und dem darauffolgenden Abzug führte.

Die britischen Kolonialisierungsversuche wurden nicht nur von Soldaten ausgetragen, sondern auch von Journalisten, Orientalisten, Anthropologen und allerlei anderen Intellektuellen, die mit ihrem Gedankengut den Krieg rechtfertigten. Tatsächlich werden die Anglo-Afghanischen Kriege von einigen Menschen bis heute gepriesen oder relativiert, etwa indem über die unterdrückten Afghanen weiterhin orientalistische Lügengeschichten erzählt werden. Das prominenteste Beispiel hierfür ist etwa der bekannte britische Autor und Historiker William Dalrymple, der über die britische Kolonialzeit mehrere populärwissenschaftliche Bestseller verfasst hat. Der pakistanisch-britische Historiker Farrukh Husain, der selbst afghanische Wurzeln hat, wirft Dalrymple anti-afghanischen Rassismus und eine neokoloniale Schreibweise vor, die es zudem mit Quellenangaben nicht allzu genau nehmen würde. Besonders kritische Worte fand Hussain für Dalrymples orientalistische und sexistische Darstellung afghanischer Frauen, denen er unter anderem die Verstümmelung britischer Soldaten vorwarf. »Derartige Schriften sind eine Beleidigung für alle afghanischen Frauen. Der Grund für solche Vorwürfe ist natürlich das Ablenken von britischen Verbrechen, die gegen afghanische Frauen ausgeübt wurden«, schreibt Husain.[8] Tatsächlich ist es erstaunlich, dass sich Dalrymple nicht nur auf die »wilden« afghanischen Männer konzentrierte, sondern auch auf die angebliche Gewalt seitens afghanischer Frauen. Während er auch diese in eine Täterrolle drängt, ignoriert er ein weiteres Mal die zahlreich stattgefundenen Sexualverbrechen der britischen Kolonialisten.

Vom genozidalen Antiterrorkrieg der Sowjets und ihrer afghanischen Verbündeten

Im Buch *The Jakarta Method* des US-Journalisten Vincent Bevins werden jene Massenmorde aufgearbeitet, die zwischen 1965 und 1966 in Indonesien stattfanden und der eine Million Menschen, allen voran linke Dissidenten während des Kalten Krieges, zum Opfer fielen. Die »Jakarta-Methode« wurde von Washington unterstützt und adaptiert. In den darauffolgenden Jahren kam sie an anderen Schauplätzen, etwa in Südamerika, mehrfach zum Einsatz, um linke Bewegungen zu zerstören und durch rechte, mit Washington verbündete Diktaturen zu ersetzen. Ich widmete mich der Lektüre ohne eine besondere Absicht, hatte aber eine vage Vorstellung von dem, was mich erwarten würde – wie viele andere linke Autoren würde er die amerikanische Invasion Afghanistans verurteilen, während die sowjetischen Gräuel, die wenige Jahre zuvor stattfanden, verharmlost oder vollkommen verdrängt würden. Viele Vertreter der westlichen Linken haben in ihren Analysen eine ganz ähnliche, vorgefertigte Schablone: Von Chile bis nach Afghanistan oder Syrien sind stets die USA der ideologische Erzfeind und Quell allen Übels. Das Resultat derartiger »Analysen« ist oftmals verheerend – und es wurde auch im Fall von Bevins' Bestseller schnell deutlich. Der Autor leistete hervorragende Arbeit, was die Ereignisse in Indonesien betraf, doch es wurde problematisch, sobald er andere Staaten in den Fokus nahm, von denen er offensichtlich keinerlei Ahnung hatte. Natürlich kann man kaum über den Kalten Krieg sprechen, ohne Afghanistan zu erwähnen.

Für Bevins war klar, was sich dort in den 1980er-Jahren abspielte: In Kabul herrschte allem Anschein nach ein »progressives«, »demokratisches« und »feministisches« Regime, welches sich gegen die Aggressionen der Vereinigten Staaten und ihrer »muslimischen Contras«, den Mudschaheddin-Rebellen, zu Wehr setzte. Die Rote Armee war lediglich ins Land einmarschiert, um der »verbündeten Regierung« in Kabul zu helfen und das Land in die Moderne zu katapultieren. Diese Rhetorik kommt einem bekannt vor, nicht wahr? Bevins erwähnt Afghanistan in seinem Buch gerade zwei Mal und ist davon überzeugt, dass die Verhältnisse eindeutig sind. Er beschreibt sie mittels der Dialektik des Kalten Krieges. Was in Indonesien geschah, wiederholte sich unter etwas anderen Vorzeichen auch in Afghanistan. Die »Jakarta-Methode« sei auch in Kabul angewandt worden: »In Afghanistan versuchten sowjetische Truppen einen kommunistischen Verbündeten neun Jahre lang zu unterstützen, Moskaus Kräfte zogen sich zurück, während die von der CIA unterstützten, islamistischen Fundamentalisten ihre fanatische Theokratie errichten konnten und der Westen sich nicht mehr für das Land interessierte«, so Bevins.[9] Zugegeben, man kann es auch als kleines Kunststück betrachten, die Geschehnisse in Afghanistan überhaupt derart verkürzt darstellen zu können. Bevins steht mit dieser Art der Analyse nämlich keineswegs allein da. Im Laufe der Jahre musste ich sie nicht nur immer wieder hören oder lesen, sondern wurde von Menschen, die mit Afghanistan nichts zu tun haben, angefeindet, sobald ich ihnen diesbezüglich widersprach. Es gefiel ihnen einfach nicht, dass ihr Weltbild plötzlich auf den Kopf gestellt wurde. Im Übrigen sollte klar sein, dass ebenjenes Weltbild nicht weniger eurozentrisch ist als das von Unterstützern des britischen Kolonialismus oder den Vordenkern des amerikanischen »War on Terror«. Manche Kollegen, die sich als links, antiimperialistisch und progressiv betrachten, wollten meine Texte sogar nicht publizieren, weil ich sowjetische Kriegsverbrechen beim Namen nannte oder klarstellte, dass die afghanischen Verbündeten Moskaus brutale Folterknechte und Kriegsverbrecher waren. Diese blanke Unwissenheit, die bis heute sehr präsent ist, hat zu vielen verkürzten Analysen und zum Teil auch Verschwörungsmythen geführt, die mit der damaligen Realität in Afghanistan wenig bis gar nichts gemein haben.

Bei einem genaueren Blick auf die Geschehnisse wird deutlich, dass für die afghanische Bevölkerung Amerikas längster Krieg lediglich eine Seite der Medaille war. Die Bezeichnung, die sich in den internationalen Medien etabliert hat, ist zutiefst amerika- und eurozentristisch. Denn in Afghanistan dominieren Krieg und Zerstörung nicht erst seit zwanzig Jahren – mittlerweile sind es mehr als vierzig Jahre.

Bis in die 1970er-Jahre wurde Afghanistan vom letzten König des Landes, Mohammad Zahir Shah, regiert. Shah kam 1933 in einer Zeit von Umbrüchen im jungen Alter an die Macht. Er war ein aristokratischer Herrscher, der dementsprechend lebte und seine Gesellschaft gestaltete. Rückblickend lässt sich dennoch sagen, dass mit der Krönung Zahirs eine lange Periode des Friedens begann. »Wir waren sehr arm, aber wenigstens gab es keinen Krieg«, erinnern sich heute viele Afghanen an jene Ära zurück. Perfekt war allerdings noch lange nichts. Die afghanische Aristokratie plünderte das Land weiterhin aus und lebte in ihrer eigenen, isolierten Blase, während die Menschen an Armut und Hunger litten. Afghanischen Märchen und Legenden zufolge werden die Berge, Wüsten und andere, von Menschen abgeschiedene Orte von Dschinns, Riesen und allerlei anderen mystischen Fabelwesen bewohnt. Das damalige Kabul war ein solcher Ort, und jene, die mit der absoluten Mehrheit der afghanischen Bevölkerung nichts gemein hatten, waren Zahir Shah und seine Eliten. Zeitgleich entwickelte sich in der afghanischen Hauptstadt ein gewisser Kosmopolitismus. Westliche Touristen, darunter vor allem viele Hippies, besuchten Afghanistan. In westlichen Reisebroschüren war von einem exotischen Land mit einzigartigen Kulturgütern und wunderbarem Obst die Rede. Währenddessen wuchs eine neue Generation von Afghanen heran. Junge Menschen, die nach der

Moderne lechzten und dies in verschiedener Art und Weise zum Ausdruck brachten. Der König wagte einen Schritt nach vorne, indem er 1965 seine »Ära der Demokratie« einläutete und zum ersten Mal in der Geschichte Afghanistans parlamentarische Wahlen ermöglichte. Premierminister, die sich für weitere demokratische Schritte einsetzten, kamen an die Macht. Sie wurden zwar vom König auserwählt, doch gleichzeitig muss bedacht werden, dass zum damaligen Zeitpunkt viele europäische Staaten mit ihren parlamentarischen Monarchien auch nicht wirklich weiter waren. Eine Demokratisierung Afghanistans schien möglich – und zwar ganz ohne westliche Intervention. Freie Wahlen und Meinungsfreiheit waren auch den Afghanen nichts Unbekanntes. Traditionelle Stammesversammlungen, in denen nach einem Mehrheitskonsens gesucht wurden, fanden bereits vor Jahrhunderten statt. Die freie Meinungsäußerung zeigte sich in verschiedenen Kabuler Tageszeitungen und allerlei anderen Publikationen, in denen äußerst lebhafte Debatten geführt wurden. Auch hier müssen die damaligen Zustände in westlichen Staaten mitgedacht werden. 1962 fand in der Bundesrepublik immerhin die *Spiegel*-Affäre statt, in der kritischen Journalisten »Landesverrat« vorgeworfen wurde. »Unser gegenwärtiges Ziel sollte der Standard der damaligen Ära sein. Heute wissen wir, dass die Schritte des Königs richtig waren. Nun wollen uns Ausländer erzählen, was Demokratie bedeutet, indem sie selbst die Wahlen in unserem Land fälschen«, sagte mir Masoud Qaane, ein Exilafghane, der seit fast vier Jahrzehnten in Deutschland lebt, vor einiger Zeit während eines Gesprächs. Wie die meisten seiner Verwandten flüchtete er aufgrund jener Ereignisse, die nach der »Ära der Demokratie« stattfanden. Zahir Shah beging nämlich zwei fundamentale Fehler, die ihm und letztendlich ganz Afghanistan zum Verhängnis werden sollten. Er verbannte seine eigenen Familienmitglieder aus der Politik und beendete damit auch die Amtszeit seines Vetters und Premierministers Mohammad Daoud Khan. Außerdem wurde das Parteienverbot aufrechterhalten. Kandidaten, die sich für die Parlamentswahlen aufstellen ließen, mussten dies als Individuen tun. Parteien formierten sich allerdings trotzdem. 1965 trafen sich mehrere Männer, darunter Journalisten, Aktivisten und andere Intellektuelle, in einem Haus in Kabul und gründeten die Demokratische Volkspartei Afghanistans (DVPA), die sich anfangs auf einen vagen Marxismus berief. Einige Jahre später sollte er zum brutalen Stalinismus ausarten. Ein anderer Akteur neben den Kommunisten waren verschiedene islamistische Strömungen. Trotz der Spannungen zwischen den beiden Lagern gab es auch Schnittpunkte. Beide Seiten waren der Meinung, dass die »Tyrannei des Königs« beendet werden müsse. Die einen beriefen sich auf Marx und Lenin, die anderen auf den Propheten Mohammad. In vielerlei Hinsicht klang die Revolutionsrhetorik der Islamisten und Kommunisten ähnlich. Doch eine dritte Kraft kam ihnen zuvor. Während eines Italienurlaubs Zahir Shahs führte dessen Vetter, Mohammad Daoud, einen friedlichen Putsch durch. Während der König im Exil verbleiben musste, rief Daoud die erste afghanische Republik aus. Im Vergleich zu den Islamisten konnten die kommunistischen Kräfte von diesem Schritt profitieren. Daoud verbündete sich nämlich mit einem Flügel der DVPA, die bereits damals in zwei Fraktionen gespalten war: Der Parcham (»Flagge« oder »Banner«) und der Khalq (»Massen«). Bei Ersteren handelte es sich um urbane Afghanen aus verschiedenen Ethnien, während Letztere vor allem ländliche Paschtunen rekrutierten. Die Parchamis hatten sich mit Daoud verbündet und konnten aus dessen Putsch Vorteile ziehen. Zeitgleich kooperierte Moskau weiterhin mit Kabul und zahlreiche junge Afghanen gelangen mittels Stipendien in die Sowjetunion. Die meisten von ihnen, sowohl Parchamis als auch Khalqis, kehrten mit einer Gehirnwäsche zurück. Während die Khalq-Fraktion einen beträchtlichen Anteil von Daouds Militär stellte, schmiedeten die Führer der DVPA ihren ultimativen Plan zur Machtübernahme. Führend war hinter den Kulissen vor allem Hafizullah Amin, die rechte Hand des Parteichefs Noor Mohammad Taraki. Der charismatische Amin stammte aus einer ärmlichen Bauernfamilie aus der Provinz Paghman nahe Kabul. Als Kind erlebte er die Ungerechtigkeit sowie die Unterdrückung feudalistischer Landgutbesitzer praktisch am eigenen Leib. Nach seinem Studium der Pädagogik in Kabul erhielt Amin einen Studienplatz an der renommierten Columbia University in New York. Ausgerechnet das Herz des Kapitalismus war der Ort, an dem sich Amin radikalisierte und zu dem wurde, war er als radikal links definierte. Als Amin in den 1960er-Jahren nach Afghanistan zurückkehrte und die DVPA gründete, hatte er bereits eine langfristige, »revolutionäre« Vision vor Augen. Er nutzte seine Stelle als Dozent und Lehrerausbilder, um die junge Generation mit seinen Ideen zu indoktrinieren. Amins Mentor Taraki war ebenfalls als Lehrer tätig und darüber hinaus als Journalist und Autor bekannt. Er verfasste einige Novellen, in denen er das paschtunische Stammesleben auf dem Land mittels marxistischer Dialektik beschrieb. Der afghanische Historiker Mohammad Hassan Kakar bezeichnete Tarakis Schriften als Imitation der Arbeiten Maxim Gorkis.[10] Während Taraki und Amin die Spitze des Khalq-Flügels darstellten, fand man auf der Seite der Parchamis führende Ideologen wie Babrak Karmal, Mir Akbar Khyber oder den Poeten Sulaiman Layeq.

In den autoritären Daoud-Jahren wurde Kabul zunehmend zum Schauplatz von Spannungen, Intrigen und Komplotten. Während der nationalistische Daoud die Durand-Thematik wieder aufrollte und die nationale Grenze zu Pakistan in Frage stellte, zog es die zum damaligen Zeitpunkt innerhalb der Gesellschaft unbeliebten Islamisten ins Nachbarland, wo man sie für einen Putsch in Kabul ausbildete. Der afghanische Nationalismus war Pakistan ein Dorn im Auge. Der Coup-Versuch der Islamisten scheiterte allerdings kläglich und mehrere ihrer Rädelsführer wurden verhaftet. Zeitgleich verscherzte es sich Daoud allerdings auch mit der Sowjetunion, die weiterhin Milliarden ins Land pumpte, und ging gegen seine einstigen Verbündeten innerhalb der DVPA vor. Prägend war hierfür eine Szene aus dem April 1977, als Daoud während eines Treffens Leonid Breschnew die Stirn bot und sich von diesem nicht sagen ließ, wie er seine Grenzen zu überwachen habe. »Afghanistan ist keine sowjetische Republik«, meinte Daoud erzürnt. Kurz darauf verließ er Moskau. Das Fass wurde allerdings zum Überlaufen gebracht, als Mir Akbar Khyber, ein Führer des Parcham-Flügels, am 17. April 1978 von unbekannten Tätern ermordet wurde. Die Kommunisten um Amin, Taraki und Karmal – einige von ihnen befanden sich in Haft – machten umgehend die Daoud-Regierung für das Attentat verantwortlich. Nach heftigen Protesten seitens der DVPA fand am 27. April die sogenannte Saur-Revolution statt, benannt nach dem gleichnamigen afghanischen Monat. Es handelte sich hierbei um einen blutigen Putsch seitens der Kommunisten, und er stellte für viele Afghanen einen historischen und brutalen Wendepunkt dar. Dank der kommunistischen Präsenz innerhalb der Armee konnte die Partei mit Gewalt die Macht ergreifen. Mohammad Daoud Khan wurde fast mitsamt seiner gesamten Familie – 18 weitere Mitglieder – ermordet. Die Schreckensherrschaft Tarakis begann. Er ernannte sich zum Staatsoberhaupt und ließ jeden jagen, ermorden und foltern, der sich gegen die »Revolution« stellte, darunter auch seine eigenen Parteikollegen innerhalb der Parcham-Fraktion. Die DVPA bezeichnete sich vorzugsweise als »links«, »sozialistisch« oder »marxistisch«, doch ihre meisten Opfer waren in erster Linie Menschen, die von linker Politik eigentlich profitieren sollten, sprich Arbeiter, Bauern oder Studenten. Um Taraki entstand ein kruder Kult. Seine Anhänger nannten ihn den »großen Lehrer«, während selbst dem Politbüro in Moskau auffiel, dass ihr ideologischer Partner in Kabul sich zu einem stalinistischen Extremisten entwickelte. Taraki verbreitete den sogenannten »Roten Terror« und vertrat die Auffassung, dass jeder, der sich gegen die Revolution in irgendeiner Art und Weise stellt, liquidiert werden müsse. »Genauso hätte es Lenin gepredigt«, meinte Taraki während eines Gesprächs mit dem damaligen sowjetischen Botschafter in Kabul, Alexander Puzanov.[11] Dieser war nach dem Gespräch mit Taraki sprachlos und ahnte eine zunehmende Radikalisierung der afghanischen Gesellschaft aufgrund der bevorstehenden Gräuel seitens des Regimes. In den darauffolgenden Monaten wütete Taraki. Er ließ willkürlich Ärzte, Lehrer, Ingenieure und andere Zivilisten foltern und hinrichten. Die rund 300 000 traditionellen Mullahs betrachtete der »große Lehrer« als Hindernis gegen den »modernen Fortschritt«. Viele von ihnen landeten in den dunklen Folterkellern des Geheimdienstes und erblickten nie wieder das Sonnenlicht. Im März 1979 ließ Taraki ein Massaker in der westafghanischen Stadt Herat nahe der iranischen Grenze ausführen. Dort fand eine antikommunistische Revolte statt, die vom Regime brutal niedergeschlagen wurde. Verschiedenen Schätzungen zufolge wurden bis zu 25 000 afghanische Zivilisten innerhalb weniger Tage von den kommunistischen Kräften getötet. Einige der damaligen Verantwortlichen, etwa der Armeekommandant Shahnawaz Tanai, wurden für ihre Verbrechen nie belangt und leben heute frei in Kabul. Tarakis Schreckensherrschaft wurde von dessen Lehrling, Hafizullah Amin, im Oktober 1979 übernommen, nachdem ihn dieser mittels eines Kissens ermorden ließ.

Besonders detailliert werden die Umtriebe der afghanischen Kommunisten von Vasili Mitrokhin, einem ehemaligen Archivar des KGB, beschrieben. Die von Mitrokhin veröffentlichten Akten machten deutlich, dass führende Kommunisten bereits in der Ära Zahir Shahs als Spitzel Moskaus tätig gewesen sind. Auch die Gründung der DVPA im Jahr 1965 wurde von den Sowjets unterstützt. Einige Protagonisten trugen zum damaligen Zeitpunkt Decknamen. Dies galt unter anderem für Taraki, aber auch für Mohammad Najibullah, dem letzten kommunistischen Präsidenten Afghanistans, der in den frühen 1980er-Jahren als Chef des berühmt-berüchtigten Geheimdienstes KhAD unzählige Menschen verschleppen, foltern und töten ließ. Laut Mitrokhins Akten und zahlreichen Augenzeugenberichten beteiligte sich Najibullah selbst ausgiebig an Folterprozeduren. Währenddessen ist die Rolle Amins bis heute in Teilen nicht geklärt. Im Gegensatz zu seinen Parteikollegen hatte dieser nämlich keine eindeutige kommunistische Vergangenheit oder Verbindungen nach Moskau. Als Amin an die Macht kam, wütete er derart in Kabul, dass das Politbüro ihn loswerden wollte und selbst das Gerücht verbreitete, er sei ein amerikanischer Spion. Da Amin daraufhin allerdings weiterhin massenhaft morden und foltern ließ und mit seinen Handlungen eine sowjetische Intervention regelrecht provozierte, glaubten einige Entscheidungsträger in Moskau zum Teil, dass ihr verbreitetes Gerücht womöglich sogar der Wahrheit entsprechen würde und die CIA ihre Finger im Spiel habe. Einigen Quellen zufolge besuchte Amin Mitte der 1960er-Jahre ein einziges Mal Moskau. Es handelte sich um einen Transitaufenthalt, der ihn anscheinend zusätzlich radikalisierte.

Amins Herrschaft fand ein Ende, als zu Weihnachten 1979 die Sowjetunion in Afghanistan militärisch intervenierte. Amin wurde von einer Speznaz-Einheit getötet und durch einen weiteren Diktator, den kontrollierbaren Karmal, der Kabul zuvor aufgrund innerparteilicher Auseinandersetzungen verlassen hatte, ersetzt. Protestierende Kabuler Studenten sprachen von einem »zweiten Shah Shuja«, der diesmal nicht von den Briten, sondern von den Russen installiert wurde, um die Bevölkerung zu unterdrücken. Die britische *Sunday Times* schrieb in Anbetracht der sowjetischen Invasion von »Tricks und Terror« und einem »afghanischen KGB-Duell«. Ihr Korrespondent, der pakistanisch-britische Journalist Anthony Mascarenhas, der einige Jahre zuvor zu den Aufdeckern des pakistanischen Genozids in Bangladesch gehörte, war zum damaligen Zeitpunkt der einzige westliche Korrespondent vor Ort. Der Schrecken des kommunistischen Regimes fand kein Ende. Hunderttausende von Menschen waren gezwungen, das Land zu verlassen und wurden zu Geflüchteten. Zum damaligen Zeitpunkt hatten die Kommunisten bereits weite Teile der gebildeten Schicht vertrieben oder ermordet. In ihren Propagandaschriften sprach das Regime vom »Kampf gegen den Terrorismus«. Die Parallelen zum »War on Terror« werden deutlich, sobald man sie liest. Unter anderem heißt es darin, dass die Sowjetunion lediglich zur Hilfe geeilt wäre, um die angeblich progressive Regierung im »Krieg gegen die Barbarei« zu unterstützen. De facto unterscheidet sich die damalige Propaganda kaum von jener des amerikanischen »War on Terror«. Sie wurde 2001 lediglich wiederbelebt, doch am Hindukusch war sie nichts Neues. Die Besatzung der Roten Armee hat unter anderem dazu geführt, dass zahlreiche Afghanen sich im Kampf gegen die Sowjets und des Kabuler Regimes reaktionären, islamistischen Kräften anschlossen. Zum gleichen Zeitpunkt war es allgemein bekannt, dass die absolute Mehrzahl der Menschen zu Opfern der Sowjet-Massaker wurde. Laut einem UN-Bericht aus dem Jahr 1986 wurden allein zwischen Januar und September 1985 mindestens 33 000 afghanische Zivilisten getötet, hauptsächlich durch die sowjetische Armee und deren Verbündete in Kabul. Der Bericht hebt hervor, dass durch aufständische Gruppierungen im selben Zeitraum mehrere Hundert Zivilisten getötet wurden, dies allerdings nicht vergleichbar sei mit den Zehntausenden von Opfern, die die Gegenseite verursacht habe. In den Vordergrund wurde auch die Tatsache gestellt, dass das kommunistische Regime in Kabul und seine Unterstützer in Moskau den gezielten Massenmord und Massenfolter von Zivilisten anwenden.[12] Schauplätze dieser Gräueltaten waren vor allem die ländlichen Regionen des Landes, in denen sich bis heute Massengräber aus jener Zeit finden lassen, oder dystopische Folterhöllen wie das Gefängnis von Pol-e Charkhi in Kabul, das während der sowjetischen Ära massiv erweitert wurde und einen industriellen Massenmord ermöglicht hat. Mord, Folter und Vergewaltigung gehörten in den Kerkern der afghanischen Kommunisten und ihren sowjetischen Ausbildern zum Alltag. Viele Opfer verließen ihre Zellen nie wieder, und bis heute gibt es Gedenkaktionen von Familienangehörigen, die daran erinnern und die Leichen ihrer Verwandten suchen.

Rückblickend fällt auf, dass der Fokus vieler linker oder vermeintlich kritischer Analysen ausschließlich auf die Rolle der CIA sowie der afghanischen Widerstandskämpfer, der Mudschaheddin, liegt. Hinzu kommen natürlich noch Al-Qaida sowie Osama bin Laden. Die Blicke auf diese Akteure sind wichtig und notwendig für den Diskurs. Das Ausblenden der Rolle Moskaus ist für die Gesamtdiskussion allerdings alles andere als hilfreich. Stattdessen machen sie Rassismus, Orientalismus und antimuslimische Ressentiments deutlich. Anzugtragende Folterchefs und Massenmörder werden ignoriert oder gar gehuldigt, während die »bärtigen Wilden« abermals als Bösewicht per se abgestempelt werden. Der afghanische Widerstand gegen die Sowjetunion wird meist völlig entmenschlicht. Es fällt offenbar schwer, mit einem Bauern oder Arbeiter, der fünf Mal am Tag betete und dessen Dorf von russischen Helikoptern bombardiert wurde, solidarisch zu sein. Dabei kann man nicht über den US-amerikanischen Imperialismus schwadronieren, während man die imperiale Politik anderer Mächte ignoriert. Wie kann es sein, dass nicht wenige linke Medien über die sowjetische Invasion Afghanistans kaum ein Wort verloren oder diese gar zelebrierten, während bei der US-Invasion 2001 genau das Gegenteil der Fall gewesen ist? Wie kann es sein, dass linke Studenten in westlichen Hauptstädten gegen den brutalen Vietnamkrieg protestierten, während sie sich in Afghanistan auf der Seite der Besatzer wägten? Der bekannte irische Journalist Alexander Cockburn, der bis heute als linke Ikone gilt, meinte einst gar, dass Afghanistan es verdient hätte, von den Sowjets »vergewaltigt« zu werden.[13]

»Wir alle müssen eines Tages gehen, doch bei Gott lass es nicht durch Afghanistan geschehen. Einem entsetzlichen Land gefüllt mit entsetzlichen Menschen, Schaffickern und Schmugglern, die in ihrer Freizeit einige der schlimmsten Kunstwerke, die die abendländische Welt je gesehen hat, geschaffen haben. Ich hege keinerlei Sympathie für jene, die sich vor den Stiefeln der russischen Soldaten niederwerfen. Falls es ein Land gibt, das eine Vergewaltigung verdient hat, dann ist es Afghanistan. Ein Niemandsland gefüllt mit Bergen und barbarischen Ethnien, deren Ansichten so mittelalterlich sind wie ihre Musketen, und ebenso entsetzlich grausam.«[14]

Für viele mag es schockierend sein, dass dieses unfassbar rassistische und menschenfeindliche Zitat von einem Journalisten stammt, der sich als progressiven Friedensaktivisten betrachtete. Im Mai 2021 führte ich eine kleine Umfrage durch. Über meine sozialen Kanäle stellte ich Cockburns Worte verschiedenen Menschen vor und wollte von ihnen wissen, von wem das Zitat stammen könnte. Die Teilnehmer konnten mittels einer Auswahl antworten. Neben »Europäischer Linker« gab es drei weitere Antwortmöglichkeiten: »Europäischer Rechter«, »Britischer Kolonialist« und »Amerikanischer Neokonservativer«. Die absolute Mehrheit der Teilnehmer war davon überzeugt, dass solche Worte nur von einem britischen Kolonialisten aus dem 19. oder Anfang des 20. Jahrhunderts stammen konnten (obwohl man bereits anhand sprachlicher Charakteristika bemerken kann, dass das Zitat nicht allzu alt sein dürfte). Auf Platz zwei landeten Washingtons neokonservative Politiker und Ideologen, die mit ähnlichen – aber selten mit derart abscheulichen! – Zitaten auf sich aufmerksam gemacht hatten. Auf einen Linken kam fast niemand. Als zwei Jahrzehnte später der amerikanische »War on Terror« in Afghanistan begann, inszenierte sich Cockburn als anti-imperialistischer Kriegsgegner. Plötzlich befand er sich auf der Seite jener »Barbaren« und »Schafficker«, die er einst so verachtete. Der Grund für den Seitenwechsel ist offensichtlich. Für Cockburn und viele andere linke Beobachter im Westen sind Afghanistan und andere Länder in der Region lediglich ideologische Spielflächen, in denen sie stets nur einen Feind vor Augen haben: die Vereinigten Staaten. Dabei blenden sie die Tatsache aus, dass es während des Kalten Krieges zwei Supermächte gab, nicht nur eine, und dass beide viel Unheil anrichten konnten. Am Ende der sowjetischen Besatzung waren zwei Millionen Afghanen tot. Millionen von Afghanen mussten aus ihrer Heimat fliehen. Ganze Generationen wurden zerstört und viele junge Menschen schlossen sich militanten Gruppierungen nicht etwa deshalb an, weil ihnen das die CIA so befohlen hatte, sondern weil sie ihre Familienmitglieder nach brutalen Massakern oder in den Folterkellern des Kabuler Regimes verloren hatten. Tatsächlich wird die Rolle Washingtons und der CIA im Afghanistan des Kalten Krieges bis heute überschätzt oder aufgeblasen. Oft ist in diesem Kontext vom »Vietnam der Sowjets«, von den Amerikanern herbeigeführt, die

Rede. Einigen Quellen zufolge wurden die afghanischen Mudschaheddin-Rebellen bereits vor dem Einmarsch der Sowjetunion vom amerikanischen Geheimdienst unterstützt. Ob sich dies tatsächlich so zugetragen hat oder nicht, ist allerdings zweitrangig, denn der Grund für die militärische Intervention Moskaus war ein anderer: Er saß in Kabul und hieß Hafizullah Amin, der Führer der DVPA-Regierung, die mit Moskau verbündet war. Der zuvor stattgefundene Putsch der afghanischen Kommunisten konnte praktisch in keiner Weise mit den politischen Aktivitäten Washingtons in Verbindung gebracht werden. Stattdessen war eher Gegenteiliges der Fall. Es waren die Agenten Moskaus, die Afghanistan bewusst ins Chaos stürzten. Laut einem ehemaligen KhAD-Agenten, der Ende der 1980er-Jahre für den afghanisch-kommunstischen Geheimdienst in führender Position tätig war, der von mir interviewt wurde und anonym bleiben möchte, wurde Mir Akbar Khyber nicht von Daouds Regime ermordet, sondern von seinem Genossen Babrak Karmal, der bereits zum damaligen Zeitpunkt auf der Gehaltsliste des KGB stand.[15] Außerdem behauptet der Ex-Agent, der seit Jahren in Deutschland lebt, dass Akteure innerhalb der Partei eine gewalttätige Revolution bewusst herbeiführen wollten. Khyber habe dem im Weg gestanden. Er galt als moderater Marxist und war der Meinung, dass die afghanische Gesellschaft für derartige Schritte noch nicht bereit gewesen sei. Währenddessen war auch Taraki, der sich nach dem Putsch zum Präsidenten ernannte und die Situation weiterhin eskalieren ließ, jahrelang als KGB-Agent tätig. Während derartige Fakten verdrängt werden, fokussiert sich so mancher Beobachter bis heute einseitig auf Washington und seine Verbündeten, Zbigniew Brzezinski, den Nationalen Sicherheitsberater der Carter-Administration, und dessen Operation Cyclone. Bei dieser handelte es sich zum damaligen Zeitpunkt tatsächlich um die größte CIA-Geheimoperation im Ausland. Auf dem Schlachtfeld änderte diese allerdings kaum die von der sowjetischen Gewalt dominierten Realitäten. 1980 unterstützte die Carter-Administration die afghanischen Mudschaheddin mit 30 Millionen Dollar.

Erst in den darauffolgenden Reagan-Jahren nahm der finanzielle Rückhalt für die Rebellen zu und erreichte 1987 630 Millionen Dollar. Innerhalb dieser Jahre wurden Hunderttausende von Afghanen getötet, während die Mudschaheddin praktisch auf sich allein gestellt waren. Weitere Millionen aus Washington wurden in den sowjetisch-afghanischen Krieg mittels des pakistanischen Geheimdienstes ISI hineingepumpt. Doch vieles davon erreichte die meisten Rebellen nie. Stattdessen wanderte das meiste Geld in die Taschen korrupter Mudschaheddin-Kommandanten. Zeitgleich wurde das kommunistische Regime in Kabul mit Milliarden von sowjetischen Geldern und einem gigantischen Militärapparat unterstützt, der mit jenem der Rebellen in keiner Weise vergleichbar war. Auch ein genauer Blick auf Brzezinski und dessen Rolle im Verlauf des Krieges ist notwendig. Das gängige Narrativ – vor allem unter Linken – lautet nämlich meist wie folgt: Carters Sicherheitsberater hasste aufgrund seiner polnischen Wurzeln die kommunistische Sowjetunion und wollte dieser unbedingt eins auswischen. Afghanistan bot sich hierfür als perfektes Schlachtfeld an, um den Sowjets »ihr eigenes Vietnam« zu bescheren. Kritiker wie der irische Geschichtswissenschaftler Conor Tobin haben dieses Narrativ bereits ausführlich dekonstruiert und deutlich gemacht, dass die »afghanische Falle« Brzezinskis mit der Wirklichkeit wenig zu tun hat. Tobin kritisiert in diesem Kontext die Arbeit renommierter Journalisten und vor allem Historiker, die derartige Theorien trotz Mangels an Fakten verbreitet und populär gemacht haben.[16] Im Schatten derartiger Analysen geht nämlich nur allzu oft die Tatsache unter, dass die Sowjetunion und ihre afghanischen Verbündeten einen brutalen Krieg geführt haben, sprich, einen »Krieg gegen den Terror«, der sich in vielerlei Hinsicht nicht von dem unterschied, was einige Jahre später am Hindukusch begann. Umso weniger überraschend dürfte die Tatsache sein, dass die Amerikaner in den ersten Tagen ihrer Intervention auf sowjetische Kriegsinfrastruktur zurückgriffen. Die besten Beispiele hierfür sind der Luftwaffenstützpunkt Bagram nahe Kabul, der unter anderem zu

einer der bekanntesten Folterhöllen des Afghanistan-Krieges um-
funktioniert wurde, das erwähnte Gefängnis von Pol-e Charkhi
und nicht zuletzt die Rekrutierung des einstiges Geheimdienst-
personals des kommunistischen Regimes, des KhAD. »Wir mussten
sie rekrutieren. Sie waren professionelle Agenten«, hieß es später
seitens der CIA dazu.[17] Wie fatal diese Entscheidung war, wird im
Verlauf dieses Buches erläutert.

Auszüge des Grauens

In vielerlei Hinsicht wiederholten sich die Gräueltaten der Briten und der Sowjets im Afghanistan des 21. Jahrhunderts. Bei den Tätern handelte es sich allerdings um die Soldaten der NATO, die 2001 ihrem Einsatz am Hindukusch unter US-Führung den euphemistischen Namen »Operation Enduring Freedom« gab. Im Folgenden werden mehrere Kriegsverbrechen westlicher Truppen ausführlich geschildert. Es handelt sich hierbei um Ereignisse, die sich in den letzten Jahren ereignet haben. Aufgrund ihrer Brutalität haben sie sich in das kollektive Gedächtnis weiter Teile der afghanischen Gesellschaft eingebrannt. Sie haben dazu geführt, dass die Menschen in den betroffenen Regionen die westlichen Soldaten zunehmend als das betrachteten, was sie waren; brutale Besatzer. Sie sind auch ein Grund dafür, dass militante Gruppierungen, allen voran die Taliban, in den letzten Jahren massiven Zulauf verzeichnen konnten und mittlerweile in vielen Regionen Afghanistans vor einem Siegeszug stehen. Es handelt sich bei den genannten Verbrechen lediglich um einen Bruchteil dessen, was sich in den letzten zwanzig Jahren in Afghanistan abgespielt hat. Wer die Situation vor Ort kennt, weiß, wie problematisch die Dokumentierung von zivilen Opfern bis heute ist. Dies hat nicht nur mit der schwierigen Zugänglichkeit der Tatorte zu tun, sondern auch mit eindeutigen politischen Interessen. Seit 2009 werden zivile Opfer hauptsächlich von der Unterstützungsmission der Vereinten Nationen in Afghanistan (UNAMA) dokumentiert. Die jährlich erscheinenden UN-Berichte gehören mittlerweile zu den fundamentalen Quellen, was den Krieg in Afghanistan angeht. Es liegt auf der Hand, wie wichtig und lobenswert die Arbeit der UN-Beobachter mittlerweile geworden ist. Kritik gibt es dennoch. Mehrere Beobachter warfen UNAMA des Öfteren vor, einseitig und im Interesse »der Vereinten Nationen als westliche Institution« zu handeln. Sie gehen davon aus, dass die Angriffe der NATO – etwa Bombardements, Drohnenangriffe oder nächtliche Einsätze von Spezialeinheiten – weitaus mehr Zivilisten getötet haben als bisher bekannt. Die meisten Autoren des Berichts sitzen in Kabul oder außerhalb Afghanistans und sind kaum in jenen Gebieten zugegen, die vom Krieg am meisten betroffen sind. Im Zentrum der Kritik an UNAMA steht auch die Tatsache, dass die Zählung erst seit 2009 erfolgt. Der Krieg in Afghanistan herrscht allerdings schon seit Ende 2001. In den ersten Jahren tobte dieser Krieg seitens der westlichen Akteure besonders heftig – und hat auch dementsprechend viele Menschenleben gekostet. In der Frühphase des »War on Terror« wurde jedwede Art von Widerstand oder Kritik sofort unterbunden. Hinzu kommt, dass auch die Methodik der UNAMA fragwürdig ist. So sind etwa mindestens drei verschiedene Quellen für die Bestätigung eines einzelnen Falles notwendig. In den kriegerischsten Regionen Afghanistans sind allerdings bis heute kaum Journalisten oder Menschenrechtsaktivisten präsent. Auch die Berichterstattung aus diesen Regionen lässt in vielen Punkten zu wünschen übrig. So ist unter anderem kaum bekannt, wie viele Menschen in den letzten Jahren durch Drohnenangriffe oder elitäre Spezialeinheiten getötet wurden. Ein Beispiel für Letztere sind etwa die Verbrechen von der Navy SEAL-Einheit »Team 6«, die für die Jagd auf Osama bin Laden und andere hochrangige Ziele verantwortlich war. Viele der Opfer der gefeierten Elitesoldaten waren allerdings afghanische Zivilisten. Im März 2002 griff »Team 6«, das sich sogar ganz offiziell mit Piraten- oder Kreuzritterabzeichen schmückte, eine Hochzeitsfeier an und ermordete mehrere Menschen.[1]

Meist wurden solche Fälle nur mühsam von investigativen Journalisten aufgedeckt, die UN hingegen ließ jegliche Unterstützung

bei der Aufklärung missen. Fakt ist: Die Dunkelziffer der zivilen Todesopfer in Afghanistan dürfte deutlich höher sein als bislang an-
genommen. Bezeichnend ist ebenfalls, dass den westlichen Streit-
kräften stets deutlich weniger zivile Opfer angelastet werden als
den Taliban, dem IS oder der afghanischen Armee. »Seht her, die
Afghanen bringen sich gegenseitig um. Wir machen doch fast gar
nichts«, so wird dieser Umstand von Kritikern gelesen. Wenngleich
die UN in jüngerer Vergangenheit für etwas mehr Transparenz in
diesem Krieg gesorgt hat, darf nicht vergessen werden, dass sie mit
der Resolution 1368 vom 12. September 2001 dem Einmarsch in
Afghanistan den Weg geebnet hatte und ihre friedenssichernde
Funktion in den Folgejahren vollkommen vermissen ließ. So konnten die Bush-Administration und andere, kriegstreibende Regierungen ihren verbrecherischen Rachefeldzug ungebremst und ungestraft durchführen.

Deutscher Schandfleck Kunduz

Als im Jahr 2009 in der nordafghanischen Provinz Kunduz zwei
Tanklaster auf Befehl des deutschen Bundeswehroberts Georg
Klein von amerikanischen Kampfjets bombardiert wurden, verloren über 150 afghanische Zivilisten ihr Leben. Das Massaker
war eine Zäsur. Am Hindukusch wurde nicht die Sicherheit der
Deutschen verteidigt, sondern jene der Afghanen angegriffen.
Der Angriff offenbarte den Umstand, dass die Bundeswehr direkt
an Kriegshandlungen beteiligt und unter anderem auch für die
Tötung von Zivilisten verantwortlich ist. Einen »sauberen« Krieg
gegen den Terrorismus gab es nicht, auch nicht für Deutschland,
das zum damaligen Zeitpunkt rund 5 300 Soldaten nach Afghanistan entsandt hatte. Die »Kunduz-Affäre« ist ein Kriegsverbrechen
erster Ordnung, dennoch versuchte die Bundeswehr lange Zeit,
die Vorfälle herunterzuspielen. Klein rechtfertigte seinen Tötungs-

befehl, indem er behauptete, die Tanklaster als potenzielle Gefahr für deutsche Soldaten erkannt zu haben. Damals, am 4. September 2009, wurden zwei voll beladene Tanklastzüge von Taliban-Kämpfern entführt. Die Extremisten verloren allerdings die Kontrolle über die Fahrzeuge, weshalb sie schon bald in einem Flussbett festgefahren waren. Kurz darauf näherten sich Anwohner aus den umliegenden Dörfern, um Benzin abzuzapfen. Unter ihnen waren zahlreiche Kinder. Dass Klein schwerwiegende Fehler begangen hat, steht außer Frage. Zu diesem Schluss kam selbst die NATO nach einer ausführlichen Untersuchung des Luftangriffs. Der damalige Oberst hatte dem amerikanischen Bomberpiloten gemeldet, dass sich NATO-Truppen im Kampf mit dem Feind befinden würden. Klein behauptete außerdem, dass sich bewaffnete Taliban-Kämpfer um die Tanklaster versammelt hätten. Beide Meldungen stellten sich als falsch heraus. Innerhalb kürzester Zeit entmenschlichte Klein damit die Einheimischen und gab sie zum Abschuss frei. Nach den Gräueltaten der Briten, der Sowjets und der Amerikaner hatte sich nun auch Deutschland in die Liste der Kriegsverbrecher in Afghanistan eingetragen. Eine ordentliche Untersuchung und Aufarbeitung des Bombardements fand allerdings nicht statt. Stattdessen wurde Klein, der nicht nur eine gravierende Fehlentscheidung gefällt hatte, sondern für diese im Nachhinein keinerlei Reue zeigte, sogar im September 2012 befördert. Das Verteidigungsministerium versuchte damals, den Vorfall kleinzureden. Die Beförderung Kleins konnte man anfangs lediglich in einer kleinen Meldung auf der dritten Seite von *Bundeswehr aktuell* entnehmen. Doch bald darauf machte die Meldung die Runde und erreichte auch Afghanistan.

Für die Menschen in Kunduz war die Beförderung Kleins ein Schlag ins Gesicht. Die Hinterbliebenen der Opfer kamen zu dem Schluss, dass man für die Ermordung ihrer Angehörigen im Westen belohnt werde. Warum sollten sie auch anders reagieren? Man stelle sich vor, ein afghanischer Offizier bombardiert 150 Menschen in Bayern oder in Baden-Württemberg und wird im Anschluss nicht bestraft, sondern befördert. Natürlich werden derartige Vergleiche selten in Betracht gezogen, weil in Deutschland kein Krieg herrscht. Dennoch kann man sich mit einem solchen Perspektivenwechsel die Lage der Menschen vor Ort verdeutlichen. Erwähnenswert ist in diesem Kontext die Tatsache, dass die Deutschen im Norden Afghanistans im Vergleich zu den anderen NATO-Truppen eine Zeit lang recht angesehen waren. Man betrachtete sie nicht per se als fremde Besatzer, sondern als Menschen, die ernsthaft helfen wollen. Dies hat auch historische Gründe. Bereits vor einhundert Jahren errichteten deutsche Ingenieure Infrastruktur in der Hauptstadt Kabul sowie in einigen anderen Provinzen. Viele afghanische Völker berufen sich bis heute auf ihren indogermanischen Ursprung und betrachten die Deutschen als entfernte Verwandte. Sowohl im Persischen als auch in Paschtu, der Sprache der Paschtunen, lassen sich viele Gemeinsamkeiten mit deutschem Wortschatz und Grammatik finden. Das Bombardement von Kunduz und der Umgang der Bundeswehr mit dem Vorfall hat tiefe Wunden hinterlassen, die nur schwer heilen werden.

Karim Popal, ein deutsch-afghanischer Anwalt, der die Opfer von Kunduz vertritt, kritisiert bis heute Kleins Beförderung scharf und spricht von einer Ohrfeige für die Hinterbliebenen. Für jene, die ihre Verwandten bei dem Luftangriff verloren haben, sei es unverständlich, warum ein Kriegsverbrecher zum General befördert wird, anstatt bestraft zu werden. Abgesehen davon beklagt sich Popal generell über den Umgang verschiedener deutscher Institutionen mit der »Kunduz-Affäre«. Der Rechtsanwalt war sich von Anfang an über die Tatsache bewusst, dass der juristische Kampf gegen die Bundeswehr alles andere als einfach werden würde. Dies wurde schnell deutlich, etwa als im Jahr 2010 gegen ihn eine Hetzkampagne seitens einiger bekannter deutscher Medien gestartet wurde. Popal wurde unter anderem vorgeworfen, ein »Taliban-Anwalt« zu sein, der die Lage der Opfer ausnutzen würde, um sich persönlich zu bereichern. Die Behauptungen waren völlig aus der Luft gegriffen, aber Popals Ruf wurde nachhaltig beschädigt. Der

Bremer Anwalt, der sich schon seit Jahren für die Rechte seiner Landsleute einsetzt, auch im Bereich von Asylfragen, ließ sich davon allerdings nicht beeindrucken. Erwähnenswert ist auch die Tatsache, dass Popal zu den wenigen Personen gehört, die Kunduz nach dem Luftangriff persönlich aufsuchten und vor Ort eigene Recherchen anstellten. Vor allem in Hinsicht auf die Entschädigungen verlangt der Anwalt der Hinterbliebenen Gerechtigkeit – bis heute. Berichten zufolge hat die Bundeswehr Entschädigungszahlungen in Höhe von 1,1 Millionen Dollar bezahlt. Mehr als die Hälfte davon ging an die Opfer von Kleins Angriff. Die Bundeswehr zahlte jeder Opferfamilie gerade einmal 5 000 Dollar – und das unabhängig davon, wie viele Angehörige sie durch den Angriff verloren hatte. Für andere Kriegsschäden, etwa zerstörte Autos, wurden 10 000 Dollar bezahlt. Währenddessen erhalten die Angehörigen gefallener Bundeswehrsoldaten rund 100 000 Euro. Für Popal eine Verhöhnung der afghanischen Opfer, deren Hinterbliebene noch nicht einmal direkt entschädigt wurden: Die Zahlungen wurden von der Bundesregierung mit korrupten Lokalpolitikern wie dem Gouverneur von Kunduz und allerlei anderem Personal, das mit der NATO vor Ort zusammenarbeitet, abgewickelt. Sie versickerten meist im Nirgendwo und waren in erster Linie eine PR-Show. »Nehmt das Geld und seid ruhig«, so die Message. Popal hat es sich deshalb zur Aufgabe gemacht, höhere Entschädigungszahlungen für die Hinterbliebenen aller Opfer zu erzielen. »Afghanen sind nicht so billig«, sagt er und verlangt mindestens 39 000 Euro für jedes Todesopfer von Kleins Anschlag. Popal jüngste Klage wurde vom Bundesgerichtshof im Jahr 2016 zurückgewiesen. Allerdings vertritt er bis heute die Opfer aus Kunduz und will seinen juristischen Kampf nicht aufgeben. »Man hat den eigenen Soldaten auf internationaler Ebene einen Freibrief erteilt und damit gewisse Gesetze, zum Beispiel § 839 BGB (Haftung für Amtspflichtverletzung), praktisch außer Kraft gesetzt. Diese gelten plötzlich nicht mehr für Auslandsmaßnahmen des Verteidigungsministeriums«, sagt Popal und kommt dabei zu folgendem Schluss: Wenn das

Bundesverteidigungsministerium im Ausland irgendeine Person aus irgendwelchen Gründen tötet, können Betroffene in Deutschland keine Klage erheben. Dies könnte in Zukunft alle deutschen Soldaten betreffen, die sich in Auslandseinsätzen befinden. Deutsche Kriegsverbrechen sollen demnach gar nicht mehr als Verbrechen bezeichnet werden. Die Täter bleiben weiterhin ungestraft. Selbst deren Beförderung ist möglich, wie der Fall Klein deutlich machte. Kunduz ist demnach das beste Beispiel dafür, dass die deutsche Justiz sich eindeutig zu einem Instrument der Regierung und der Bundeswehr gemacht hat und damit ihre eigene Unabhängigkeit untergräbt. Der *Spiegel* fand bezüglich der »Kunduz-Affäre« besonders kritische Worte und stellte fest: »Die Bundeswehr verstieß gegen NATO-Regeln, der Verteidigungsminister täuschte die Öffentlichkeit, und die Kanzlerin entzog sich ihrer politischen Verantwortung.«[2] Wenn es um Kriegsverbrechen geht, handelt die Justiz im Interesse der Politik. Jenen, die sich offen dagegen einsetzen, werden Knüppel zwischen die Beine geworfen.

Je mehr Popal seine Forderungen publik machte, umso heftiger wurde auch die mediale Schmutzkampagne gegen ihn. Mit seiner Anklage und der offenen Kritik am Krieg der Bundeswehr in Afghanistan hatte sich Popal innerhalb der politischen und medialen Kreise Deutschlands viele Feinde gemacht. »Es wurde deutlich, dass viele Medien die Narrative der Bundesregierung kritiklos unterstützten und nicht bereit waren, neutral zu berichten«, erinnert sich der Anwalt im persönlichen Gespräch. Zeitgleich wurden die vollkommen machtlosen Opfer mundtot und unsichtbar gemacht. In der deutschen Öffentlichkeit sind die Opfer des Kunduz-Bombardements bis heute kaum bekannt. Dies ist umso perfider, wenn man bedenkt, wie sehr Klein in den letzten Jahren als »normaler Mensch«, der einen »Fehler« gemacht hat, dargestellt wurde, während man seine Opfer verdrängte oder vollkommen entmenschlichte. Eines der Opfer aus Kunduz war der zwölfjährige Arif. Er gehörte zu den wenigen in seinem Dorf, die lesen und schreiben konnten. Für die anderen Dorfbewohner war er deshalb ein Segen.

Oft half er ihnen, Briefe zu schreiben, und verdiente sich damit ein bisschen Taschengeld. Seit jenem Tag im September 2009 kann Arif niemandem mehr helfen. Er wurde durch Kleins Angriff getötet.

Für die Tötung Arifs und der anderen Zivilisten, die sich um die Tanklaster versammelt hatten, wurde Klein bis heute nicht zur Rechenschaft gezogen. Die Bundesanwaltschaft hatte eine Untersuchung gegen ihn 2010 eingestellt.[3] Es kam zu keinem Strafverfahren. Laut der deutschen Justiz hatte Klein keinen Fehler begangen, sondern sogar laut internationalem Recht richtig gehandelt.[4] Währenddessen kämpfen Karim Popal und andere Anwälte weiterhin für die Rechte der Opfer, zuletzt 2020 vor dem Europäischen Gerichtshof für Menschenrechte in Straßburg. Während der dortigen Anhörung kam erstmals ein Hinterbliebener aus Afghanistan zu Wort. Abdul Hanan verlor durch den Angriff Kleins zwei Söhne, den achtjährigen Nesarullah und den zwölfjährigen Abdul Bayan. Während die Kläger Deutschland für die Tötung der beiden Kinder verantwortlich machten, behauptete die Anwältin der Bundesregierung, dass der Angriff »im Namen der Vereinten Nationen« durchgeführt wurde. »Die letzten zwölf Jahre waren eine Tortur für mich und meine Familie. Wir haben bis heute keine offizielle Entschuldigung seitens der deutschen Bundesregierung erhalten. Dabei wollen wir nur die Umsetzung von Recht und Gesetz und eine angemessene Entschädigung für unser Leid«, sagte Abdul Hanan. Er betont, dass nicht nur er, sondern alle anderen betroffenen Familien weiterhin auf Gerechtigkeit warten würden. Laut Popal war die Anhörung Hanans hierfür ein wichtiger Schritt. »Das war ein großer Erfolg, doch gleichzeitig ist folgender Umstand weiterhin unübersehbar: Viele westliche Staaten wie Deutschland oder die Vereinigten Staaten haben keinerlei Interesse an den Verbrechen, die von ihren Truppen begangen wurden«, sagt Popal. Er behielt mit seiner Einschätzung recht. Im Februar 2021 fällte das Straßburger Gericht ein Urteil, in dem Deutschland zwar aufgefordert wurde, das Bombardement von Kunduz nach den Standards des Gerichts zu untersuchen. Dennoch gab es bis heute keine einzige Untersuchungsmission vor Ort, weder seitens der Bundeswehr noch durch unabhängige Akteure. Allerdings betonte das Gericht in diesem Kontext auch, dass Deutschland seine Verpflichtungen bezüglich einer Untersuchung nicht verletzt habe. »Für das afghanische Dorf mit Dutzenden von zivilen Opfern ist die heutige Entscheidung gewiss eine Enttäuschung«, resümierte der deutsche Menschenrechtsanwalt Wolfgang Kaleck, der Abdul Hanan in Straßburg vertrat. 2007 gründete Kaleck gemeinsam mit anderen Anwälten das European Center for Constitutional and Human Rights (ECCHR), welches sich nicht nur der Kunduz-Thematik widmete, sondern auch anderen Kriegsverbrechen westlicher Regierungen, etwa Drohnenangriffen auf Zivilisten. Nach der Urteilsverkündung meinte Kaleck, dass die Opfer in Kunduz weiterhin auf eine offizielle Entschuldigung der Bundesregierung warten würden. Kritisiert wurde auch der Umstand, dass zahlreiche Untersuchungsakten von der Bundesregierung weiterhin unter Verschluss gehalten werden. Popal, Kaleck und andere Juristen werfen Klein bis heute Mord gemäß Paragraf 211 oder zumindest fahrlässige Tötung nach Paragraf 222 des deutschen Strafgesetzbuchs vor.

Australische Kriegsverbrechen und deren lange Aufarbeitung

Was lange bekannt war, wurde im November 2020 endgültig von offizieller Seite bestätigt. Australische Elitesoldaten der Special Air Service-Einheiten (SAS) haben in Afghanistan Kriegsverbrechen begangen und ermordeten zwischen den Jahren 2005 und 2016 mindestens 39 afghanische Zivilisten. Die Jagd und Ermordung der Afghanen wurde von den Soldaten als eine Art Sport sowie als Aufnahmeritual für Neuankömmlinge betrachtet. Das perverse Prozedere bezeichnete man als »blooding«. Für Aufmerksamkeit sorgte auch das Foto eines australischen Soldaten, der während einer

Party in einer NATO-Militärbasis in Uruzgan aus der Beinprothese eines angeblichen Taliban-Kämpfers Bier trinkt. Das Bild wurde nicht nur von westlichen, sondern auch von einigen afghanischen Medien verbreitet, wo es für Empörung sorgte. »Möge Gott die Täter bestrafen.« »Wie kann es sein, dass unsere Regierung solche Verbrechen zugelassen hat?« Derartige Kommentare waren unter einem Facebook-Beitrag des afghanischen Senders »Kabul News« etwa zuhauf zu lesen.[5] Dass es sich hierbei um keinen Einzelfall gehandelt hat, machte der dazugehörige Bericht der australischen Regierung deutlich. Er liest sich wie ein Protokoll des Grauens und macht an vielen Stellen deutlich, dass afghanische Menschenleben in den Augen der westlichen Soldaten wertlos waren.[6]

Viele Soldaten, die für den Bericht interviewt wurden, behaupteten, dass die Tötung afghanischer Zivilisten praktisch omnipräsent gewesen sei und »die ganze Zeit« passierte.[7] Im Laufe der Untersuchung, die bereits seit 2016 läuft, wurden über 400 Zeugen verhört sowie mindestens 55 Ermittlungen gegen Individuen aufgenommen. Die großen Aufdecker der Kriegsverbrechen waren allerdings keine staatlichen Behörden, sondern Journalisten des Senders ABC, die sogar zur Zielscheibe der australischen Sicherheitsdienste wurden. Anstatt gegen kriminelle Soldaten, die höchstwahrscheinlich des Mordes schuldig sind, vorzugehen, fokussierte man sich auf jene Journalisten, die die Verbrechen aufgedeckt hatten. Die australische Bundespolizei durchsuchte in diesem Kontext Redaktionsräume und beschlagnahmte Datenträger. In Afghanistan arbeitete das Rechercheteam mit Bilal Sarwary, einem bekannten afghanischen Journalisten, zusammen. Gemeinsam mit Sarwary wurden Tatorte in Uruzgan aufgesucht.[8] Ein wichtiger Schauplatz der Verbrechen der SAS-Einheiten ist das Dorf Darwan, das einst von australischen und afghanischen Soldaten überfallen wurde. An jenem Tag im September 2012 wurden bei diesem Angriff drei Zivilisten getötet. Abermals wurde behauptet, dass man lediglich auf Taliban-Jagd sei. Nachdem die drei Männer getötet wurden, verschleppten die Soldaten mehrere Dorfbewohner, die in den Tagen darauf in jener NATO-Basis, in der auch Exzesse und Partys stattfanden, verhört und gefoltert wurden.

Recherchen wie diese haben zum Zusammenfall des Kartenhauses geführt. Im November 2020 gestand das australische Militär vor laufenden Kameras der Welt ein, dass zahlreiche Kriegsverbrechen in Afghanistan begangen wurden – ein Meilenstein für die westliche Aufarbeitung des Afghanistan-Krieges. Australiens Beispiel folgen andere westliche Staaten bedauerlicherweise nicht und hüllen sich weiterhin in Schweigen.

Doch auch Australien ist noch weit von einer vollständigen Aufklärung entfernt: Bis heute werden immer wieder Kriegsverbrechen der SAS aufgedeckt, auch von anderen Journalisten. So hat etwa der amerikanisch-afghanische Journalist Ali Latifi in der westafghanischen Provinz Herat nahe der iranischen Grenze weitere Opfer der SAS-Einheiten ausfindig gemacht.[9] Eines von ihnen ist Haji Abdul Baqi, der ursprünglich aus Uruzgan stammt. Was die australischen Soldaten dort seiner Familie antaten, wird er nie vergessen. Im Juni 2011 überfielen sie, ausgerüstet mit schwerem Gerät und Kampfhunden, Baqis Dorf im Distrikt Chahar China. Die Meute griff mehrere Männer auf dem Markt an, darunter zahlreiche Familienmitglieder Baqis. Am Ende waren vier von ihnen tot: Saifullah und Bismillah, zwei seiner Brüder, sowie Mohammadullah und Juma Khan, seine Cousins. Abdul Baqis Vater, Abdul Hakim, erlag ein Jahr später seinen Wunden, die er an jenem Tag aufgrund der Soldaten und ihrer Hunde erlitt. Der Händler, der heute in Herat lebt, betont, dass keinerlei Kampfhandlungen stattfanden und dass keines der Opfer mit den Taliban oder anderen militanten Gruppierungen in Verbindung stand. Stattdessen ließen die Soldaten ihren Gewaltfantasien freien Lauf. Sie jagten und töteten jeden, den sie finden konnten. Im Nachhinein wurden getöteten Zivilisten Waffen untergejubelt, um den Angriff zu rechtfertigen – eine Praxis, die auch im jüngst erschienenen Bericht der Australier hervorgehoben wird und sehr verbreitet zu sein scheint. Laut der australischen Journalistin Soraya Lennie, die zwischen 2013 und 2016 aus Afghanistan berichtete, waren derartige Praktiken gang und gäbe. Man hörte stets von solchen Kriegsverbrechen, doch aufgrund der schweren Zugänglichkeit konnte man sie selten beweisen. Derartige Vorwürfe standen im Übrigen nicht nur gegen australische Truppen im Raum, sondern laut Lennie auch gegen britische, amerikanische und deutsche. Laut Sarwary, der an der ABC-Recherche beteiligt war, handelte es sich bei den meisten Opfern und deren Familienmitgliedern um Bauern. Viele von ihnen wurden bewusst ermordet, um mundtot gemacht zu werden. Sarwary meinte auch, dass das Ausmaß der australischen Verbrechen in der Region wahrscheinlich um einiges schlimmer sei als bisher bekannt. »Über viele Dinge fehlen uns weiterhin Erkenntnisse«, sagte mir Sarwary während eines Gesprächs.[10] Diese Berichte stimmen auch mit den jüngsten Enthüllungen rund um die Verbrechen der SAS überein, die noch längst nicht vollständig aufgearbeitet wurden. Im Juni 2021 veröffentlichte ABC ein weiteres Rechercheergebnis, das sich mit einem SAS-Massaker in Kandahar befasst. Mehreren Zeugen zufolge, darunter auch Mitgliedern der Einheit, die von den Journalisten interviewt wurden, ermordeten die Soldaten am 15. Dezember 2012 mindestens zehn afghanische Zivilisten. Es handelte sich hierbei um eine systematische Massenexekution. Alle anwesenden Augenzeugen, darunter auch ein Kind, wurden von den Australiern getötet. »Sie beschlossen, alle zu töten«, hieß es seitens eines Offiziers, der mit ABC sprach und anonym bleiben möchte. Die beteiligten Soldaten erzählten ihm von dem Massaker, nachdem sie in ihre Basis zurückgekehrt waren. »Ehrlich gesagt, klang das Ganze ein wenig nach einer Orgie«, so sein Resümee. Ein Video, das von ABC veröffentlicht wurde, zeigt einen der Täter, den »Soldaten C«, der gemeinsam mit seinem Hund rücksichtslos Jagd auf afghanische Zivilisten macht. Das Filmmaterial der Operationen beinhaltet auch die Ermordung eines unbewaffneten Bauern durch den Soldaten. »Sag mir, ob ich diesen Mistkerl erlegen soll?!«, schreit der Soldat, bevor er abdrückt. Die anwesenden Soldaten bestätigten gegenüber den ABC-Journalisten, dass es sich hierbei nicht um den ersten Mord Cs gehandelt hat.[11]

Wie schwer die Aufarbeitung der SAS-Verbrechen weiterhin ist, macht der Fall der Militärsoziologin Samantha Crompvoets deutlich. Sie hat zahlreiche Afghanistanveteranen interviewt und gehört zu jenen Personen, welche die Untersuchung gegen die australischen Truppen vorangetrieben haben. Aufgrund ihrer Arbeit wurde sie vom politisch-militärischen Establishment nicht nur kritisiert, sondern auch diffamiert und bedroht. Auch die australische Zeitung *Daily Telegraph* startete eine Schmierkampagne gegen sie. Selbst Australiens Verteidigungsminister Peter Dutton konnte sich aufgrund einer geplanten Buchveröffentlichung Crompvoets nicht zurückhalten und bezeichnete diese als »politisch« und »nicht hilfreich«. Die Soziologin meinte daraufhin, dass man sie nicht zum Schweigen bringen könne, und beharrte auf der Dringlichkeit der Aufarbeitung australischer Kriegsverbrechen in Afghanistan. Dass Dutton dies grundsätzlich anders sieht, machte er deutlich, indem er den Fokus auf die SAS-Massaker als »Ablenkung« bezeichnete. »Wir wollen, dass es wie gewohnt weiterläuft. Wir wollen uns darauf konzentrieren, unser Land sicher zu halten, und sollten uns nicht von Dingen ablenken lassen, die in der Vergangenheit passiert sind«, so Dutton.[12]

Das Massaker von Kandahar

Im Juli 2021 veröffentlichte der kanadische Journalist Murray Brewster einen Artikel, in dem er sich auf die Rolle des kanadischen Militärs in Afghanistan fokussierte. Der Jargon Murrays ähnelte jenem britischer Orientalisten und Anthropologen, die einst asiatische oder afrikanische Länder aufsuchten, um Berichte zu verfassen. Den Distrikt Panjwayi in der südlichen Provinz Kandahar bezeichnete er als »wütend« und »wild« (»angry and wild«).

Die »Guten«, sprich, das eigene Militär, war hier nicht erfolgreich, denn es konnte allem Anschein nach die unkontrollierbaren »Barbaren« nicht unterjochen.[13] Nun wimmelt es in Panjwayi von Taliban-Kämpfern. Was Murray nicht erwähnte: Jahrelang gehörte der Distrikt zu den düstersten Schauplätzen des »War on Terror«. Westliche Militärs begingen hier regelmäßig Kriegsverbrechen an der Zivilbevölkerung und trieben diese regelrecht in die Arme der Extremisten. Besonders deutlich wurde dies etwa am 11. März 2021, als sich in Panjwayi eines der schlimmsten Kriegsverbrechen seit der US-Invasion vom Oktober 2001 ereignete.

Ein amerikanischer Soldat verließ nachts sein Camp, um in zwei nahegelegene Dörfer einzudringen, die von Bauern und deren Familien bewohnt wurden. In beiden Orten tötete der Täter, Robert Bales, 16 Menschen, hauptsächlich Kinder, Frauen und Greise. Sechs weitere Menschen ließ er schwer verwundet zurück. Das jüngste Opfer war ein zweijähriges Mädchen. Einige Leichen wiesen Brandspuren auf. Offensichtlich hatte der Täter versucht, seine Spuren zu verwischen. Im September 2013 wurde Robert Bales von einem US-Militärgericht zu lebenslanger Haft verurteilt. Wenn Mohammad Wazir von jener Nacht des Grauens erzählt, bleibt seine Stimme monoton und ernst. Der Bauer aus Panjwayi hat in jener Nacht elf Familienmitglieder verloren, darunter vier Töchter, seinen Bruder und dessen Frau, dazu das Kind der beiden. Wazir selbst befand sich zum Zeitpunkt der Tat bei Verwandten in einem Nachbarort. Was passiert war, erfuhr er am Telefon. Sein Hof, den einst schon sein Urgroßvater führte, wurde vollkommen zerstört. Die südlichen Provinzen Afghanistans sind für ihre Granatäpfel berühmt, für ihre saftigen Trauben und ihre riesigen Melonen. Ein einzigartiger Obstgarten. Es sind diese Früchte, die Mohammad Wazir und seine Familie über Generationen hinweg angebaut haben. Nach der Nacht des Massakers blieb von der Plantage so gut wie nichts übrig. »Ich fühlte mich dadurch selbst zerstört«, sagte Wazir im Jahr 2014. »Mir ging der Sinn meines Lebens verloren und ich begriff, es gibt keine Gerechtigkeit. Die Amerikaner lassen nur

Zerstörung zurück. Doch warum? Was haben wir ihnen getan?«
Wazir ist seit langem kein Bauer mehr. Er hat sein Heimatdorf nach
der Mordnacht verlassen. Wo einem alles genommen wurde, gebe
es nichts mehr, um dort zu leben, sagt er. So kam er bei Verwandten in Spin Boldak in einer anderen Gegend von Kandahar unter.
Wazir erhielt nach der Tat eine Entschädigung von 50 000 Dollar
für jeden, der aus seiner Familie getötet wurde. Amerikanisches
Blutgeld, mit dem keines der Opfer zurückkehren kann.

Nach dem Massaker wurde der Tatort von afghanischen Regie-
rungsbeamten untersucht und es fand eine offizielle Anhörung mit
Angehörigen der Opfer und Zeugen aus der Gemeinde Panjwayi
statt. Wazir und einige Dorfälteste aus der Umgebung waren ebenfalls eingeladen, als Präsident Hamid Karzai mit einem Teil seines
Stabes erschienen war. Während Wazir zu ihnen sprach, wiederholte er mehrfach einen Satz: »Herr Präsident, wir wollen Gerechtigkeit.« Karzai starrte ins Nichts und wusste wohl schon, dass er
den Familien der Opfer diesen Wunsch nicht erfüllen konnte. Kurz
nach der Tat hieß es seitens der US-Militärs in Afghanistan, dass
es sich um einen Einzeltäter gehandelt habe: Robert Bales sei psychisch labil und traumatisiert gewesen. Ein kranker Mann, der die
Kontrolle verloren hatte. Ein Einzelfall. Wazir und auch andere
Leute aus dem Dorf, die an diesem Tag vorgeladen sind, glauben
das nicht. Ein Dorfältester fragte Karzai, warum man jemandem
wie Bales eine Waffe gebe und ihn in ein fremdes Land schicke.
Niemand konnte ihm antworten. Doch Karzai war bereits an einem
Punkt angelangt, an dem er Washington nicht mehr vertraute. Das
Massaker in Kandahar, Karzais Heimatprovinz, war gewiss nicht
das erste, mit dem der Präsident konfrontiert wurde.

Das afghanische Untersuchungsteam kam zu dem Schluss, dass
zwischen 15 und 20 Soldaten an der Tat beteiligt gewesen sein
mussten. Anders könne man sich das Ausmaß der Zerstörung
nicht vorstellen. Außerdem liegen die beiden betroffenen Dörfer
weit voneinander entfernt. »Wir sind davon überzeugt, dass eine
einzelne Person dazu nicht fähig gewesen wäre«, hieß es seitens

Lalay Hamidzai, der dem Untersuchungsteam angehörte. Stattdessen gingen er und seine Kollegen von zwei separaten Soldatengruppen aus, die die beiden Dörfer angegriffen haben. Karzai schloss sich dieser Version an und behauptete ebenfalls, dass ein Einzeltäter nicht in Frage käme. Die Militärbasis von Bales fiel bereits in der Vergangenheit in Zusammenhang mit Angriffen auf die afghanische Zivilbevölkerung auf. Zwischen 2009 und 2010 wurden im nahegelegenen Distrikt Maiwand mindestens drei Zivilisten von Soldaten ermordet, die sich selbst als »Kill Team« bezeichneten. Nach dem Massaker von Panjwayi wurde außerdem bekannt, dass Soldaten aus Bales' Basis Kinder mittels Waterboarding und anderer Methoden gefoltert haben sollen. Doch die eingesetzten US-Ermittler wollten von alldem nichts wissen und hielten an ihrer Theorie des Einzeltäters fest. Anfang Juni 2013 begann vor einem Militärtribunal der Prozess gegen Robert Bales – nicht etwa in Kandahar, sondern in Seattle. Eine Fortsetzung der Diskriminierung der afghanischen Gerichtsbarkeit durch die NATO: Afghanische Gerichte sind de facto nicht zuständig für die Kriegsverbrechen ausländischer Truppen in ihrem eigenen Land. Ganz egal, ob bei Militärrazzien unbeteiligte Zivilisten sterben, Hochzeitsgesellschaften durch Drohnenkommandos bombardiert werden oder in Bagram Gefangene gefoltert werden. Auch vor dem Internationalen Strafgerichtshofs in Den Haag werden amerikanische Soldaten auf absehbare Zeit nicht landen – der wird von den Vereinigten Staaten nicht anerkannt. Immerhin: Als der Bales-Prozess im August 2013 in seine entscheidende Phase ging, waren auch einige Männer aus dem Dorf Panjwayi – unter ihnen Mohammad Wazir – vorgeladen, um gehört zu werden. Für Wazir war das ein großer Schritt. Er hatte sich vorgenommen, alles zu sagen, was ihm auf dem Herzen lag. Alles schien ihm wie eine schwere Last, die er loswerden musste. Aber es wurde nichts daraus. Der Richter belehrte Wazir, er solle nur auf die ihm gestellten Fragen der Staatsanwaltschaft oder der Verteidiger antworten. Persönliche Erklärungen seien nicht erwünscht. Nach der Verhandlung versuchten einige

Journalisten, Wazir und die anderen afghanischen Zeugen zu interviewen, und scheiterten. Wo die Afghanen untergebracht waren, blieb während ihres Aufenthalts in den USA geheim.

Robert Bales sei ein ganz normaler Amerikaner aus dem Bundesstaat Ohio, der vor seinem Einsatz in Afghanistan im Irak stationiert gewesen war. Er hatte in seinem Soldatenleben eine Kopfverletzung erlitten. Warum er zum Massenmörder wurde, konnte der Prozess nicht klären. Es gab keinen psychiatrischen Gutachter, der darauf eine Antwort finden konnte. Bales wurde ohne die Möglichkeit auf Entlassung verurteilt. Er wird wohl im Gefängnis sterben. Die Betonung liegt hier allerdings tatsächlich auf dem Wort »wohl«. Im Januar 2021 sorgte Bales für Schlagzeilen, als er zum Ende der Amtszeit Donald Trumps um eine Begnadigung ersuchte. Kurzzeitig wurde die amerikanische Öffentlichkeit an die Verbrechen des einstigen Soldaten erinnert. Tatsächlich bestand die Gefahr, dass Trump den Mörder begnadigen würde. Immerhin wurden im Laufe seiner Präsidentschaft mehrere bekannte Kriegsverbrecher in die Freiheit entlassen, um im Anschluss mit ihren Taten zu prahlen oder ihre »Jagd auf Terroristen« zu rechtfertigen. Im November 2019 begnadigte Trump etwa den ehemaligen Elitesoldaten Eddie Gallagher, der im Jahr 2017 einen irakischen Jugendlichen, der zuvor von den Navy SEALs aufgrund einer möglichen IS-Mitgliedschaft gefangengenommen wurde, ermordete. Gallagher posierte neben der Leiche des Opfers, nachdem er den Minderjährigen mit einem Messer ermordet hatte. Von seinen einstigen Kameraden wurde der Zugführer als »verdammt böse« und »toxisch« beschrieben. Es hieß auch, dass Gallagher »alles tötete, was sich bewegte«. Weitere Vorwürfe gegen ihn waren die Ermordung eines Schulmädchens und eines älteren Mannes, die allerdings nicht aufgeklärt wurden.[14] Nach seiner Begnadigung bedankte sich Gallagher nicht nur mehrmals bei Trump, sondern betonte in Interviews immer wieder, dass er keine seiner Taten bereuen würde und der »Krieg gegen die Barbaren« notwendig sei. Weitere Kriegsverbrecher, die von Trump begnadigt wurden, waren vier ehemalige

Söldner der berühmt-berüchtigten Sicherheitsfirma »Black Water«, die im Jahr 2007 14 Zivilisten auf einem irakischen Markt ermordet hatten.[15] Für die Begnadigung von Bales, die letztendlich verwehrt wurde, setzten sich unter anderem andere Kriegsveteranen ein. Besonders auffällig war ein Meinungsbeitrag des Marine-Obersts David Gurfein, der die Freilassung Bales' forderte und die afghanischen Opfer und deren Familien als »Taliban-Terroristen« bezeichnete. Gurfein behauptete sogar, dass das US-Militär sich gemeinsam mit den Taliban gegen Bales verschworen hatte. »In anderen Worten, die Strafverfolger der Armee hatten sich mit feindlichen Kämpfern befreundet und verbündet, um eine Aussage gegen einen Angehörigen unserer Streitkräfte zu erwirken, während sich unsere Nation im Krieg befand – womöglich das erste Mal in der US-Geschichte«, so Gurfein, dessen Artikel abermals deutlich machte, wie präsent die Entmenschlichung afghanischer Kriegsopfer in der amerikanischen Debatte weiterhin ist. Als »Beweise« für die angebliche Terrormitgliedschaft der Opfer nannte der Veteran ein ominöses, nicht näher definiertes »Taliban-Tattoo« sowie die einstige US-Gefangenschaft eines Zeugen, der – ähnlich wie Tausende unschuldiger Männer – im Laufe des »War on Terror« von den Soldaten verhaftet und wahrscheinlich auch gefoltert und misshandelt wurde.[16]

Währenddessen betonten afghanische Beobachter abermals, dass es zu Massakern wie jenem in Kandahar öfter kommen würde, als gemeinhin bekannt. Eher zufällig waren örtliche Journalisten schnell vor Ort, weshalb das Blutbad nicht mehr geleugnet werden konnte. Anderswo war dies meist nicht der Fall. In der Provinz Paktia töteten US-Soldaten im Jahr 2010 während einer nächtlichen Razzia Frauen und Männer eines Dorfes, die mit den Taliban nichts zu tun hatten. Im Gegenteil: Einer der Toten war Polizist, der von den US-Truppen ausgebildet wurde. Zeugenberichten zufolge sollen die US-Soldaten die Leichen anschließend mit Messern zerstochen haben, um die Patronen aus den Leibern zu entfernen – vor den Augen überlebender Familienmitglieder. Unter den Todesopfern befanden sich zwei schwangere Frauen sowie ein minderjähriges Mädchen. Seitens der NATO hieß es anfangs, dass die Opfer den Taliban zuzurechnen seien. Erst als auch hier mehrere Journalisten, darunter auch der bekannte US-Journalist Jeremy Scahill, von den Gräueltaten berichteten, wurde der tatsächliche Sachverhalt auch offiziell bestätigt. Ähnliches passierte in Kandahar. Auch dort wollte man Beweise vernichten, indem man versuchte, die Leichen zu verbrennen. Die Überlebenden – Frauen und Kinder – mussten dabei zusehen. Vergleichbare Geschichten hörte man bis heute aus Panjwayi, dem Schauplatz des Massakers von Kandahar. Tatsächlich handelte es sich hierbei allerdings nicht um das erste Blutbad. »Die Medien berichteten darüber, doch es war eines von vielen«, meinte ein Mann aus der Region, als ich ihn 2015 in Kabul interviewte. »In den Wüsten und Bergen dieses Landes sind viele schreckliche Dinge passiert, von denen die Welt nie etwas erfahren wird«, resümierte er. Mohammad Wazir will nichts mehr zu jener Nacht sagen: »Ich habe meine Geschichte oft erzählt, aber jedes Mal tut es von neuem weh. Ich warte – ebenso wie alle anderen aus unserem Dorf – immer noch auf eine gerechte Strafe für den Täter.« Spätestens wenn der Mörder vor seinem Schöpfer stehe, sagt der Bauer, werde er nicht weglaufen können.

Nur ein Bruchteil

Für viele Beobachter, Journalisten und andere Kenner des Afghanistan-Krieges sind die genannten Beispiele oder die jüngsten Enthüllungen rund um die australischen SAS-Soldaten alles andere als überraschend. In vielen afghanischen Dörfern kursieren bis heute Geschichten von mordenden und folternden NATO-Soldaten, über die bis heute nie berichtet wurde. Ich selbst habe immer wieder Berichte über brutale Ereignisse gehört, denen ich nur begrenzt nachgehen konnte. Präsent sind etwa die Geschichten über die sogenannten »Spin Taliban« (Paschtu für »weiße Taliban«), bei denen es sich eigentlich um Spezialeinheiten des US-Militärs handelt; bärtige Männer mit afghanischer Kleidung, die sich sogar in Paschtu verständigen können und wild umherpatrouillieren, um »Terroristen« zu jagen. Oftmals haben sie Dörfer überfallen und unschuldige Zivilisten erdolcht oder erschossen. »Sie lockten einen Bauer heran und stellten sich als Taliban-Mitglieder vor. Nachdem dieser meinte, dass er kein Problem mit ihnen habe, wurde er einfach aufgeschlitzt«, erzählte mir ein Afghane aus dem Süden des Landes vor einigen Jahren. 2013 berichtete die *New York Times* über die »weißen Taliban« in einem Blogartikel. Allerdings betrachtete der Autor die Einheit fälschlicherweise eher als Stoff für Mythen und Legenden. Ein Grund hierfür war womöglich die Tatsache, wie schwierig es ist, über solche Themen ausführlich zu berichten. Man kann sich nämlich praktisch nur auf die Aussagen von Zeugen verlassen.[17] Diesen wurde oftmals allerdings kein Glauben geschenkt.

Ähnlich verhält es sich mit zahlreichen weiteren Ereignissen, die im Schatten des »War on Terror« stattfanden, etwa Angriffe mit neuartigen Waffensystemen oder der euphemistisch bezeichneten »Mutter aller Bomben« (»Massive Ordnance Air Blast«, MOAB), der größten, nichtnuklearen Bombe des US-Militärs, die im April 2017 über den Distrikt Achin in der Provinz Nangarhar abgeworfen wurde. Bis heute ist nicht bekannt, wie viele Menschen durch die MOAB getötet wurden. Der Schauplatz des Verbrechens wurde umgehend nach der Detonation tagelang vom US-Militär abgesperrt. Die afghanische Regierung sprach von getöteten IS-Kämpfern, ohne Beweise zu liefern. Als ich wenige Wochen später die betroffene Region aufsuchte, hieß es seitens der Bevölkerung, dass »viele Zivilisten« getötet worden seien und dass die Täter ihre Spuren bereits verwischt hätten. Für den militärisch-industriellen Komplex, der hinter der Entwicklung dieser Killermaschinen steht, war Afghanistan ein Testgebiet. Die Menschen vor Ort – ob Militante oder Zivilisten – betrachtete man als Versuchskaninchen.

»Sie testen ihre Waffen und wir sind wie in einem Käfig einge-sperrt«, sagte mir ein Bewohner des Distrikts Khogyani, der nahe Achin liegt. »Hier kam irgendeine neuartige Laserwaffe zum Ein-satz und hat das ganze Haus zerstört«, erzählte mir ein Freund aus der Provinz im südöstlichen Khost, als ich im selben Jahr vor Ort recherchierte. Aufgrund der alltäglichen Gewalt war der Angriff selbst für ihn eine Art Randnotiz. Nachdem ich einige Nachfor-schungen anstellte, kam ich zu dem Schluss, dass über den Angriff noch nie berichtet wurde. Es handelte sich auch für mich um ein Déjà-vu, das sich im Laufe meiner Recherchen ständig wieder-holte. Die betroffenen Opfer werden kaum gehört, sodass sie meist überrascht sind, wenn sie doch von einem Journalisten aufgesucht werden. Tatsächlich sind die Stimmen solcher Afghanen erst etwas wert, nachdem ihre Aussagen von westlichen Akteuren bestätigt wurden. Andernfalls gelten sie als »nicht glaubwürdig«, »über-treibend« oder »voreingenommen«. Dabei machen auch Kriegsve-teranen, die sich mit ihren Einsätzen kritisch auseinandersetzen, auf derartige Kriegsverbrechen aufmerksam. »Fälle wie jene der australischen Eliteeinheiten sind nur ein kleines Puzzlestück des Gesamtbildes, und dieses sieht düster aus. Wir schossen regelmä-ßig auf Menschen, deren Identität unklar war. Die Afghanen, die uns meiner Meinung nach zu Recht bekämpften, wurden von uns komplett entmenschlicht«, erzählte mir der ehemalige US-Soldat und Autor Erik Edstrom.[18] 2020 erschien Edstroms Buch *Un-Ame-rican: A Soldier's Reckoning of Our Longest War*, in dem er äußerst kritisch mit seinem eigenen Afghanistan-Einsatz und dem »War on Terror« im Allgemeinen umgeht. 2009 war Edstrom ein Jahr lang in Kandahar stationiert. Dort fiel ihm auf, dass die Freiheit und die Demokratie, die man im Westen für selbstverständlich hält, nicht für jene Afghanen galt, die gejagt, gefoltert und ermordet wurden. Der Soldat fand sich in einem inneren Konflikt wieder. In seinem Buch fokussiert sich Edstrom nicht nur auf die massenhafte Tötung von Zivilisten, sondern versucht auch, die Radikalisierung der af-ghanischen Bevölkerung nachzuvollziehen. »Wir haben den Krieg gestartet. Wir haben ihr Land angegriffen und besetzt. Wer weiß, wie ich da reagieren würde? Womöglich würde ich auch zur Waffe greifen«, sagt Edstrom. Noch konkreter wird er in seinem Buch, wo er Folgendes schreibt:

»Stell dir vor, ein anderes Land besetzt mit Gewalt Amerika und führt einen präventiven Krieg, um dich von der Trump-Regierung zu befreien. Die Invasion wurde mit dem ›War on Terror‹ gerechtfertigt und die Verantwortlichen führen systematisch Akte des ›Terrorismus‹ aus, die unter ihre eigene dogmatische Definition des Wortes fallen würden. Dein Zuhause wird von angsteinflößenden, schwer bewaffneten jungen Männern durchsucht, die einen ›terroristischen Amerikaner‹ töten wollen. Sie tragen eckige Rüstungspolster, ihre Augen sind verdeckt durch schwarze ›Oakley‹-Sonnenbrillen. Dein Haus ist kein Zuhause mehr – es wird entmenschlicht und als ›Compound‹, ›Versteck‹ oder als ›geschlossene Ortschaft‹ bezeichnet. Deinem Land wurde die Souveränität entzogen. Du wirst nicht mehr als menschliches Individuum betrachtet, sondern auf Beleidigungen und rassistische Begrifflichkeiten reduziert, etwa auf *Feind, Aufständischer, Terrorist, sand nigger, Hadschi, towel head, Ziegenficker, Schwanzlutscher oder als Motherfucker.*«[19]

Wie viele andere ist auch Edstrom der Meinung, dass es Jahre dauern wird, bis alle westlichen Kriegsverbrechen in Afghanistan aufgedeckt sind. Sein Buch widmete der Ex-Soldat den Opfern des »War on Terrors«, von dem er einst so überzeugt war. Bereits auf der ersten Seite schreibt er von den über 312 000 getöteten Zivilisten, die im Laufe des Krieges durch die Vereinigten Staaten in Afghanistan und anderen Ländern getötet wurden. Auch hierbei handelt es sich um eine Mindestanzahl, die stets aktualisiert werden muss. Wahrscheinlich ist sie weitaus höher und geht womöglich in den siebenstelligen Bereich. Wie viele andere Amerikaner wurde Edstrom von den Anschlägen des 11. Septembers 2001 massiv beeinflusst. Er wuchs im Schatten dieses Ereignisses auf. »Im jungen Alter tappt man schnell in die Fallen patriotischer Propaganda, die in den USA massiv präsent sind, vor allem auch in der Popkultur«, sagt Edstrom, der sich einst dem US-Militär anschloss, weil er dachte, er müsse seine Nation gegen Terroristen verteidigen. Mittlerweile weiß er, dass der Krieg seiner Regierung in Afghanistan und anderswo »mehr als achtzig 11. September« ausgelöst hat – und zwar innerhalb der betroffenen Bevölkerungen, die seit jeher von der Gewalt des amerikanischen Imperiums heimgesucht werden. »Zwei Jahrzehnte War on Terror haben deutlich gemacht, dass unsere Nation grundlegende Probleme hat und mittels militärischer Interventionen wie jener im Irak und in Afghanistan Millionen von Menschenleben mit Füßen tritt«, so Edstrom. Er ist davon überzeugt, dass »never forget« lediglich für jene Amerikaner gilt, die sich permanent als Opfer sehen, während sie ihre eigene Gewalt verharmlosen und ignorieren. Tatsächlich ist dies nicht nur innerhalb der amerikanischen Gesellschaft der Fall, sondern auch in der deutschen, britischen oder australischen. Man ist von der moralischen Überlegenheit derart überzeugt, dass man oftmals gar nicht mehr bemerkt, zu was für einem Monster man mutiert ist.

Die Frage der Aufarbeitung muss sich auch Deutschland weiterhin stellen. Dies hat nicht nur mit dem Bombardement von Kunduz zu tun, sondern auch mit anderen möglichen Kriegsverbrechen, die geschehen sind. So berichtete etwa das WDR-Magazin *Monitor* im Juli 2014 von einer Bundeswehroperation namens »Halmazag« (Persisch für »Blitz«), bei der mindestens 27 Zivilisten im Norden Afghanistans nahe Kunduz getötet worden sind. Zitiert wird etwa Ajmal, ein Lehrer aus der Region, der während der Angriffe im Herbst 2010 seinen Sohn verloren hat. »Eines der schweren Geschosse hat das Zimmer getroffen. Dabei kam mein Sohn ums Leben und wir wurden schwer verwundet. Laut Augenzeugen wurden mindestens zwei weitere Kinder getötet. Die Bundeswehr behauptete stets, dass während der viertägigen Gefechte keine Zivilisten getötet worden seien.[20] Besonders prekär ist auch die Tatsache, dass in Afghanistan Elitesoldaten der KSK (Kommandospezialkräfte) zum Einsatz gekommen sind. Auch die KSK wurde als heldenhafte Truppe porträtiert, die ausschließlich Jagd auf »Terroristen«

machen würde. Ein Beispiel hierfür ist etwa eine Dokumentation der *Bild*-Zeitung aus dem Jahr 2020 mit dem Titel »Auf geheimer Mission mit dem KSK: Jagd auf den Mörder eines Kameraden in Afghanistan«.[21] Doch bereits lange zuvor wurde ebenjene Einheit von zahlreichen Skandalen heimgesucht. De facto wurde der KSK nämlich von Rechtsextremen unterwandert und deshalb zum Teil »reformiert«. Eine tatsächliche Aufarbeitung dieser Entwicklungen ist allerdings noch lange nicht in Sichtweite. Zahlreiche Medien berichteten von einem »riesigen Rechtsextremismusproblem«, das mit einigen kleinen Reformen nicht aus der Welt geschafft werden kann. Dass Neonazis jahrelang Zugang zu den Ressourcen der Bundeswehr hatten, ist tatsächlich ein Skandal, der seinesgleichen sucht. Man könnte meinen, dass die Aufarbeitung in Deutschland besser gehandhabt wird, doch Fehlanzeige. Eine Frage, die man sich allerdings noch weniger – wenn überhaupt – stellte, war folgende: Inwiefern konnten rechtsextreme Soldaten in Afghanistan ihre menschenfeindliche Ideologie ausleben? Betrachteten sie sich womöglich auch, ähnlich wie Australier oder Amerikaner, als »moderne Kreuzritter«, die am Hindukusch »Barbaren« jagen können, während ihre Vorgesetzten wegschauen? Die Antworten auf solche Fragen werden noch lange auf sich warten lassen. Man kann nur hoffen, dass kritische Journalisten und Rechercheure weiterhin die richtigen Fragen stellen, um eine Aufarbeitung des zwanzigjährigen Kriegsgeschehens voranzubringen.[22]

Die sechs großen Vergehen des »War on Terror« in Afghanistan

Erstes Vergehen: Mehr Terror durch Folter

Rund eine Stunde von Kabul entfernt liegt nahe der Stadt Bagram der gleichnamige Militärstützpunkt der Vereinigten Staaten. Bagram ist die größte Basis, die von den Amerikanern am Hindukusch errichtet wurde. In den letzten Jahren wurde Bagram nicht nur zur wichtigsten Schaltzentrale der US-Invasion in Afghanistan, lange war hier auch ein Militärgefängnis, in dem tagtäglich gefoltert wurde – eine Art afghanisches Guantanamo, wahrscheinlich sogar um einiges schlimmer. 2014 wurde bekannt, dass im US-Gefangenenlager auf Guantanamo nicht nur gefoltert, sondern auch gemordet wurde. Im Jahr 2006 sollen mindestens drei Häftlinge von der CIA während der »Verhöre«, sprich, der Folter, getötet worden sein. Der Tod der drei Männer, bei denen es sich um zwei Saudi-Araber sowie einen Jemeniten handelte, wurde vom Geheimdienst im Nachhinein als Suizid getarnt. Dass dieser faktisch unmöglich gewesen sein soll, hat ein ehemaliger Wärter des Gefangenenlagers daraufhin bestätigt. Im selben Jahr erschien auch der CIA-Folterreport (*offiziell »Committee Study of the CIA's Detention and Interrogation Program – Findings and Conclusions«*). Dieser fokussierte sich allerdings in erster Linie gar nicht auf das Folterlager in Guantanamo, sondern auf Bagram sowie einige andere Geheimgefängnisse der CIA, der sogenannten »black sites«, die nicht nur in Afghanistan zu finden waren, sondern über den gesamten Globus verstreut waren und auch in einigen europäischen Staaten lokalisiert wurden, darunter etwa Polen oder Rumänien.[1] Bevor jedoch die meisten Gefangenen nach Kuba gebracht wurden, wurden sie in der afghanischen Folterhölle eingesperrt und verhört. Ein Blick hinter die Kulissen von Bagram macht deutlich, dass in Guantanamo im Vergleich – so zynisch es auch klingen mag – fast schon ein gewisser Luxus herrschte.

Die Geschichte des afghanischen Luftwaffenstützpunkts geht Jahrzehnte zurück. Der Grundstein wurde schon in den 1950er-Jahren von den Sowjets gelegt. Damals errichteten die Afghanen mithilfe ihrer sowjetischen Verbündeten ihren größten Militärflugplatz. Später, nachdem die Invasion der Roten Armee am Hindukusch begann, fungierte Bagram als wichtigster sowjetischer Stützpunkt. Auch damals wurde die Basis zum Dreh- und Angelpunkt der interventionistischen Unterdrückung. Sowjetische Kampfhubschrauber verließen regelmäßig die Basis, um afghanische Dörfer zu bombardieren, während elitäre Speznaz-Einheiten sich auf brutale »Antiterror-Razzien« vorbereiteten. Bis heute sind sowjetische Veteranen in globale Konflikte verwickelt. 2021 wurde etwa bekannt, dass Söldner der russischen »Gruppe Wagner« im Auftrag Moskaus weiterhin »Antiterroreinsätze« in Syrien und anderen Ländern durchführen.[2] Als einige Jahre später die Amerikaner ihren Krieg begannen, stand das etwas verfallene Bagram praktisch schon bereit – und wurde massiv ausgebaut. Bereits in den ersten Jahren des »War on Terror« erreichte die Basis die Dimension einer Kleinstadt. Allein das Vorfeld des Luftwaffenstützpunktes umfasst mindestens 130 000 Quadratmeter. Im Laufe der Besatzung wurde die Infrastruktur in Bagram speziell für die amerikanischen Truppen sowie ihre afghanischen Verbündeten ausgerichtet. Mitten in dieser obskuren Parallelwelt, in der sich Fitnessclubs, Coffeeshops oder auch US-amerikanische Fastfood-Ketten wie »Burger King« oder »Kentucky Fried Chicken« finden ließen, wurden zahlreiche Menschen ohne Anklage festgehalten und gefoltert, manchmal sogar bis zum Tod. Für Gefangene wie dem in Deutschland geborenen Türken Murat Kurnaz oder dem

Mauretanier Mohamedou Ould Slahi, dessen *Guantanamo-Tagebuch* veröffentlicht wurde, während er selbst in Guantanamo verharrte, war Bagram die letzte Station vor Guantanamo. Der Fall Slahi macht bis heute deutlich, dass nicht jeder Mensch, der im Umfeld der »arabischen Afghanen« agierte, per se als »Terrorist« zu betrachten ist. Der Mauretanier, der unter anderem auch in Deutschland lebte, schloss sich erst Anfang der 1990er-Jahre den Mudschaheddin an, um das kommunistische Regime in Kabul und seine sowjetischen Verbündeten zu bekämpfen. Der Grund waren nicht nur die Reden von Männern wie Abdullah Azzam, sondern vor allem die Kriegsszenen aus Afghanistan, die medial verbreitet wurden. »Ich stellte mir folgende Frage: Wie kann solch eine Ungerechtigkeit existieren und warum tut niemand etwas dagegen?«, erinnert sich Slahi.[3] Für ihn war klar, dass die Afghanen aufgrund ihres Glaubens unterdrückt und massakriert wurden. Nachdem Slahi jedoch nach Afghanistan reiste, fiel ihm ein anderes Bild auf. Obwohl die Gräuel der Sowjets für ihn weiterhin ersichtlich waren, bemerkte er auch die grassierende Korruption und den Führerkult bei afghanischen Mudschaheddin-Kommandanten. Seine Annahme wurde bestätigt, nachdem das kommunistische Regime in Kabul 1992 gefallen war und sich viele Mudschaheddin-Gruppierungen nun gegenseitig bekriegten. »Damit wollte ich nichts mehr zu tun haben. Ich verließ daraufhin Afghanistan und fokussierte mich auf mein altes Leben«, erzählt Slahi, der einst einen bescheidenen Alltag verbrachte. Mittels seines Ingenieurstudiums im Ausland wollte er seiner armen Familie in Mauretanien zu einem besseren Leben verhelfen. »Schaffe, schaffe, Häusle baue! Das war mein Plan«, sagt er mir im fließenden Schwäbisch, welches er nach seinen Jahren in Baden-Württemberg bis heute nicht verlernt hat. Slahis Pläne wurden allerdings zerstört. Er wurde von seiner Vergangenheit eingeholt und landete 2002 über Bagram in Guantanamo. Der Grund lässt sich wie folgt zusammenfassen: Slahi war mit den falschen Menschen (arabische Mudschaheddin-Kämpfer, die teils Al-Qaida angehörten) zur falschen

Zeit (Anfang der 1990er-Jahre) am falschen Ort (Afghanistan und Pakistan). Einer seiner Cousins stieg sogar zum Berater Osama bin Ladens auf. All dies und einige andere unglückliche Zufälle reichten aus, Mohamedou Ould Slahi 14 Jahre lang von den Amerikanern völkerrechtswidrig gefangen zu halten und zu foltern. In seinem Buch beschreibt der Mauretanier sein Martyrium sehr ausführlich. Unter anderem wurde er sexuell missbraucht, zwangsernährt und regelmäßig verprügelt. Trotz dieser Erfahrungen ist Slahi ein äußerst positiver und optimistischer Mensch geblieben. Grund hierfür ist auch ein Mann namens Brandon Neely, der einst in Guantanamo als Gefängniswärter tätig war und sich mit Slahi befreundete. Heute gehört Neely zu den größten Kritikern des Foltergefängnisses und verlangt dessen Schließung. Dass die Pforten Guantanamos nach vier Jahrzehnten »War on Terror« und vier verschiedenen US-Präsidenten weiterhin geöffnet sind, ist ein Skandal, der seinesgleichen sucht. Doch während das US-Gefängnis in Kuba sich im Gedächtnis vieler Menschen eingebrannt hat, ist dies bei Bagram nicht der Fall. »Bagram war schlimmer als Guantanamo. Es gab dort keine Regeln. Ich verbrachte dort drei Wochen und war froh, als mir gesagt wurde, dass man mich nach Guantanamo bringen würde«, resümiert Slahi. Mittlerweile ist der Fall Slahi auch dank eines jüngst erschienenen Hollywoodstreifens einer breiteren Öffentlichkeit bekannt. Man könnte diesbezüglich wohl von einer Art »positiver Propaganda« sprechen, denn Popkultur kann sehr wohl konstruktiv und bildungstechnisch eingesetzt werden, um jene Menschen zu erreichen, die nicht zum Buch Slahis oder anderweitiger kritischer Literatur in Sachen »War on Terror« greifen. Dank des Films *Der Mauretanier* wird eine kritische Diskussion rund um Guantanamo fortgesetzt. Gegenwärtig befinden sich 39 Gefangene weiterhin in den Zellen des Gefängnisses auf Kuba. Insgesamt wurden rund 800 Menschen jahrelang ohne jegliche Anklage in Guantanamo festgehalten. Es handelte sich bei ihnen ausschließlich um muslimische Männer. Jene, die nach Jahren der Folter in die Freiheit entlassen wurden, hat man weder entschädigt noch anderweitig unterstützt. Stattdessen haben viele der Opfer mit gravierenden Problemen zu kämpfen. Der sichtlich gealterte Mohamedou Ould Slahi lebt mittlerweile in seiner mauretanischen Heimat, doch ihm wird seitens seiner eigenen Regierung die Aushändigung eines Reisepasses verwehrt. »Gebt ihm einen Pass«, hieß es deshalb seitens der Menschenrechtsorganisation Human Rights Watch im Juni 2019. Kritiker behaupten, dass Slahis Bewegungsfreiheit mit Absicht unterdrückt wird, um seine Präsenz auf politischen Veranstaltungen und Lesungen in anderen Ländern zu verhindern.

Die meisten Häftlinge in Bagram waren Afghanen, die oftmals namenlos und unbekannt blieben und noch weniger mit Terrorgruppierungen in Verbindung standen als ein Mohamedou Ould Slahi. Ein gutes Beispiel hierfür ist Dilawar Yaqubi, ein Bauer und Taxifahrer aus der südostafghanischen Provinz Khost. Im Dezember 2002 wurde Yaqubi gemeinsam mit drei seiner Passagiere nach Bagram verschleppt. Eine lokale Miliz, die mit dem US-Militär und der CIA zusammenarbeitete und willkürlich nach »Terrorverdächtigen« jagte, um diese den Amerikanern für hohe Summen auszuliefern, war für seine Festnahme verantwortlich. In Bagram wurde Yaqubi von US-Soldaten drangsaliert und missbraucht. Ihm wurden die Schultern ausgekugelt. Seine Beine wurden zu Brei geschlagen und im Anschluss amputiert. Nach fünf Tagen verstarb Yaqubi in Bagram. Zwei seiner Passagiere, Abdul Rahim und Zakim Shah, durchgingen ein ähnliches Foltermartyrium. Sie überlebten allerdings und wurden im Februar sowie im März 2003 nach Guantanamo gebracht. Nach rund einem Jahr wurden die beiden Männer aus der Haft entlassen.[4]

Eine Dokumentation über den ermordeten Dilawar Yaqubi wurde mit einem Oscar ausgezeichnet. Auf Gerechtigkeit oder eine Art der Entschädigung wartet seine Familie bis heute. Eine besonders grausame Praxis aus Bagram wurde vom deutschen Publizisten Jürgen Todenhöfer beschrieben. In *Du sollst nicht töten: Mein Traum vom Frieden* gibt Todenhöfer die Aussagen eines ehemaligen US-Soldaten wieder, der im Buch Jack genannt wird. Dieser beschreibt, wie Gefangene in Bagram mithilfe von Kampfhunden vergewaltigt wurden. »Sie hätten sogar den Mord an Kennedy zugegeben«, resümierte Jack. Nachdem der Soldat eine solche Prozedur miterlebt hatte, verließ er das US-Militär und nahm einen Job bei einer privaten Söldnerfirma an. Die Praxis erschien in Anbetracht der bekannten Gräuel alles andere als unrealistisch. Da Todenhöfer allerdings nur Jack als Quelle nannte und seine Arbeit allgemein kritisch und teils auch als unglaubwürdig betrachtet wird, wollte ich nachhaken. In den allermeisten Fällen waren bei solchen »Verhören« nämlich nicht nur amerikanische Soldaten präsent, sondern auch afghanische Dolmetscher, die mit Beginn des »War on Terror« massenweise rekrutiert worden waren und im Gegensatz zu den meisten anderen Afghanen durch ihre Arbeit viel Geld verdienten. Auch unter den Dolmetschern gab es verschiedene Ränge. Es gab Männer für einfache Befragungen und Interviews, meist mit Einheimischen oder afghanischem Sicherheitspersonal, oder jene, die mit den US-Spezialeinheiten nachts gemeinsam ausschwärmten, um »Terroristen« zu jagen und brutale Razzien durchzuführen. Derartige Dolmetscher pflegten meist enge Freundschaften mit den ausländischen Soldaten und wurden als fester Bestandteil des Teams betrachtet – und sie wurden auch in Foltergefängnissen wie jenem in Bagram eingesetzt, wo sie nicht selten an den Folterverhören teilnahmen. Die afghanische Dolmetscherindustrie ist ein komplexes Thema. Von den Taliban werden die Helfer der ausländischen Streitkräfte bis heute gejagt und ermordet; da sie als Verräter betrachtet werden. Eine gewisse Abneigung den Dolmetschern gegenüber ist allerdings in weiten Teilen der afghanischen Gesellschaft, teils auch in der Diaspora, spürbar. Aus diesem Grund haben die USA und ihre Verbündeten viele – nicht alle! – ihrer Dolmetscher außer Landes gebracht. Im Süden der Vereinigten Staaten lassen sich zum Teil ganze Dolmetschersiedlungen finden. Die Betroffenen erhielten meist nach konkreten Drohungen ein amerikanisches Visum oder eine Greencard, mit der sie sich fern von Afghanistan ein neues Leben aufbauen konnten. Viele von ihnen sind heute als Uber-Fahrer oder Imbissbudenbesitzer tätig. Die Wenigsten sprechen über ihre einstige Arbeit, was ihnen seitens der US-Behörden auch gar nicht erlaubt wäre: Ihre Aufenthaltserlaubnis ist an eine Schweigepflicht geknüpft. Hinzu kommt, dass viele Dolmetscher, ähnlich wie die meisten Kriegsveteranen, an posttraumatischen Belastungsstörungen leiden. Jüngst fand die Thematik sogar Eingang in die amerikanische Popkultur. 2021 erschien etwa die Comedyserie »United States of Al«, in der die Flucht eines afghanischen Dolmetschers behandelt wird. Awalmir, der den Spitznamen »Al« trägt, wird dabei von der Familie eines ehemaligen US-Elitesoldaten aufgenommen. Das Aufeinandertreffen der amerikanischen und der afghanischen Kultur wird mit Witz und Charme inszeniert. Bereits nach der Pilotfolge kritisierten viele Afghanen die Darstellung des feminin angehauchten Alwamirs, der in orientalistischer Manier von seinem »starken« Kampfgefährten empfangen und in die amerikanische Kultur eingeführt wurde. Viele Dolmetscher und andere Helfer wurden von ihren westlichen Arbeitgebern allerdings im Stich gelassen und werden in Afghanistan von den Taliban und anderen Extremisten bedroht. Oft sind es bürokratische Hürden, auch in Deutschland, die ihre Flucht verhindern.

Nicht kritisiert wurde jedoch, dass die Arbeit jener Dolmetscher, die mit den US-Streitkräften und anderen NATO-Truppen zusammenarbeiteten, in der US-Serie überhaupt nicht hinterfragt wurde. »Wir haben schlimme Dinge getan«, erzählte mir Mohammad, Ende dreißig. Sein echter Name wird aus offensichtlichen Gründen hier nicht genannt. Mohammad lebt mittlerweile in den USA. Zuvor war er jahrelang als Dolmetscher für US-Spezialeinheiten, die vor allem im Südosten des Landes agierten, tätig. Außerdem gehört er zu jenen afghanischen Dolmetschern, die in die Vereinigten Staaten gebracht wurden, bevor sie überhaupt selbst irgendeinen Antrag stellten. Vor einigen Jahren war Mohammad in Kabul mit seinem Fahrer unterwegs. Plötzlich wurde das Auto von US-Soldaten angehalten. Mohammads Fahrer wurde aus dem Wagen gerissen und verhaftet. Der verdutzte Dolmetscher dachte anfangs, dass es sich um ein Missverständnis handeln muss. Kurz darauf erklärten ihm seine amerikanischen Kollegen, dass Mohammads Fahrer schon seit längerem überwacht wurde aufgrund mutmaßlicher Verbindungen zu den Taliban. »Mein Fahrer hatte mich verkauft. Er wollte mich ihnen ausliefern«, erinnert sich Mohammad. Wenige Tage darauf verließ er Afghanistan zusammen mit seiner Frau und seinen Kindern. Mit seinen ehemaligen Kollegen pflegt Mohammad weiterhin freundschaftlichen Kontakt, auch wenn er auf seine Arbeit als Dolmetscher heute weniger stolz zu sein scheint. »Viele Dolmetscher waren unfähig. Sie waren oft der Sprache nicht mächtig oder spielten den Amerikanern falsche Informationen zu«, erinnert er sich. Die Vielsprachigkeit und Multikulturalität Afghanistans wurden von den westlichen Truppen in vielerlei Hinsicht massiv unterschätzt. Viele Dolmetscher sprachen meist etwa nur Dari, das afghanische Persisch, während in vielen Regionen des Landes, insbesondere in den Kriegsgebieten Paschtu gesprochen wird – die Sprache der Paschtunen, die zahlreiche Dialekte aufweist. Auf diesen Umstand wies auch der niederländische Afghanistanveteran Nikko Norte in einem Interview mit dem Podcast »The Afghan Eye« hin.[5] Hinzu kam, dass viele Übersetzer aus urbanen Gebieten stammten und deshalb oder aufgrund von ethnischen oder stammesspezifischen Differenzen der ländlichen Bevölkerung gegenüber verächtlich oder rassistisch eingestellt waren. Auf die Frage, ob er selbst an Folterverhören beteiligt war, wollte Mohammad während unseres Gesprächs nicht eingehen. Die Aussagen des Soldaten Jack aus Todenhöfers Buch überraschen ihn allerdings keineswegs. »Solche Dinge gehörten dort zum Alltag. Für die meisten Beteiligten war das kein Problem. Sie dachten sowieso, dass jeder ein Terrorist sei und deshalb auch solche ›Strafen‹ verdient hätte«, sagt Mohammad. Sein Resümee: Das Gefangenenlager auf Guantanamo war im Vergleich zu den afghanischen Folterhöllen eine Insel der Seligen.

Der vollständige CIA-Folterreport liegt der Öffentlichkeit bis heute nicht vor, 9 000 Seiten stehen weiterhin unter Verschluss. Ob Vergewaltigungen unter Einsatz von Kampfhunden darin beschrieben werden, lässt sich nur mutmaßen. Allerdings waren die veröffentlichten Teile des Berichts für viele Leser bereits schlimm genug. Ob rektale Zwangsernährung, die Isolation in mittelalterlichen Kerkern, Waterboarding oder psychologische Folter – zu all diesen Dingen lässt sich genug finden. Am 10. Dezember 2013, einen Tag nach der Veröffentlichung des CIA-Berichts, wurde die Kontrolle des Gefängnisses in Bagram der afghanischen Regierung übergeben. Dass sich seitdem die Situation in den Zellen verbessert hat, ist unwahrscheinlich. Washingtons afghanische Verbündete, darunter etwa Armee und Militär, sind bekannt für ihre Folterpraktiken und haben das »Handwerk« teils von der CIA übernommen. Anfang Juli 2021 wurde der Militärstützpunkt Bagram von den US-Truppen im Rahmen des NATO-Abzugs verlassen. Der Fokus der internationalen Berichterstattung lag in erster Linie auf den Soldaten sowie dem Erstarken der Taliban und nicht auf den Gräuel, die hinter den Mauern des Militärstützpunktes begangen wurden. Dabei lässt sich das eine kaum vom anderen trennen. Viele Afghanen, die in den letzten zwei Jahrzehnten in Bagram oder Guantanamo gefoltert wurden, haben sich radikalisiert. In vielen Fällen gehörten sie keiner extremistischen Gruppierung vor ihrer Festnahme an, allerdings schlossen sie sich diesen nach ihrer Freilassung an. Deutlich wurde dies etwa im Kontext des US-Taliban-Deals, der Ende Februar 2020 zwischen den Taliban und der amerikanischen Regierung abgeschlossen wurde. Eine Klausel des Deals sah die Freilassung von mehreren Tausend Gefangenen vor, die in Bagram und anderswo verharrten. Nicht jeder dieser Männer war ein Mitglied der Taliban. Viele von ihnen landeten dank des Einsatzes ihrer Familienangehörigen oder Stammesmitglieder auf jenen Listen. Viele dieser Gefangenen kehrten allerdings nicht nur nach Hause zurück, sondern waren plötzlich auf dem Schlachtfeld auffindbar, um sich an jenen Afghanen zu rächen, die sie einst verhaften und foltern ließen. Ein prominentes und fatales Beispiel dieser Art von Radikalisierung ist der Fall des ehemaligen Taliban-Kommandanten und Ex-Guantanamo-Häftlings Mullah Abdul Rauf Khadim, der zu den ersten Vertretern des sogenannten »Islamischen Staates« (IS) in Afghanistan gehörte. Khadim galt als stellvertretender IS-Gouverneur in Afghanistan und soll im Auftrag des selbsternannten Kalifen Abu Bakr al Baghdadi Männer rekrutiert haben. Er gehörte einst den Taliban an, doch seine Gefangennahme und Folter radikalisierte ihn weiterhin, sodass er nach seiner Freilassung und Rückkehr zwischen 2014 und 2015 dem damals neu in Erscheinung getretenen IS die Treue schwor. Nicht nur in Afghanistan, sondern auch anderswo ist der IS als eine direkte Folge des »War on Terror« zu betrachten. Führende IS-Köpfe aus dem Irak und Syrien befanden sich einst in US-Gefangenschaft und waren ebenfalls zahlreicher Gräuel seitens amerikanischer Soldaten ausgesetzt. Der mittlerweile getötete IS-Kalif Baghdadi befand sich einst in US-Gefangenschaft im berühmt-berüchtigten Camp Bucca nahe der irakischen Hafenstadt Umm Qasr. Dort lernte Baghdadi auch seinen späteren Nachfolger, Abu Ibrahim al-Hashimi al-Quraishi, kennen. Al-Qurashi gilt bis heute als Kopf des IS.[6][7]

Die afghanische IS-Zelle bekämpft nicht nur die Kabuler Regierung und die NATO-Truppen, sondern auch die Taliban, die sie aufgrund ihrer Takfir-Ideologie als Frevler betrachten. Mullah Khadims IS-Karriere war allerdings eine kurze. Im Februar 2015 wurde er gemeinsam mit sechs weiteren Personen durch einen amerikanischen Drohnenangriff in der südlichen Provinz Helmand getötet. Der Terror des IS in Afghanistan ist allerdings weiter präsent. In den letzten Jahren kam es zu verheerenden Anschlägen, die Hunderten von Menschen das Leben kosteten. Zum Ziel der Terrorgruppierung wurden vor allem religiöse Minderheiten wie schiitische Muslime oder Sikhs. Diese sektiererische Ebene des Konflikts ist ebenfalls als ein Auswuchs des »War on Terror« zu betrachten. Ein Auswuchs, der in amerikanischen Folterhöllen mitgezüchtet wurde.[8]

Zweites Vergehen: Kreuzzügler-Kultur

Bis heute werden die meisten westlichen Truppen, die in den letzten zwanzig Jahren an der afghanischen Front gekämpft haben, als »die Guten« dargestellt. Egal ob Briten, Amerikaner oder Deutsche, sie waren allesamt am Hindukusch stationiert, um Frieden, Freiheit und Demokratie zu verbreiten. Wer dieses Narrativ hinterfragte, brach ein Tabu. Weder in den Vereinigten Staaten noch in Europa oder Australien wollte man das Handeln der eigenen Soldaten hinterfragen. Die emotionale Nähe zu den Soldaten bestand von Anfang an. Man hielt sie medial und politisch aufrecht, indem Journalisten »embedded« wurden und die Truppen vor Ort während ihrer Missionen begleiteten oder westliche Politiker mitsamt kugelsicherer Westen den Militärlagern der NATO in neokolonialer Manier einen Besuch abstatteten, um abermals einige Floskeln abzulassen und die Soldaten für den Kampf gegen die »Barbaren« einzustimmen. Die Vereinigten Staaten hielten ihre Truppen bei Laune, indem man ihnen bekannte Hollywoodschauspieler oder anderweitiges prominentes Personal zur Unterhaltung schickte. Mithilfe solcher propagandistischen Mittel wurde der westlichen Welt permanent vorgegaukelt, dass in Afghanistan alles in Ordnung sei. Man befinde sich lediglich in einem legitimen Krieg gegen eine der letzten Bastionen der Barbarei. Im Gegensatz zum Irakkrieg entwickelte sich der Konflikt in Afghanistan zum »good war«, zum »guten Krieg«. Westliche Kriegsverbrechen, die sich hier in den letzten zwei Jahrzehnten ereigneten, wurden permanent heruntergespielt, beiseitegedrängt, ignoriert oder bewusst vertuscht. Jene, die ans Licht kamen, stellte man als »unglückliche Einzelfälle« dar. Es handelte sich bei ihnen um Ausnahmen, die nichts mit dem Rest der Soldaten zu tun hatten. Doch nach zwanzig Jahren Besatzung bröckelt der schöne Schein zunehmend. Viele Afghanen hegen keine Sympathien für die Taliban oder andere militante Bewegungen, doch für ausländische Besatzer haben sie dennoch nicht viel übrig. Ihnen ist bewusst, dass es sich bei ihnen in erster Linie um Menschen handelt, die mit Gewalt in ihr Land eingedrungen sind, um zu morden und zu foltern. Zeitgleich sahen viele westliche Soldaten die Afghanen nicht als Individuen, denen man auf gleicher Augenhöhe begegnen müsse, sondern als Freiwild, das zum Abschuss freigegeben wurde. Im Irak und in Afghanistan betrachteten sich viele westliche Truppen als Kreuzzügler des 21. Jahrhunderts, deren Aufgabe es war, Rache für die Angriffe auf die »westliche Zivilisation« zu üben. Sie jagten Afghanen und Iraker bewusst, um sie zu ermorden, und sie unterschieden nicht zwischen bewaffneten Kämpfern und Zivilisten. In der westlichen Popkultur wurden sie dafür meist als Helden zelebriert. Bekannt hierfür ist etwa der Hollywoodfilm *American Sniper* (2015), der die Geschichte von Chris Kyle, dem »tödlichsten Schützen der amerikanischen Geschichte«, behandelt. Der US-Soldat soll während seines Irak-Einsatzes mindestens 160 Iraker, darunter auch Frauen und Kinder, ermordet haben – ein wichtiger Aspekt, der im Film nicht behandelt wird. Stattdessen wird Kyle als Held und nachdenklicher Familienvater, der im Irak im Auftrag der Demokratie namenlose Monster bekämpft, porträtiert. Der Propagandastreifen, der von Clint Eastwood produziert wurde, betrieb allerdings nicht nur eine Schönmalerei bezüglich Kyles Person, sondern versuchte, den illegalen Irak-Krieg zu rechtfertigen, indem er das Land mit den Anschlägen des 11. Septembers in Verbindung brachte. Anders ausgedrückt: Eastwood recycelte die Irakkriegslüge für sein Publikum – und er war damit erfolgreich. *American Sniper* wurde nicht nur zum Kassenschlager, sondern brachte auch antimuslimische Ressentiments seitens der Zuseher hervor. Laut der amerikanischen Menschenrechtsgruppe »American-Arab Anti-Discrimination Committee« (ADC) nahmen islamfeindliche Angriffe aufgrund des Films zu. Die Organisation wandte sich in einem Schreiben an Eastwood und Hauptdarsteller Bradley Cooper und behauptete darin unter anderem, dass aufgrund von *American Sniper* Drohungen gegen amerikanische Muslime zugenommen hätten.[9] Doch im Grunde genommen stand diese besorgniserregende Entwicklung ganz im Interesse eines Chris Kyle. Was dieser von Irakern und Muslimen hielt, machte er in seinem Buch, das zum Bestseller wurde, deutlich. »Barbaren, das abscheuliche Böse. Das haben wir im Irak bekämpft«, schrieb Kyle, der gerne mit seinem Kreuz-Tattoo posierte, um den mehrheitlich muslimischen Irakern seine christliche Identität unter Beweis zu stellen. Kyle tötete gerne und bereute lediglich, nicht mehr Menschen im Irak ermordet zu haben. »Ich liebte, was ich tat. Es war Spaß, die beste Zeit meines Lebens«, schrieb er über seinen Einsatz. Kyle sah sich als neuzeitlicher Kreuzritter, der die Folter und Ermordung jener Menschen, die er angriff, begrüßte. Er war kein nachdenklicher Patriot, sondern vielmehr ein Massenmörder, der am irakischen Kriegsschauplatz seinen Wahn ausleben konnte. Clint Eastwoods Propagandastreifen hinterfragte diese Seite des Krieges in keiner Weise. Vielmehr blendete er sie vollkommen aus und stilisierte Kyle zum vermeintlichen Helden.

Im Februar 2013 wurde Kyle von einem Irak-Kriegsveteranen getötet, der an einer posttraumatischen Belastungsstörung litt. Wer den »War on Terror« genau beobachtet hat, weiß, dass es sich bei Kyle um keinen Einzelfall gehandelt hat. Jene menschenfeindliche Kriegskultur, die er pflegte, ist innerhalb westlicher Soldaten stark verbreitet.

Proud to be »Kafir«

Die Schauplätze des »War on Terror« waren für die Soldaten Orte, an denen sie diese Kultur ausleben konnten. Oft geschah dies in perfider Art und Weise, sodass weite Teile der westlichen Öffentlichkeit wenig bis gar nichts davon mitbekamen. Wer in diesen Tagen etwas tiefer im Internet gräbt, wird etwa feststellen, dass bereits vor Jahren verschiedene antimuslimische, rassistische und rechtsradikale Militärabzeichen, die auf den Uniformen der NATO-Truppen nichts zu suchen haben und gegen deren Normen und Vorschriften verstoßen, bei den Soldaten in Afghanistan und anderswo beliebt und verbreitet waren. Zum Verkauf angeboten wurden diese Abzeichen etwa nicht nur von kleinen Insider-Websites, sondern auch von bekannten, etablierten Händlern, die seit Jahren mit dem US-Militär zusammenarbeiten. Besonders angesagt war etwa die Zeichnung eines Schweinefleisch essenden Kreuzritters mit der dementsprechenden englischen Aufschrift »PORK EATING CRUSADER«. Auch deutsche Bundeswehrsoldaten posierten mit dem Abzeichen.[10] Beliebt waren auch Abzeichen oder Tätowierungen mit dem Wort »Infidel« (»Ungläubiger«) sowie dem arabischen Schriftzug für dasselbe Wort (»Kafir«). Andere bekannte Embleme sind ein Kreuz mit der Aufschrift »Crusader« (»Kreuzritter«), ein muslimischer Gebetsteppich und eine Turban tragende Person, die zu Boden fällt, mit den drei Worten »HADJI DON'T SURF« oder das Profil eines amerikanischen Ureinwohners mit dem Satz »GOD WILL JUDGE OUR ENEMIES, WE'LL ARRANGE THE MEETING«. Vor allem zu letzteren zweien ist eine Erklärung notwendig. Die Bezeichnung »Hadji« (»Hadschi«, international meist »Hajji«) gilt für jene praktizierenden Muslime, welche die islamische Pilgerfahrt Hadsch hinter sich gebracht haben und deshalb einen solchen Ehrentitel tragen dürfen. Sie betrifft demnach alle Muslime und keineswegs ausschließlich militante Gruppierungen. Dasselbe gilt auch für die Turban tragende Figur, die offensichtlich während des Gebets ermordet wird. Demnach handelt es sich hierbei um eine explizit muslimfeindliche Darstellung, die Iraker, Afghanen und alle anderen Menschen, die vom »Kreuzzug« der Amerikaner und ihrer Verbündeten heimgesucht werden, zum Abschuss freigibt. In den letzten zwanzig Jahren fanden zahlreiche Angriffe auf betende Muslime in Moscheen oder im Freien statt. Die Opfer wurden von Soldaten oder Drohnen-Piloten oftmals ausschließlich aufgrund des Gebetsakts als »enemy combatants«, sprich, als »feindliche Kämpfer« gelesen. Dass diese Art der Entmenschlichung tiefe Wurzeln in der amerikanischen Kriegskultur hat, macht das »Indianer-Emblem« deutlich. Bei der dargestellten Person handelt es sich nämlich um Geronimo, einem Häuptling der Bedonkohe-Apachen, der von den amerikanischen Ureinwohnern bis heute aufgrund seines erfolgreichen Widerstands gegen die weißen, siedlerkolonialistischen Kavallerie-Truppen als Held betrachtet wird. Dass die Verantwortlichen des »War on Terror« die gegenwärtigen Kriegsschauplätze tatsächlich als eine Art »Wilder Westen 2.0« betrachten, wurde auch deutlich, als bekannt wurde, dass Osama bin Laden von der CIA und vom US-Militär den Codenamen »Geronimo« erhalten hatte. Der echte Geronimo musste sich einst vor der Kavallerie verstecken. Im heutigen Zeitalter des »War on Terror« hätte man ihn wohl mit Drohnen und US-Spezialeinheiten wie die Navy SEALs gejagt. Viele Native Americans, darunter auch Geronimos Urenkel Harlyn, waren empört, als der Codename Osama bin Ladens bekannt wurde. Viele weiße Amerikaner betrachten Geronimo allerdings bis heute als einen »Terroristen«. Aus ihrer Sicht war die Jagd nach seinem Skalp gerechtfertigt, ebenso wie die Jagd nach bin Ladens Kopf. In Anbetracht dieser weitverbreiteten Subkultur fragt man sich umso mehr, wie ernst man westliche Politiker und Militärs nehmen sollte, wenn diese von einer Schlacht »um Herzen und Seelen« (»winning hearts and minds«) in Afghanistan und anderen mehrheitlich muslimischen Ländern schwadronieren.

Straffreiheit für NATO-Kriegsverbrecher

Trotz zahlreicher aufgedeckter Kriegsverbrechen halten die meisten westlichen Politiker weiterhin an ihren Soldaten fest. Auch dies geschah oftmals, indem man sich in Kabul oder in Bagdad als Kolonialmacht aufspielte. Ein Beispiel hierfür ist etwa ein bilaterales Sicherheitsabkommen zwischen der NATO und der afghanischen Regierung, welches 2014 abgesegnet wurde. Der damals noch amtierende afghanische Präsident Hamid Karzai verweigerte sich der Unterzeichnung. Da sich Karzai in seinem letzten Amtsjahr befand, wurde klar, dass die Unterzeichnung auf seinen Nachfolger fallen würde. In Washington, London und Berlin reagierte man empört, dass sich jener Mann, den man selbst an die Macht gebracht hatte, nun gegen das Abkommen stellte. De facto handelte es sich hierbei allerdings nicht um einen Vertrag auf Augenhöhe, sondern um einen neokolonialen Pakt, der auf das Leben der Afghanen keinen Wert legte. Unter anderem garantierte das Abkommen, das von Karzais Nachfolger Ashraf Ghani umgehend nach dessen Wahl unterzeichnet wurde, eine bestehende Straffreiheit für NATO-Soldaten in Afghanistan und machte deutlich, dass nächtliche Überfälle sowie Bombardements und Drohnenoperationen den Krieg in Afghanistan weiterhin prägen würden. Konkret bedeutet dies bis heute, dass bekannte Kriegsverbrecher keinerlei Strafen zu befürchten haben, da die afghanische Justiz nicht dazu befugt ist, sie strafrechtlich zu verfolgen. Die Bestrafung ist ausschließlich den amerikanischen Besatzern selbst sowie ihren westlichen Alliierten überlassen – und findet in den meisten Fällen gar nicht statt. Das Abkommen war sogar für den damaligen deutschen Außenminister Frank-Walter Steinmeier ein Grund, um nach Kabul zu reisen und Karzai aufzusuchen. Steinmeier versuchte praktisch, Karzai zu einer Unterzeichnung des Abkommens zu drängen, und machte damit auch deutlich, dass die Straffreiheit der NATO-Soldaten nicht nur wünschenswert, sondern auch notwendig sei. Der *Spiegel* berichtete damals über Steinmeiers Besuch und schrieb von Karzais »anti-amerikanischer Hetze«.[11]

Einige Jahre später meinte Karzai mir gegenüber, dass die Straffreiheit der Soldaten einer der Gründe gewesen sei, warum er die Unterzeichnung des Abkommens verweigert habe. Er war davon überzeugt, dass die meisten Afghanen ihn als einen »zweiten Shah Shuja« betrachten würden. Andere Institutionen wie der Internationale Strafgerichtshof in Den Haag, dessen Aufgabe die juristische Verfolgung von Kriegsverbrechern ist, werden von den Vereinigten Staaten nicht anerkannt, sondern verhöhnt und – wie die Trump-Ära deutlich gemacht hat – sogar bedroht und sanktioniert. Bereits 2016 hieß es in einem Bericht des Gerichtshofes, dass US-Soldaten in Afghanistan »wahrscheinlich« Kriegsverbrechen begangen hätten. Laut den Strafverfolgern existierte eine »vernünftige Basis«, um zu glauben, dass im Laufe des »War on Terror« Gefangene sowohl innerhalb Afghanistans als auch in geheimen CIA-Gefängnissen in Polen, Litauen und Rumänien zwischen 2003 und 2004 gefoltert wurden. Der Bericht hob hervor, dass sowohl physische als auch psychische Folter zum Einsatz kam, unter anderem etwa das berühmt-berüchtigte Waterboarding sowie das Schlagen und Vergewaltigen von Gefangenen. Außerdem kam der Strafgerichtshof zum Schluss, dass es sich bei den beschriebenen Fällen keineswegs um »Einzelfälle« gehandelt habe. Vielmehr wurden die Folterpraktiken gezielt und systematisch angewendet. Die Befehle kamen von höchster Führungsebene.

Doch die Vereinigten Staaten verweigern nicht nur die Kooperation bei der Aufklärung, sie blockieren die Strafverfolgung sogar: Der sogenannte American Service-Members Protection Act, ein im Jahr 2002 erlassenes US-Gesetz, sorgt dafür, dass die Mitglieder der amerikanischen Regierung sowie des Militärs vor einer Strafverfolgung Den Haags geschützt werden. US-Bürger und Alliierte sollten notfalls auch mit Gewalt vor dem Zugriff des Internationalen Gerichtshofs geschützt werden. Seitens der Obama-Administration hieß es damals, dass eine Untersuchung weder angemessen noch berechtigt sei. Dennoch respektiere man selbstverständlich internationales Recht.

Der Ton wurde rauer, als Donald Trump in Washington an die Macht kam. Im September 2018 meinte Trumps damaliger Sicherheitsberater John Bolton, dass der Internationale Strafgerichtshof »bereits tot« sei. Er wetterte gegen die Mitarbeiter des Gerichts und drohte ihnen mit heftigen Sanktionen und einer Strafverfolgung in den Vereinigten Staaten. Im März 2020 genehmigten die obersten Richter in Den Haag eine Untersuchung von mutmaßlichen Kriegsverbrechen und Verbrechen gegen die Menschlichkeit in Afghanistan. Nach der Ankündigung griff Trumps Außenminister Mike Pompeo die Entscheidung prompt an und bezeichnete sie als »rücksichtslos«. Er kündigte an, dass seine Regierung entsprechende Schritte einleiten werde, um zu verhindern, dass amerikanische Bürger vor Gericht gestellt werden können. Im März 2020 setzte die Trump-Administration wirtschaftliche Sanktionen sowie Einreiseverbote gegen mehrere führende Vertreter des Internationalen Strafgerichtshof durch. Anfang April 2021 wurden diese Schritte von Trumps Nachfolger Joe Biden rückgängig gemacht. Allerdings machte auch die Biden-Administration deutlich, dass sich an der grundlegenden Haltung Washingtons gegenüber Den Haag nichts geändert habe. »Bezüglich der Situation in Afghanistan und Palästina stimmen wir mit dem Internationalen Gerichtshof weiterhin eindringlich nicht überein«, hieß es seitens US-Außenminister Anthony Blinken. Einige Wochen zuvor hatte der Gerichtshof angekündigt, etwaige Menschenrechtsverbrechen der israelischen Regierung gegen die palästinensische Bevölkerung zu untersuchen. Auch Israel, einer der wichtigsten Verbündeten der USA, erkennt Den Haag nicht an.

Drittes Vergehen: Warlordismus, Korruption und die Lüge der Demokratie

Das afghanische Außenministerium liegt in der Kabuler »Green Zone«, einem abgesicherten Bereich, den man nicht so einfach passieren kann. Private Autos und Taxis dürfen hier nicht einfahren. Kolonnen von gepanzerten Wagen und kugelsicheren SUVs sind omnipräsent. Besonders beliebt sind Toyota-Jeeps, die in den letzten zwanzig Jahren womöglich mehr westliche Hilfsgelder verschlungen haben als so manche Schule und Krankenhäuser. Soldaten, Polizisten und anderweitiges Sicherheitspersonal marschieren hektisch auf und ab. Besucher werden gefilzt. In derselben Straße befinden sich hinter dicken Betonmauern einige Paläste der afghanischen Polit-Elite. Meist werden sie von kleinen Privatarmeen bewacht, die den jeweiligen Machtpersonen seit Jahren zu Diensten stehen. Vetternwirtschaft wird in Afghanistan als etwas völlig Normales betrachtet. Wer eine wichtige Position erlangt, hilft in erster Linie seinen Verwandten und Stammesmitgliedern. Immerhin, so der Grundgedanke, kann man diesen Menschen stets mehr vertrauen als den anderen Gaunern und Dieben, die sich unter den Mächtigen tummeln. Ähnlich verhält es sich im Haus von Afghanistans Ex-Präsidenten Hamid Karzai. Bereits am Tor wird man von einem Wachmann in Kandahari-Paschtu, dem Dialekt der Karzais, angeschnauzt. Wahrscheinlich ist er ein Popalzai, ein Stammesmitglied Karzais. Der Wachmann ist der erste von vielen. Er schreit die Namen des jeweiligen Gastes in ein Funkgerät. Dann macht er den Weg frei. Nachdem man mehrere Tore passiert hat, mehrmals genaustens gefilzt wurde und sein Handy in die Obhut eines Sicherheitsmannes gegeben hat, erreicht man einen großen Hof, der vom Gebäudekomplex umringt wird. Die Frage, wie viel allein das Aufrechterhalten eines solchen Sicherheitsapparates kostet, schwirrt einem währenddessen stets durch den Kopf.

Dann taucht Sayed Ahmad Karimi auf, ein junger Mann Mitte dreißig mit blaugrünen Augen und glattrasiertem Gesicht. Er ist ein Sekretär des Ex-Präsidenten und führt die Gäste meist in einen Vorraum in einem der Gebäude, in denen man Karzais Büro, seine Privatbibliothek, Gästezimmer sowie Essens- und Veranstaltungsräume vorfindet. Hinzu kommt der Privatbereich seiner Familie. Er ist für Besucher nicht zugänglich. Die Residenz Karzais ist groß, doch die gewohnten afghanischen Strukturen und Gepflogenheiten werden auch hier eingehalten. Ein wichtiger Bestandteil der afghanischen Kultur ist die sogenannte *Pardah* (»Vorhang«), welche die Räume der Männer von jenen der Frauen trennt. In vielen afghanischen Häusern existieren hierfür eigens eingerichtete Gästezimmer mit zusätzlichen Türen, sodass männliche Besucher die Frauen des Hauses gar nicht zu Gesicht bekommen. Diese Art der Geschlechtersegregation ist auch in anderen muslimisch dominierten Ländern üblich. Wer das Haus des afghanischen Ex-Präsidenten besucht, gewinnt allerdings ohnehin nicht den Eindruck, dass hier auch ein normaler Familienalltag herrschen kann. Trotz der Tatsache, dass Karzai seit 2014 kein offizielles Amt mehr bekleidet, herrscht hinter seinen Mauern laufender Polit-Betrieb. Er empfängt regelmäßig bekannte Politiker, Stammesvertreter, ehemalige Geheimdienstler, Journalisten oder ausländische Diplomaten. Der Ablauf dieser Empfänge ist stets gleich: Karzai lässt zuerst seine Gäste warten, bevor er sie mit offenen Armen herzlich empfängt und sie in seine Teestube oder in seinen Speisesaal führt. Während des Essens führt der Ex-Präsident Smalltalk mit den Anwesenden, teilt einige Anekdoten, die er meist zuhauf wiederholt hat, und reißt den ein oder anderen Witz. Karzais Sekretäre sowie einige Mitglieder seines einstigen Kabinetts sind dabei stets anwesend. Das wohl bekannteste Gesicht ist der Deutsch-Afghane Rangeen Dadfar Spanta, der auch nach Karzais Abtritt weiterhin als dessen rechte Hand gilt. »Spanta, wie schaut's aus? Hast du in Deutschland keine Corona-Impfung bekommen?«, fragt Karzai seinen Berater während eines Mittagessens im Februar 2021. »Nein, leider nicht. Der afghanische Trick hat dort leider nicht funktioniert«, antwortet Spanta. Anders ausgedrückt: Jene Korruption, die seit dem Amtseintritt Karzais in Afghanistan gang und gäbe geworden ist, funktionierte in Deutschland nicht. »Recht und Gesetzgebung sind schon was Gutes«, resümiert er. Karzai stimmt ihm zu und nickt. Selbst der nüchternste Beobachter würde sich in solch einem Moment wohl die Frage stellen, in was für einem verrückten Theater er da gelandet ist. Immerhin waren es Karzai und Konsorten, die den afghanischen Rechtsstaat konsequent aushöhlten, jegliche Korruption tolerierten oder gar förderten. Neben der Karzai-Familie, die zu den größten Profiteuren der Plünderei gehörte, waren es vor allem die ehemaligen Warlords der Mudschaheddin, die sich an internationalen Hilfsgeldern bedienten. Diese Kultur des Plünderns wurde bereits in den ersten Tagen des »War on Terror« von der CIA gefördert, als die US-Agenten mit Koffern voller Bargeld auftauchten und diese den verbündeten Kriegsfürsten und ihren Milizen praktisch hinterherschmissen.

Doch seitdem haben viele solcher Koffer Afghanistan auch wieder verlassen. 2009 wurde Ahmad Zia Massoud, Bruder des bekannten Mudschaheddin-Kommandanten Ahmad Shah Massoud sowie einstiger Vizepräsident Karzais, mit 52 Millionen Dollar Bargeld am Flughafen in Dubai aufgehalten. Obwohl die zuständigen Behörden wussten, dass Geldwäsche im Gange war, ließen sie Massoud nach einer kurzen Befragung passieren.[12] Hierbei handelte es sich keineswegs um einen Einzelfall. Seit nun zwei Jahrzehnten fungieren die Vereinigten Arabischen Emirate als Steueroase sowie als Diebeshöhle afghanischer Eliten. Insgesamt wurden seit 2001 über eine Billion Dollar in Afghanistan hineingepumpt. Mit diesem astronomischen Betrag ließen sich in Afghanistan mehrere Städte im Stile Dubais errichten, während jeder Fleck des Landes mit Krankenhäusern, Schulen und allerlei anderer Infrastruktur hätte versorgt werden können. Doch das meiste Geld wanderte in die Taschen korrupter Politiker und Warlords. »Nehmt das Geld, aber investiert es in Afghanistan«, rief Karzai einst seinen eigenen Regierungsmitgliedern zu. Doch selbst diesem Ruf, der an Ignoranz und Naivität kaum zu überbieten war, folgte niemand. Während in Kabul im Schatten von Slums und Flüchtlingslagern, in denen das Nötigste bis heute fehlt, pompöse Villen und Hochhäuser entstanden, flossen Milliarden, die für afghanische Witwen, Kinder oder Bauern gedacht waren, in ausländische Immobilien und Luxusgüter. Zu den Profiteuren gehörten zahlreiche prominente Mitglieder der Kabuler Regierung. Beispiele hierfür sind etwa der mittlerweile verstorbene Warlord sowie Karzais erster Vizepräsident, Mohammad Qasim Fahim, sowie dessen Sohn Adib Ahmad, der unter anderem für den afghanischen Geheimdienst NDS tätig war. Sowohl Vater als auch Sohn besitzen zahlreiche Immobilien in Dubai. Fahim war unter anderem Teilhaber der afghanischen Airline Pamir Airways, der vorgeworfen wurde, Bargeld nach Dubai zu schmuggeln. Fahims Onkel, Haseen, war hingegen ein wichtiger Gesellschafter der Kabul Bank, die 2010 nach einem weitreichenden Kreditskandal, von dem ebenjene korrupten Eliten um Karzai en masse profitierten, zusammenbrach. Zu den Protagonisten des Skandals gehörte auch Mahmoud Karzai, Hamid Karzais Bruder, der seine Tätigkeit als Gastronom in den USA an den Nagel hängte, um dank westlicher Hilfsgelder zum Multimillionär aufzusteigen. Auch Ghulam Farooq Wardak, ein weiteres Kabinettsmitglied Karzais, ist im Besitz von Luxusimmobilien. Eine davon befindet sich auf Dubais berühmter künstlicher Palmeninsel »Jumeirah«, die zu verschiedenen Jahreszeiten von Filmstars, Prominenten und Milliardären aus der ganzen Welt bewohnt wird. Zu den afghanischen Superreichen gehören auch Fatima Rabbani, Tochter des bekannten Mudschaheddin-Führers Burhanuddin Rabbani, der mit Beginn des »War on Terror« nach Afghanistan zurückkehrte und 2011 ermordet wurde. Rabbani führt in Dubai mehrere Geschäfte und ist Teilhaberin eines afghanischen Restaurants. Mindestens zwei weitere Personen aus den Karzai'schen Warlordkreisen sind in der Gastronomie involviert: Homaira Nasser-Zia, Tochter von Ahmad Zia Massoud, dessen mit Geld gefüllter Koffer einst für Schlagzeilen sorgte, sowie Iman Nazeri aus der bekannten Gailani-Familie, die seit Jahren in höchsten politischen Kreisen mitmischt und teils wichtige Ämter bekleidet.[13] Die korrupten Warlords wurden auch von der deutschen Bundesregierung hofiert, einige von ihnen ließen sich sogar mehrmals im Bundeswehrkrankenhaus in Berlin auf Staatskosten behandeln. Der ehemalige deutsche Bundeswehrarzt und Leiter der »Kinderhilfe Afghanistan«, Reinhard Erös, kommentierte die medizinischen Behandlungen Fahims so: „Wir schicken die Soldaten runter, um gegen böse Buben zu kämpfen und einen halbwegs demokratischen Staat aufzubauen. Dann zahlen wir mit Steuergeldern die Behandlung eines der größten Kriegsverbrecher in Afghanistan.[14]

Bei all diesen Vorfällen handelt es sich lediglich um einen Bruchteil jener Korruption, die sich in den letzten zwanzig Jahren in Afghanistan etabliert hat und von den Verantwortlichen als etwas völlig Normales betrachtet wird. Wer in Afghanistan eine politische Position besetzt, muss korrupt sein, so die Annahme jener, die diese Kultur etabliert haben. Sie sind der Meinung, dass »Politik nun einmal so laufen würde« oder dass derartige Posten ansonsten gar keinen Sinn machen würden. Einem Diplomaten, einem Minister, einem Generalstaatsanwalt oder einem Vizepräsidenten stehen allem Anschein nach enorm hohe Gehälter zu. Notfalls erhält man sie eben durch kriminelle Aktivitäten. Das Resultat: Der afghanische Politapparat, der vom Westen aufgebaut wurde, unterscheidet sich in keiner Weise von einem mafiösen Netzwerk, dem jedes Mittel recht ist, um die eigenen Privilegien aufrechtzuerhalten. Man hat keineswegs demokratische Institutionen gefördert, sondern in erster Linie eine Kleptokratie errichtet, die sämtliche Ressourcen weiterhin aushöhlt und zutiefst korrupt ist. Journalisten, die über die Korruption in Afghanistan berichten, sind Gefahren ausgesetzt und werden regelmäßig bedroht. Als etwa die britische Journalistin Jessica Purkiss Ende 2019 über die Machenschaften der Kabuler Polit-Elite in Dubai berichtete, wurde sie prompt auf Twitter bedroht. Unter anderem meldete sich Amina Zia Massoud, die Tochter Ahmad Zia Massouds, zu Wort und drohte mit »rechtlichen Konsequenzen«. Alle Tatsachen, die im Artikel genannt wurden, lassen sich bis heute unverändert vorfinden. Als das besagte Restaurant von Rabbani, Massoud und Nazeri im Juni 2021 eine »Rückkehr« über ihren Instagram-Account ankündigte und ich in diesem Kontext, ebenfalls über Instagram, auf Purkiss' Recherche sowie die Korruption in Afghanistan aufmerksam machte, wurde mir »aufgrund von Diffamierung« ebenfalls mit rechtlichen Schritten gedroht. Die Betroffenen versuchten, auf meine eigene journalistische Arbeit Einfluss zu nehmen, und bedrohten mich. Die Situation von afghanischen Journalisten, die innerhalb ihres Landes über diese Machenschaften berichten, ist um einiges gefährlicher. »Wir werden oft bedroht, doch die Absender sind stets unbekannt«, erzählte mir Zaki Daryabi, Herausgeber der bekannten afghanischen Tageszeitung *Etilaat Roz*, im Frühjahr 2021. Das Blatt hat sich in den letzten Jahren vor allem mit seiner Berichterstattung zum Thema Korruption einen Namen gemacht – und stellte bekannte Mitglieder der afghanischen Regierung bloß. Dank Leaks und investigativer Recherchen wurde immer wieder deutlich, wie westliche Hilfsgelder in den Taschen korrupter Politiker landeten. Entsprechend viele Feinde hat die Zeitung. Das Büro von *Elitaat Roz* liegt hinter dicken Mauern an einem unscheinbaren Ort in Kabul. Wer die Eingangstür betritt, wird ausführlich gefilzt und befragt. Anfang 2021 gewannen Daryabi und sein Team den jährlichen »Anti-Corruption Award« von Transparency International, das Afghanistans Politiker schon seit Jahren beobachtet und stets bescheinigt, dass das Land zu den korruptesten der Welt gehöre. »Der Preis hat uns bestätigt, dass wir etwas richtig machen. Er ermutigt uns, unsere Arbeit trotz der gefährlichen Umstände fortzuführen«, so Daryabi. Für Journalisten ist Afghanistan seit Jahren eines der gefährlichsten Länder der Welt. Allein 2020 wurden mindestens acht Journalisten und Medienschaffende in Afghanistan getötet. Die Täter bleiben meist unbekannt. Für die Morde sind neben Taliban und IS auch höchste Regierungskreise sowie Strukturen innerhalb des afghanischen Geheimdiensts NDS verantwortlich.

Wie die »Marionette« eigenständig wurde

Trotz der zahlreichen Korruptionsenthüllungen haben die Beschuldigten bis heute keinerlei Konsequenzen gezogen. Jegliche Fakten prallen an ihnen einfach ab. Auch hierfür ist Hamid Karzai, der die Korruption im Land etabliert hat wie kein anderer, ein gutes Beispiel. In jüngsten Gesprächen mit mir und anderen Journalisten beharrte er darauf, dass die Amerikaner am Hindukusch versagt hätten und dass die Korruption erst durch ihre milliardenhohen Hilfsgelder ermöglicht wurde. Diese zwei Behauptungen sind nicht falsch, doch sie erscheinen paradox, wenn man sie aus dem Mund des Mannes hört, der ein führender Kopf jenes Systems war. Man gewinnt fast den Eindruck, dass Karzai stets ein Außenstehender gewesen ist, der mit all diesen Entwicklungen nichts zu tun hatte. Ja, man könnte sogar meinen, dass Karzai niemals das Amt des afghanischen Präsidenten innehatte. Das konsequente Verdrängen gehört allerdings zur politischen Strategie des afghanischen Ex-Präsidenten, der weiterhin behauptet, lediglich ein »besorgter Bürger« Afghanistans zu sein, der kein politisches Amt anstrebe. Gegenüber der niederländischen Journalistin Bette Dam behauptete Karzai einst, zu der CIA keinerlei Verbindungen gepflegt zu haben, obwohl diese ihn in den ersten Tagen des »War on Terror« in Afghanistan begleitete und gemeinsam mit Spezialeinheiten des US-Militärs an die Macht verhalf. Nachdem Dam ihre Recherchen fortführte und in Uruzgan, Karzais politischer Heimat im Süden Afghanistans, mit zahlreichen Augenzeugen, Freunden und politischen Verbündeten Karzais sprach, konfrontierte sie den damaligen Präsidenten ein weiteres Mal. »Kennen Sie Graig?«, fragte Dam Karzai, der für einen Moment aufzuckte. Dam hatte ihre Hausaufgaben gemacht. Karzai wusste, dass er nichts mehr verschleiern konnte – und er reagierte dementsprechend. »Graig, Graig, er ist mein bester Freund! Woher kennen Sie ihn?«, antwortete er. Dann holte Karzai ein Foto hervor, dass ihn Seite an Seite mit dem ominösen CIA-Agenten zeigte. Graig Vogle war kein Unbekannter, sondern jahrelang der Leiter des CIA-Büros in Kabul. Zu Karzai pflegte er bereits in Pakistan vor den Anschlägen des 11. Septembers Kontakt. Während der ersten US-Operationen in Uruzgan rettete Vogle Karzai sogar das Leben.[15]

Karzai ist ein geschickter Faktenverdreher. Dies wurde auch immer wieder bei seinen Besuchen im Ausland deutlich. 2017 besuchte Karzai das beschauliche Schwerte, eine kleine Stadt im Ruhrgebiet, wo jährlich die Afghanistan-Tagung der Evangelischen Akademie Villigst stattfindet. Karzai umgibt eine Art majestätische Aura. Das bemerkten auch die zahlreichen Deutschen im Publikum. Seine Karakulmütze, ein Umhang, sein freundliches Winken, so, als ob er mit jedem irgendwie befreundet wäre, sind nicht nur einprägsam, sondern ziehen die Anwesenden in gewisser Art und Weise an. Sie faszinieren sie. »Ha, mein Freund! Lange nicht gesehen!«, rief er etwa einem deutschen Exdiplomaten in der ersten Reihe zu. Der Mann grinste verlegen. Dann hielt Karzai einen zwanzigminütigen Vortrag, in dem es um alles Mögliche ging. Lediglich jene Fehlentwicklungen, die sich während seiner eigenen Amtszeit zugetragen haben – allen voran die massive Korruption sowie die Machtbeteiligung brutaler Menschenrechtsverbrecher –, wurden wie gewohnt ausgeblendet. In der darauffolgenden Fragerunde gingen einige Gäste auf ebenjene Punkte ein. Was dann geschah, war zumindest für jene, die den Karzai'schen Sprech kennen, vorhersehbar. Korruption? Alles Schuld der Amerikaner. Brutale Warlords? Wohl eher Helden der afghanischen Gesellschaft, die man wie die Kriegsveteranen des Ersten oder Zweiten Weltkrieges ehren sollte. Außerdem sei an den meisten Missverständnissen ohnehin die westliche Presse, die es nicht gut mit afghanischen Politikern meine, schuld. Wer meinte, Karzai in die Ecke gedrängt zu haben, wurde eines Besseren belehrt. Denn bevor man den Ex-Präsidenten festnagelt, entgleitet er wie ein Stück Seife. Kritischen Fragen weicht er gekonnt aus. Am Ende steht er als Gewinner da. Seine charmante und höfliche Art verliert er dabei nicht. »Ja, unfassbar, oder? Das wussten wir auch nicht!«, hörte ich mehrmals von ihm, nachdem ich auf etwaige Missstände während seiner Präsidentschaft hinwies. »Am Ende denkt man, Karzai sei gar nicht so schlecht«, erzählte mir einmal mein Kollege, der afghanische Journalist Abdul Rahman Lakanwal. Während der Amtszeit Karzais begleitete Lakanwal einige Stammesälteste aus der Provinz Khost nach Kabul. Die graubärtigen Männer waren aufgrund der jüngsten US-Operationen in ihren Dörfern aufgebracht. Wieder einmal wurden Häuser gestürmt und unschuldige Männer verschleppt und nach Bagram gebracht. Bereits am Eingang des Arg, des afghanischen Präsidentenpalasts, schrien die Männer aus Khost das Sicherheitspersonal an. »Wir sind hier, um uns bei diesem Volksverräter namens Karzai zu beschweren. Er lässt zu, dass die Amerikaner unsere

Söhne entführen, foltern und töten«, sagten sie. Dann kam ihnen Karzai höchstpersönlich entgegen. »Willkommen, willkommen. Ihr müsst müde sein«, entgegnete er ihnen. Dann brachte er die alten Männer und Lakanwal in seinen Gästesaal, wo er sofort mit einem historischen Vortrag begann. »Die paschtunischen Stämme von Khost und Paktia haben mit erhobenem Haupt gegen die britischen Kolonialisten und für unsere Unabhängigkeit gekämpft«, sagte Karzai. Die alten Männer fühlten sich geschmeichelt. Immerhin sprach der Präsident über ihre Väter und Großväter. Dann wurden Essen und Geschenke serviert. Für jeden Gast gab es einen neuen Turban. Nachdem die Ältesten aus Khost Karzais Palast verließen, wunderte sich Lakanwal. »Ich dachte, ihr wolltet ihm die Meinung sagen«, sagte er ihnen. Daraufhin antwortete einer der Männer: »Karzai ist gar nicht so übel. Wahrscheinlich sind auch ihm die Hände gebunden gegen die verdammten Amerikaner.« Diese Art der »Karzai-Diplomatie« ist bis heute in Afghanistan berühmt.

Im Frühjahr 2019 konfrontierte ich Karzai mit der Tatsache, dass selbst viele Menschen in den Straßen Kabuls oder Mazar-e Sharifs von den Machenschaften seiner Warlords im Detail Bescheid wüssten. Das beste Beispiel hierfür war Atta Mohammad Noor, der ehemalige Gouverneur der nördlichen Provinz Balkh. Noor wurde damals von Karzais Nachfolger Ashraf Ghani entmachtet und zeigte daraufhin in Mazar-e Sharif seine Zähne, indem er über Facebook zu einem Aufstand aufrief und seine Milizen gegen andere Regierungstruppen kämpfen ließ. »Die Leute reden viel. Ich habe noch nie etwas davon gehört. Noor war ein guter Gouverneur«, meinte Karzai, während es ihm ausnahmsweise einmal schwerfiel, sein eigenes Grinsen zu verschleiern. Das ist das System Karzai, und es funktioniert. Im Anschluss machen selbst jene, die ihn zuvor kritisierten, ein Selfie mit Karzai – ein Szenario, das sich 2017 auch in Schwerte wiederholte. Hamid Karzai wurde allerdings auch von seinen einstigen Verbündeten, die de facto weiterhin die Kosten für seine Residenz und seine zahlreichen Sicherheitsmänner und Angestellten tragen, unterschätzt. Zu Beginn des »War on Terror« pflegte Karzai gute Verhältnisse zur Bush-Administration. Die Lage in Washington veränderte sich mit der Machtübernahme Barack Obamas im Weißen Haus. Die Ausschweifungen im afghanischen Präsidentenpalast sorgten für zunehmenden Unmut bei den Amerikanern. Mehrere US-Offizielle wollten sich, aufgrund internationalen Druckes, ausführlicher mit den Korruptionsfällen in Kabul beschäftigten. Karzai und seine Sippschaft, die sich in den ersten Kriegsjahren massiv bereichert hatte, fürchteten sich vor einem Machtverlust und davor, dass Washington womöglich den Geldhahn zudrehen könnte. Der Mann, der mithilfe des Westens an die Macht gekommen war, begann, sein eigenes Süppchen zu kochen. Der US-Historiker Alfred McCoy verglich das Handeln Karzais mit jenem des pro-amerikanischen, vietnamesischen Diktators Ngo Dinh Diem, der während des Vietnamkrieges konsequent seine eigenen Interessen verfolgte, während er gleichzeitig auf seine Unterstützer in Washington zählte. Laut McCoy waren Diems und Karzais »ultimative Waffe« deren »Mischung aus Stärke und Schwäche«, um die amerikanischen Verbündeten geschickt zu manipulieren. Die Vereinigten Staaten unterstützten Diem lange kompromisslos mit Waffen und Geldern, um den Vietcong zu bekämpfen. Viele dieser Ressourcen wurden allerdings von Diems Bruder, Ngo Dinh Nhu, abgegriffen, der zeitgleich sein persönliches Drogenimperium in und um Saigon errichtete. In diesem Kontext wird eine erstaunliche Parallele zu den Karzais deutlich. Ahmad Wali Karzai, ein Halbbruder Karzais, der 2011 getötet wurde, gehörte zu den mächtigsten Drogenbaronen Afghanistans und galt als »König von Kandahar«. Nach seinem Tod wurde bekannt, dass sein Name jahrelang auf der Gehaltsliste der CIA stand.[16]

Im Laufe der Zeit richtete sich die Politik Washingtons allerdings gegen die Karzais. Der Präsident stand unter Druck und begann daraufhin, gegen die wahren Statthalter Kabuls zu wettern. Karzai wusste, wie er in Afghanistan gegen die amerikanischen Besatzer punkten könnte. Plötzlich sprach er lauter und deutlicher denn je über die zahlreichen Zivilisten, die durch US-Luftangriffe getötet wurden. Er traf sich mit Drohnenopfern oder empfing Menschen, deren Häuser von schattenhaften Spezialeinheiten mitten in der Nacht gestürmt wurden. 2013 erließ Karzai sogar ein formelles Verbot gegen solche Razzien, die meist Zivilisten das Leben kosteten. Zu den Opfern solcher Operationen gehörten sogar Karzai eigene Verwandte in Kandahar. Dass Washingtons Mann in Kabul gegen seine eigenen »Meister« derart aufbegehrte, gefiel amerikanischen Politikern und Militärs ganz und gar nicht. Der Tiefpunkt dieser afghanisch-amerikanischen Beziehungen wurde erreicht, als Karzai sich weigerte, ein bilaterales Sicherheitsabkommen mit den USA und der NATO zu unterzeichnen. Die Ära Karzai fand durch den »ersten demokratischen Machttransfer der Geschichte« im Jahr 2014 ihr Ende. Doch de facto fanden bis zum heutigen Tage keine sauberen Präsidentschaftswahlen am Hindukusch statt.

Von der Lüge der Demokratie

Seit Jahren treffe ich immer wieder auf Menschen, die der Meinung sind, ein Land wie Afghanistan könne gar nicht demokratisiert werden. Der Grund: Volk, Kultur und Religion seien dafür nicht gemacht. »Die Afghanen« bräuchten einen Diktator, der sie zähmt, ähnlich wie andere »rückständige« Völker in Afrika und Asien. Das Verständnis der Demokratie sei mehr oder weniger ein westliches Privileg, das nicht überall auf der Welt funktioniere. Es ist nicht nur so, dass ich diese Ansichten nicht teile. Ich bin sogar der Meinung, dass sie zutiefst rassistisch und orientalistisch-verklärend sind und vor allem von großer Unkenntnis und Ignoranz zeugen. Bereits vor über vierzig Jahren – vor dem Putsch Daoud Khans sowie dem späteren Putsch der afghanischen Kommunisten – wussten die meisten Afghanen sehr wohl, was Demokratie bedeutet und welch positiven Beitrag sie innerhalb der Gesellschaft leisten kann. Während der »Goldenen Ära der Demokratie«, die von Mohammad Zahir Shah, dem letzten König Afghanistans, im Jahr 1963 ausgerufen wurde, wählten die Afghanen ihre Vertreter im Parlament erstmals selbst. Abgesehen davon gab es bereits in den Jahrzehnten und Jahrhunderten zuvor demokratische Elemente innerhalb der afghanischen Strukturen. Das beste Beispiel hierfür ist die Loya Jirga, die große Stammesversammlung, in der die Belange der verschiedenen Volks- und Religionsgruppen meist tagelang ausdiskutiert wurden. Natürlich war die Loya Jirga keine perfekte, demokratische Institution, doch wo gab es diese im 18. oder 19. Jahrhundert überhaupt? In Europa oder in den Vereinigten Staaten, in denen Sklaverei, Genozid und später auch Faschismus zum Alltag gehörten, gewiss nicht. Im 21. Jahrhundert wollten ausgerechnet die Erben jener westlichen Mächte, die ihre blutige Geschichte bis heute nicht aufgearbeitet haben, den Afghanen Demokratie bringen – und sie hätten womöglich nicht kläglicher scheitern können.

Der »War on Terror« brachte Hamid Karzai nicht mittels Wahlen an die Macht. Vielmehr wurde der Mann mit der Karakul-Mütze von den Vereinigten Staaten selektiert und gemeinsam mit seiner korrupten Klientel an die Macht katapultiert. Bei den Wahlen, die in den darauffolgenden Jahren vom Westen in Afghanistan organisiert wurden, um den Schein der demokratischen Ordnung zu wahren, ging Karzai zwei Mal als Sieger hervor. In beiden Fällen gab es klare Beweise für massive Wahlfälschung, doch in Washington, London oder Berlin ging man diesen Vorwürfen nicht nach, sondern ließ Karzai gewähren. Der afghanischen Demokratie wurde dadurch nicht geholfen. Vielmehr wurde sie von Karzai und seinen ausländischen Verbündeten bewusst untergraben. Die Warlord-Clique des Präsidenten sammelte sich weiterhin um ihn und bereicherte sich vor den Augen der Weltöffentlichkeit. Die Anekdoten aus diesen Tagen machen deutlich, was für eine korrupte Elite der Westen in Afghanistan heranzog. Die Söhne von bekannten Kriegsfürsten und Politikern reisten regelmäßig in die Vereinigten

Arabischen Emirate oder in die USA, um in Gourmetrestaurants zu speisen und sich anderweitigen Luxus zu gönnen, während NGO-Mitarbeiter mit den richtigen Verbindungen zum Präsidentenpalast sich mittels Hilfsprojekten bereicherten, um mit dem gestohlenen Geld ein Haus im westlichen Ausland zu errichten.

Diese Art der Kleptokratie ging auch nach der Ära Karzai weiter. 2014 konnte Ashraf Ghani, ein in den USA ausgebildeter Universitätsdozent und Weltbankmitarbeiter, der einst Karzai als Finanzminister diente, die Präsidentschaftswahlen für sich entscheiden. Doch auch Ghani wurde nicht gewählt, sondern wortwörtlich selektiert, obwohl am Tag der Wahlen Millionen von Afghanen zu den Wahlurnen gingen, um teils unter Lebensgefahr und Drohungen der Taliban ihre Stimme abzugeben. Berichten zufolge lag die Wahlbeteiligung bei 58 Prozent. Insgesamt schritten sieben von zwölf Millionen Wahlberechtigten zur Urne.[17] Vor allem in Kabul lief man damals unzähligen Menschen über den Weg, die ihrer demokratischen Pflicht nachgehen wollten. All diese Menschen wurden allerdings enttäuscht. Nachdem Ghani und sein Kontrahent Abdullah Abdullah sich um das Ergebnis stritten und teils sogar Gewalt unter den Anhängern der beiden Lager ausbrach, intervenierte der damalige US-Außenminister John Kerry ganze drei Mal, bis er Ghani letztendlich zum Sieger ernannte. Ghani konnte die Stichwahl für sich entscheiden, während Abdullah als Sieger der ersten Wahlrunde ausschied. Abermals stand nicht nur der Vorwurf des Wahlbetrugs im Raum. Es gab klare Hinweise und Widersprüche. Wahlzettel waren plötzlich verschwunden. Mitarbeiter der vermeintlich unabhängigen Wahlkommission ließen sich allem Anschein nach bestechen und agierten im Interesse von Ghanis Wahlkampfteam. Die westlichen Unterstützer der Kabuler Regierung wollten darüber allerdings nicht sprechen. Sie fokussierten sich auf ihre eigene Inszenierung und sahen sich als jene Kräfte, die Afghanistans »ersten demokratischen Machtransfer« ermöglicht hatten. Aufgrund von Kerrys Intervention wurde eine »Regierung der Nationalen Einheit« gegründet. Ghani wurde zum

Präsidenten ernannt. Abdullah erhielt den Posten des Regierungschefs (»CEO«), der in der afghanischen Verfassung gar nicht existiert.

Seit seiner damaligen Machtübernahme manövriert sich Ghani von einer politischen Krise in die nächste – obwohl viele Beobachter anfangs hoffnungsvoll gestimmt waren. Im Gegensatz zu Karzai und seiner Clique hatte der ehemalige Universitätsprofessor weder einen Ruf als Drogenboss oder Warlord noch als korrupter Politiker, der sich und seine Familie persönlich bereichert. Stattdessen galt er als Intellektueller, der für Afghanistan eine lange parate Lösung auftischt und das Land endlich aus seiner Misere befreit. Tatsächlich hatte Ghani aufgrund seines akademischen Hintergrundes Erfahrungen in diesen Dingen – zumindest auf theoretischer Ebene. 2008 veröffentlichte er mit seiner Kollegin Clare Lockhart, einer britischen Politikwissenschaftlerin, das Buch *Fixing Failed States – A Framework for Rebuilding a Fractured World* (auf Deutsch etwa »Die Wiederherstellung gescheiterter Staaten – ein Ansatz zum Wiederaufbau einer gespaltenen Welt«). In den Ohren vieler Afghanen, die von Ghanis Buch hörten, klang bereits der Titel nach einer Wunderformel für Afghanistan, dem gescheiterten Staat schlechthin. Durch seine Wahl als Präsident fand er sich in eine Position wieder, die einem Geisteswissenschaftler selten zuteil wird. Er konnte von nun an nämlich versuchen, seine Theorie in die Praxis umzusetzen. Afghanistan wurde zu Ghanis Versuchslabor – und leider scheiterte er kläglich. Anstatt Afghanistan zu »reparieren«, führte er die Korruption des Karzai-Regimes fort. Lediglich die Protagonisten wurden ausgetauscht. In der Karzai-Ära standen prominente Kriegsfürsten im Vordergrund. Nun wurden sie weitgehend durch junge, Anzug tragende Afghanen, die keinerlei Erfahrung im politischen Betrieb hatten, ersetzt. Das beste Beispiel hierfür ist etwa der 38-jährige Hamdullah Mohib. Während Ghanis Wahlkampagne im Jahr 2014 hatte Mohib dessen Social-Media-Team angeführt. Nach Ghanis Amtseinführung erhielt er überraschend den begehrten Posten des afghanischen Botschafters in Washington. 2018 löste er den weitaus erfahreneren Hanif Atmar als Ghanis Nationalen Sicherheitsberater ab. Berichten zufolge hatte sich der als Egozentriker geltende Ghani mit Atmar überworfen. Trotz mehrerer diplomatischer Skandale hält Ghani weiterhin zu Mohib, den er einst während eines Vortrags in London kennengelernt hat. Damals war Mohib noch mit seinem IT-Studium beschäftigt. Mohib ist exemplarisch für jene jungen Männer, die der afghanische Präsident um sich geschart hat. Wie Ghani hat auch Mohib im westlichen Ausland studiert und ist zurückgekehrt, um »anzupacken«. Doch Mohib und viele seiner Kollegen hatten nur wenig Ahnung von den afghanischen Lebensrealitäten. Seinen eigenen Heimatdistrikt Khogyani in der östlichen Provinz Nangharhar kann Mohib nicht aufsuchen. Er wird seit Jahren von den Taliban kontrolliert. Weitere Problematiken wurden anderswo deutlich, etwa im Kabuler Ministerium für Industrie und Handel, als mehrere Beamte gegen die Gangart ihres Chefs protestierten: Ajmal Ahmady, der damalige Industrieminister des Landes, gehört zu Ghanis führenden Wirtschaftsberatern, und er spricht keine der beiden afghanischen Amtssprachen, Dari und Paschtu. Mit seinen Mitarbeitern kommunizierte er daher ausschließlich auf Englisch, womit er sich keine Freunde machte. Mittlerweile agiert Ahmady als Chef der afghanischen Zentralbank (Da Afghanistan Bank). Er erhielt diesen Posten ohne die Zustimmung des afghanischen Parlaments, wie es eigentlich von der Verfassung des Landes vorgeschrieben ist. In einem Interview meinte Rula Ghani, Afghanistans First Lady, sogar, dass man die Nominierung Ahmadys und einer weiteren Person aus Ghanis Kreis »mit allen Mitteln durchsetzen werde«, während sie sämtliche Parlamentarier diffamierte und als »persönliche Interessensvertreter« bezeichnete. Dabei wurden im Laufe der Affäre vor allem die Machtinteressen sowie die Vetternwirtschaft des Präsidentenpalasts deutlich. Ajmal Ahmady gilt nämlich nicht nur als enge Vertrauensperson Ashraf Ghanis, sondern ist auch mit dessen Nichte, der US-Afghanin Hannah Ghani, verlobt. Eine Recherche aus dem Jahr 2021 machte deutlich, dass Hashmat Ghani, der Bruder des Präsidenten und zukünftige Schwiegervater Ahmadys, sich dank massiver Korruption bereichern konnte und unrechtmäßig an Verträge mit ausländischen Firmen gekommen ist.

Der Reichtum der Familie Ghani stammt aus den lukrativen Exportgeschäften, die sie seit über einem Jahrhundert betreiben. Hashmat Ghani, der jahrelang in den USA lebte und freundschaftliche Kontakte zu bekannten, politischen Persönlichkeiten des amerikanischen Establishments pflegt, lebt seit mehreren Jahren im Kabuler Stadtteil Dar-ul-Aman hinter dicken Betonmauern, wo sich seine luxuriöse Villa und ein Fuhrpark mitsamt teurer Oldtimer befinden. Ghani betrachtet sich selbst als Philanthrop, der seiner Gesellschaft helfen will. Außerdem hat es ihm die politische Theorie angetan. Afghanistan müsse realistisch vorgehen, seine Interessen klar definieren und diese über alles andere stellen. Washington müsse dabei als wichtiger Freund und Partner betrachtet werden, der Afghanistans Nachbarstaaten im Zaum hält. Der Bruder des Präsidenten träumt von einer afghanisch-amerikanischen Lobby, die sich für solche Belange einsetzt, und hofft sogar, dass andere wichtige Verbündete der Vereinigten Staaten, etwa Israel, dabei mithelfen. Umso paradoxer erscheint die Tatsache, dass Hashmat Ghani seit Jahren in Kabul lebt und selbst bei der Beerdigung seiner Frau nicht in die Vereinigten Staaten reiste. Ein Informant, der diesbezüglich anonym bleiben möchte, teilte mir mit, dass eine Strafverfolgung Ghanis innerhalb der Staaten wahrscheinlich sei. »Er hat wohl seine Steuern nicht bezahlt. Anders lässt sich das nicht erklären«, meinte er mir gegenüber. Über Korruption oder offene Steuerzahlungen spricht Hashmat Ghani ungern. Seinen Reichtum habe er sich hart erarbeitet. Sein Bruder, der Präsident, sei im Gegensatz zu ihm ein schlechter Geschäftsmann. »Das ist kein Vorteil in Afghanistan. Ein guter Geschäftsmann kann dieses Land führen«, sagte er mir im Jahr 2017. Währenddessen stellt Sultan Ghani, der Sohn Hashmats, seinen extravaganten Lebensstil in Dubai und anderswo über Instagram zur Schau. Auf Präsident Ashraf Ghani werfen diese Umstände alles andere als ein gutes Licht.

2019 fanden abermals Präsidentschaftswahlen statt, die einen chaotischen Verlauf nahmen. Ghani ging nach mehreren Monaten als Sieger hervor, doch wieder einmal standen Wahlbetrug und ein Zerwürfnis mit Abdullah im Raum. Viele Beobachter rechneten Anfang 2020 mit einem »John Kerry 2.0«-Szenario, also die Beilegung der Auseinandersetzung durch die Intervention des US-Außenministers, doch die Trump-Administration war anderweitig beschäftigt. Der US-Sonderbeauftragte Zalmay Khalilzad arbeitete an einem Deal mit den afghanischen Taliban. Zeitgleich wurde in Kabul der Gipfel der Absurdität erreicht. Im März 2020 ließen sich sowohl Ghani als auch Abdullah an zwei verschiedenen Orten zum Präsidenten Afghanistans küren. Gegenseitig erklärten sie sich zu illegitimen Staatschefs und segneten Dekrete gegen den jeweils anderen ab. Als Reaktion darauf kürzten die Vereinigten Staaten ihre Hilfsgelder für Afghanistan um eine Milliarde Dollar. Der Machtkampf zwischen Kabuls korrupten Eliten hatte in Zeiten von Krieg und Corona-Pandemie direkte, wirtschaftliche Folgen für Millionen von Afghanen. Die politische Krise zwischen Abdullah und Ghani fand erst im Mai ein Ende, als auf Washingtons Druck ein Abkommen zwischen den beiden Männern unterzeichnet wurde. Ghani ist seitdem weiterhin Präsident, während Abdullah dem Hohen Friedensrat vorsteht. Die afghanischen Wähler, deren Teilnahme an den Wahlen 2019 deutlich geringer ausfiel, wurden allerdings ein weiteres Mal enttäuscht. Der Vorwurf des Wahlbetrugs steht bis heute im Raum. Einer der größten Kritiker Ghanis ist der amerikanische Politikwissenschaftler und Afghanistan-Kenner Thomas H. Johnson. In einem ausführlichen Bericht schreibt er vom »Schwindel« Ghanis und bezichtigt mehrere Institutionen der Wahlmanipulation. Auch andere Kritiker sind der Meinung, dass der gesamte Wahlprozess hinterfragt werden sollte. Von über 9,6 Millionen registrierten Wahlberechtigten nahmen laut der Wahlkommission, der ebenfalls Betrug zum Vorteil Ghanis vorgeworfen wird, lediglich 19 Prozent – 1,9 Millionen Afghanen – an der Wahl teil. Demnach repräsentieren weder Ghani noch Abdullah weite Teile der afghanischen Gesellschaft. Diese gingen nicht nur aufgrund der Taliban-Drohungen nicht wählen, sondern hatten womöglich in erster Linie die leeren Versprechen der korrupten Kabuler Elite satt. Zeitgleich wurde in der Ära Ghanis der Warlordismus weiter gefördert. Das beste Beispiel hierfür ist abermals Abdul Rashid Dostum. Der brutale Kriegsfürst wurde nach der ersten Wahl Ghanis zum Vizepräsidenten ernannt. 2020 wurde der General und allseits bekannte Kriegsverbrecher von Ghanis Regierung zum Marschall befördert.

Viertes Vergehen: Terror durch »Todesengel« und CIA-Schergen

Im Laufe des »War on Terror« wurde den Menschen immer wieder weisgemacht, dass man keine Zivilisten angreife, sondern lediglich Jagd auf Terroristen und deren Führer mache. Neben Osama bin Laden gehörten Taliban-Chef Mullah Mohammad Omar oder Al-Qaida-Vize Ayman az-Zawahiri zu den bekanntesten Zielen der Amerikaner. Um diese Männer erfolgreich zu jagen, führte man erstmals neue, angeblich präzise Waffen in den Afghanistan-Krieg ein: bewaffnete Drohnen. Die Killermaschinen wurden mittels verschiedener Teams ferngesteuert und sollten die Jagd auf die Feinde der Vereinigten Staaten revolutionieren. Bis heute stellen sich viele Menschen perfekte, hollywoodreife Operationen vor, in denen dank messerscharfer Aufnahmen zwischen Zivilisten und bewaffneten Kämpfern unterschieden und daraufhin eine Entscheidung getroffen wird. Per Knopfdruck eliminieren die Raketen, die nach dem Höllenfeuer (»Hellfire missiles«) benannt sind, die »bösen Buben«. Dadurch, so das Narrativ, werden nicht nur Terroristen getötet, sondern auch unschuldige Menschen gerettet. Diese Vorstellung ist nicht nur verzerrt, sondern sie ist gänzlich falsch. Dies wurde bereits am 7. Oktober 2001, dem allerersten Tag des westlichen Afghanistan-Einsatzes deutlich. An jenem Tag kam in der südlichen Provinz Kandahar, der sogenannten »Taliban-Hochburg«, die erste bewaffnete Drohne der Menschheitsgeschichte zum Einsatz. Das Ziel: niemand Geringeres als Mullah Omar persönlich. Sehen konnte den Taliban-Führer allerdings niemand. Die Bilder der Drohnen waren damals wie heute alles andere als hochauflösend. Jahre später wurde bekannt, dass Drohnenpiloten weder Kinder von Erwachsenen noch Milizen mit Kalaschnikow von Bergarbeitern mit einer Schaufel unterscheiden können. Stattdessen wurden von der US-Regierung Begrifflichkeiten erfunden, um das Töten zu rechtfertigen. 2012 wurde etwa bekannt, dass sie alle »männlichen Personen im wehrfähigen Alter« (»military aged males«, kurz MAM) im Umfeld eines jeden Drohnenangriffs per se als »feindliche Kämpfer« betrachtet. Dies war wohl auch am 7. Oktober der Fall, als man ein Haus und eine Gruppe von Menschen im Bild hatte und abdrückte. Mehrere Menschen wurden getötet. Der Taliban-Chef war nicht unter ihnen.

Dasselbe Szenario wiederholte sich in den darauffolgenden Jahren immer wieder. Omar, bin Laden und andere Terrorführer wurden mehrfach für »tot« erklärt – bis sie lebendig wieder auftauchten. Die Frage, wer an deren Stelle getötet wurde, stellte niemand. Laut der britischen Menschenrechtsorganisation »Reprieve« wurden im Laufe des »War on Terror« zwischen 2002 und 2014 für 41 Zielpersonen in Pakistan und Jemen 1 147 Zivilisten durch Drohnen getötet. Keines der bekannten, prominenten Ziele wurde durch einen amerikanischen Drohnenangriff getötet. Mullah Omar starb 2013 eines natürlichen Todes. Osama bin Laden wurde 2011 durch eine amerikanische Spezialeinheit getötet. Ayman az-Zawahiri ist gegenwärtig wohl weiterhin am Leben. In den zwei erstgenannten Fällen sind auch die Schauplätze des Todes erwähnenswert. Omar starb einigen Recherchen zufolge in der südafghanischen Provinz Zabul nahe eines US-Militärstützpunktes. Bin Laden befand sich weder in Afghanistan noch im berühmt-berüchtigten Grenzgebiet, sondern in der pakistanischen Garnisonsstadt Abbottabad, die rund 135 Kilometer von Islamabad entfernt liegt – und wo sowohl das Militär als auch der Geheimdienst omnipräsent sind. Einfach ausgedrückt: Die zwei wichtigsten Ziele der Amerikaner befanden sich weder in schwer zugänglichen Gebirgshöhlen noch in abgelegenen Dörfern, sondern lebten praktisch jahrelang vor den Augen der »Jäger«. Die zahlreichen Menschen, die während des zwanzigjährigen »War on Terror« an deren Stellen von den Predator-Drohnen der Amerikaner gejagt und ermordet wurden, sind weiterhin unbekannt, sprich, sie sind sowohl namenlos als auch gesichtslos. Dies hatte auch mit der Tatsache zu tun, dass viele Journalisten über die Opfer des schattenhaften Drohnenkrieges kaum berichteten. Es gibt zahlreiche Gründe hierfür. Einer davon ist die Tatsache, dass diese Art der Kriegsführung sehr perfide ist. Aufgrund ihres begrenzten Waffenarsenals kann eine Drohne mittels eines einzelnen Angriffs nur eine begrenzte Anzahl von Menschen töten. In vielen Fällen wurden etwa kleine Gruppen von Feldarbeitern oder Taxifahrer mitsamt ihrer Passagiere von den Killermaschinen getötet. Aufgrund der geringen Anzahl der Todesopfer wurden Nachrichten zu Drohnenangriffen – wenn es sie denn überhaupt gab – zu Randmeldungen. Das Gesamtbild ist dennoch erschreckend: Allein zwischen Januar 2015 und Dezember 2019 sollen laut dem in London ansässigen Bureau of Investigative Journalism (BIJ) über 13 000 Angriffe stattgefunden haben. Dabei wurden zwischen 4 000 und 10 000 Afghanen getötet. Die Opfer wurden meist in erster Linie als »Terroristen« oder »Terrorverdächtige« bezeichnet, um sie zusätzlich zu entmenschlichen. Führende Medien der westlichen Welt beteiligten sich daran, etwa die *New York Times*, die *Washington Post* oder in Deutschland auch der *Spiegel*.

2018 führte ich eine quantitative Inhaltsanalyse der Drohnen-Berichterstattung von Spiegel-Online durch. Ich fokussierte mich dabei auf das öffentlich zugängliche Archiv des Mediums. Für den Zeitraum vom 1. September 2001 bis zum 1. April 2018 wurden durch die Archivsuche mit dem Begriff »Drohne« insgesamt 2 467 Treffer angezeigt. 860 Elemente davon waren verwertbare Artikel, die für meine Recherche eine gewisse Relevanz aufwiesen und in verschiedene Kategorien zuordenbar gewesen sind. Insgesamt wurden lediglich 13 Ergebnisse gefunden, in denen zivile Opfer durch Drohnenangriffe explizit benannt wurden.[18] Kritiker und Analysten machten in der Vergangenheit mehrmals in diesem Kontext darauf aufmerksam, dass Falschmeldungen kaum bis gar nicht korrigiert wurden. Wer einmal als »Terrorist« bezeichnet wurde, blieb es auch. Selbst nachdem Investigativjournalisten in den betroffenen Regionen recherchierten und das Gegenteil bewiesen, fanden keine Korrekturen statt. Man kann deshalb zu Recht von einem »Officials say«-Journalismus sprechen. Die Aussagen von Regierungsorganen wurden nicht kritisch hinterfragt, sondern einfach weiterverbreitet. De facto wurden viele westliche Medien damit zur erweiterten PR-Abteilung von CIA, Pentagon und Co.

Im Laufe meiner Arbeit fiel mir dies bereits früh auf, weshalb ich mich zunehmend auf den US-Drohnenkrieg fokussierte und nach zivilen Opfern suchte. Das wahre Ausmaß des Geschehens war mir anfangs nicht bekannt. Doch je mehr ich mich mit der Thematik auseinandersetzte, umso deutlicher wurden die Abgründe. 2014 stellte das BIJ fest, dass Afghanistan das am meisten von Drohnen bombardierte Land der Welt sei. Bekannt wurde die Drohnenkriegsführung vor allem während der Amtszeit Barack Obamas, der in Pakistan, Jemen und Somalia, wo Washington geheime Antiterrorkriege führt, die Angriffe im Vergleich zur Bush-Ära um das Zehnfache ansteigen ließ und sie über die sogenannte »Kill List« wöchentlich persönlich absegnete. Obama griff in erster Linie auf die Drohnen sowie auf kleine Spezialeinheiten zurück, um die amerikanische Öffentlichkeit zu befrieden. Ein ferngesteuerter, »sicherer« Krieg sah besser aus als die Särge von gefallenen US-Soldaten, die in den Obama-Jahren zum Teil mit über 100 000 Mann – ein Höchststand – vor Ort präsent waren, ohne nennenswerte Erfolge vorweisen zu können. Obama verringerte daraufhin die »boots on the ground« und setzte auf vermeintlich präzise Antiterroroperationen, die vielen Zivilisten das Leben kosteten und den Krieg zusätzlich eskalieren ließen.[19] Gerade in Deutschland muss man sich immer wieder in Erinnerung rufen, dass die Drohnenangriffe ohne die Datenübertragung auf der Luftwaffenbasis in Ramstein nicht möglich wären: In der Infrastruktur des US-Militärs ist sie das »Herzstück« des illegalen Drohnenkrieges.[20]

Seit Beginn des »War on Terror« wird der Alltag vieler Afghanen von den summenden Drohnen bestimmt, sodass sie sogar Eingang in die lokale Kultur gefunden und verschiedene Namen erhalten haben. In Afghanistan und Pakistan spricht man in Paschtu etwa von »bungay«, »ghanghay« oder von »Azrael« mit Bezug auf den gleichnamigen Todesengel des Islams. Im Laufe meiner Recherchen suchte ich viele Drohnenopfer persönlich auf. Unter ihnen befanden sich afghanische Zivilisten, die bis heute um ihre Existenz kämpfen, aber auch junge, teils minderjährige Taliban-Kämpfer, die von islamistischen Ideologien wenig Ahnung haben und einfach nur Vergeltung suchten. Besonders tragische Fälle von Drohnenopfern, die mir im Laufe meiner Recherchen begegneten, haben für die Verbrechen, die ihnen angetan wurden, weder Gerechtigkeit erhalten noch irgendeine Art der Entschädigung. Da gab es zum Beispiel Aisha, ein damals vierjähriges Mädchen, das im September 2013 durch eine Hellfire-Rakete nicht nur ihre Familie verlor, sondern auch ihr Gesicht. Der Pick-up von Aishas Familie wurde nahe des Dorfs Gamber in der Provinz Kunar von einer amerikanischen Drohne angegriffen. Wieder einmal dachten die Verantwortlichen, das es sich bei den Opfern um »Terroristen« handeln würde. Insgesamt wurden 14 Insassen getötet. Nur Aisha überlebte. Das Mädchen wurde zur weiterführenden Behandlung ins französische Militärkrankenhaus nach Kabul gebracht. Dort konnte sie zwar besser behandelt werden, allerdings wurde ihr Fall von der NATO übernommen. Das Schicksal des Mädchens hatte sich bereits herumgesprochen. Die Verantwortlichen wollten daraufhin das gesamte Kriegsverbrechen verschleiern. Ein afghanisches Mädchen, dass ihr Gesicht sowie ihre Familie durch eine vermeintlich präzise Killermaschine verloren hatte, wäre zum PR-Desaster geworden und hätte den düsteren Alltag des »War on Terror« entblößt. Verantwortlich für Aishas Verschwinden war eine ausländische Frau, die sich im Kabuler Krankenhaus an Meya, ihren Onkel, richtete. Sie drückte ihm mehrere Dokumente in die Hand und verlangte seine Unterschrift, damit Aisha im Ausland behandelt werden könne. Meya war überfordert. Der Maurer aus Gamber sprach kein Englisch und war traumatisiert aufgrund des Massakers, das seiner Familie angetan wurde. Er wollte nicht, dass seine Nichte allein zu fremden Menschen ins Ausland reist. »Falls sie einen Pass haben, können Sie mit«, meinte die Frau. Meya verweigerte sich. Einen Reisepass hatte er auch nicht, so wie die meisten Afghanen. Am Tag darauf erschien die Unbekannte ein weiteres Mal. »Unterschreiben Sie!«, sagte sie, diesmal deutlich fordernder. Zeitgleich verschlechterte sich Aishas Zustand. Ihr Onkel kam der Aufforderung der unbekannten Frau nach. Kurz darauf verschwand Aisha. Einige Tage später wählte Meya die Telefonnummer, die ihm die Frau gegeben hatte. Sie war nicht vergeben. Die Suche nach seiner Nichte begann. Er wandte sich an afghanische Politiker und westliche Botschaften. Doch niemand konnte ihm sagen, wo Aisha war. Monate später wurde er unter einer unbekannten Nummer angerufen. Ein Mann erklärte ihm in Paschtu, dass Aisha in einem Krankenhaus in Washington behandelt werde. Verantwortlich hierfür war eine US-Organisation namens »Solace for the Children«, die sich um verletzte Kinder aus Kriegsregionen kümmert. Für Meya steht seitdem fest, dass man Aisha in die Vereinigten Staaten brachte, um sie vor dem Licht der Öffentlichkeit zu verbergen. Laut Aishas Familie geschah all dies ohne ihr Einverständnis. Patsy Wilson, die Gründerin der Organisation, widersprach dieser Version und behauptete, das volle Einverständnis der Familie gehabt zu haben. Sie bezog sich auf die angebliche Unterschrift von Aishas Onkel, der wiederum behauptete, weder jemanden getroffen noch Papiere unterschrieben zu haben. Problematischer wird allerdings die Rolle von »Solace for the Children«, sobald man einen genauen Blick auf die Organisation wirft. Es handelt sich hierbei nämlich keineswegs um einen ausschließlich humanitären Akteur. Vielmehr pflegt sie in den USA enge Kontakte zu einem militärisch-religiösen Milieu, bestehend aus christlichen Fundamentalisten, Kriegsveteranen und Militäroffiziellen. Viele Kinder gelangten über das US-Militär zu der Organisation. Besonders zu hinterfragen ist die Tatsache, dass die Verbrechen ebenjenes Militärs von der Organisation verdrängt oder vollständig geleugnet werden. Dies wurde auch im Fall von Aisha deutlich. Gründerin Patsy Wilson stellte unter anderem den Drohnenangriff, der Aishas Familie ausgelöscht und ihr Gesicht entstellt hat, in Frage. »Wir glauben nicht unbedingt daran, dass Aisha durch einen Drohnenangriff verletzt wurde, aber ich weiß, dass es sich hierbei um eine von vielen Geschichten handelt«, meinte Wilson in einem Interview mit der US-Journalistin May Jeong. Außerdem behauptete sie, dass es »keine Fakten geben würde« und dass sie über die Hintergründe des Angriffs nicht diskutieren dürfe. Die Frage, wie »Solace for the Children« überhaupt an Aisha kam, ließ sie ebenso unbeantwortet. 2015 kehrte Aisha aufgrund von Visaangelegenheiten kurzzeitig nach Kunar zu ihrer Familie zurück. Jeong begleitete sie während dieser Reise. Doch im Großen und Ganzen ist das »Mädchen ohne Gesicht« – mittlerweile hat sie zahlreiche Operationen erfolgreich überstanden und spricht fließend Englisch – weiterhin unbekannt. Aishas Verwandte in Kunar sind davon überzeugt, dass man das kleine Mädchen bewusst aus dem Rampenlicht geschafft hat, um die Fortführung des Krieges zu legitimieren. »Die westlichen Armeen wollten angeblich die Frauen in unserem Land befreien. Doch am Ende waren sie es, die Frauen und Kinder bombardierten, verstümmelten und ermordeten«, sagte mir ein Afghane aus Kunar, der Aishas Familie kennt, während eines Interviews im Frühjahr 2021.[21]

»Es ist gut, dass sie gehen«

Im Juli 2016 veröffentlichte die Obama-Administration erstmals ein dreiseitiges Papier, in dem es zu zivilen Opfern während des Drohnenkrieges Stellung nahm. Laut dem Schreiben fanden zwischen 2009 und 2015 473 Drohnenangriffe in Pakistan, Jemen und Somalia statt. Dabei sollen zwischen 64 und 116 Zivilisten getötet worden sein. Bei dem Rest – immerhin 2 372 bis 2 581 Menschen – soll es sich ausschließlich um »terroristische Kämpfer« gehandelt haben. Prompt meldeten sich einige Beobachter des Drohnenkrieges zu Wort und stellten richtigerweise fest, dass selbst konservative Schätzungen weit über den Zahlen des Weißen Hauses liegen. Kritisiert wurde nicht nur die nicht vorhandene Definition eines »terroristischen Kämpfers«, sondern auch der Umstand, dass Afghanistan, das am meisten von Drohnen bombardierte Land der Welt, von Obamas Regierung gar nicht erwähnt wurde. Zur Gegenüberstellung: Im Jahr 2017 konnte ich während einer zweimonatigen Recherche in Afghanistan dreißig zivile Drohnenopfer, die während der Amtszeit Obamas getötet wurden, lokalisieren und bestätigen. Meine Recherche fokussierte sich aufgrund begrenzter Ressourcen lediglich auf zwei Provinzen: Maidan Wardak nahe Kabul und Khost im Südosten des Landes. In Khost traf ich Abdul Hadi, einen jungen Mann, dessen Vater, Hajji Delay, im Mai 2014 durch einen Drohnenangriff getötet wurde. Das Drohnenteam zielte auf den Wagen Delays und drückte ab. Gemeinsam mit vier weiteren Insassen wurde der Taxifahrer getötet. Von ihren Körpern blieb fast nichts übrig. Selbst die Knochen der Opfer zerfielen zu Staub und Asche.

Als ich Abdul Hadi mit den Zahlen der US-Regierung konfrontierte, reagierte er etwas fassungslos. »Glauben die Menschen im Westen solchen Berichten?«, fragte er verwundert. Dann erzählte er, dass allein in seiner Heimatprovinz Khost Hunderte von Menschen in den Jahren durch amerikanische Drohnenangriffe getötet wurden. Die Hinterbliebenen der Opfer warten bis heute auf Gerechtigkeit und Entschädigungen. Dies war nicht bei allen Drohnenopfern der Fall. 2015 wurden zwei westliche NGO-Mitarbeiter, der Italiener Giovanni Lo Porto sowie der Amerikaner Warren Weinstein, von Al-Qaida-nahen Extremisten in der pakistanischen Region Waziristan nahe der afghanischen Grenze als Geiseln festgehalten. Die beiden Männer wurden gemeinsam mit ihren Geiselnehmern durch einen amerikanischen Drohnenangriff getötet. Im Jahr darauf wurde bekannt, dass die Familie von Lo Porto von der US-Regierung eine Entschädigungssumme von 1,3 Millionen Dollar erhält. Einige Medien berichteten sogar von drei Millionen Euro. Der Drohnenangriff auf Lo Porto und Weinstein wurden von zahlreichen internationalen Medien behandelt. Auch der damalige US-Präsident Barack Obama meldete sich zu Wort und sprach sein Bedauern sowie sein Mitgefühl aus. Bei Lo Portos Familie handelt es sich bis heute um die erste Familie eines Drohnenopfers, das von der amerikanischen Regierung finanziell entschädigt wurde. Währenddessen warten Abdul Hadi und andere afghanische Drohnenopfer vergeblich auf Entschädigungszahlungen. Zwischen 2015 und 2021 hat das US-Militär dafür gerade einmal zwei Millionen Dollar aufgewendet. Diese gingen hauptsächlich an Familien, die Opfer von US-Operationen geworden waren. Die Beträge, die an Opfer ausgezahlt wurden, schwanken zwischen 40 000 und lächerlichen 131 US-Dollar. 2021 besuchten mein Kollege, der Lokaljournalist Mohammad Zaman, und ich Abdul Hadi in Khost ein weiteres Mal. Der Abzug der NATO-Truppen stand damals schon fest. »Es ist gut, dass sie gehen. Sie haben viele Afghanen getötet, unschuldige Menschen wie meinen Vater«, sagte Abdul Hadi prompt, nachdem wir den Abzug ansprachen. Dann erzählte er uns, dass viele Menschen in Khost weiterhin Angst vor Drohnenangriffen hätten. Sie seien traumatisiert und verängstigt, sobald sie die unbemannten Fluggeräte sehen oder hören würden. Die Drohnenangriffe hätten allerdings massiv abgenommen, seitdem Washington den Abzugsdeal mit den Taliban im Februar 2020 unterzeichnet hat. Dies machen auch die bekannten Zahlen deutlich. Kurz nachdem Donald Trump 2017 ins Weiße Haus einzog, wurde ihm das tödliche Drohnen-Erbe der Obama-Administration praktisch auf dem Silbertablett serviert. Unter Trump nahmen die Drohnenangriffe weltweit zu. Bereits in den ersten Wochen wurden sie mindestens um das Zehnfache erhöht. In Afghanistan fand daraufhin eine zunehmende Eskalation des amerikanischen Luftkrieges statt. Allein im Jahr 2018 warf das US-Militär mindestens 7 362 Bomben und Raketen über Afghanistan ab – damals ein absoluter Höchststand. Doch bereits in den ersten Monaten des darauffolgenden Jahres wurde noch einmal diese Zahl überschritten. 2019 fanden mindestens 7 424 amerikanische Anschläge im Land statt, sprich, zwanzig Angriffe pro Tag. Hierbei handelt es sich bis heute um einen Höchststand, den Afghanistan seit Beginn des »War on Terror« nicht erlebt hat.[22][23]

Die Folgen dieser Eskalation sowie die genaue Anzahl der zivilen Opfer ist bis heute nicht bekannt. Die Trump-Administration behauptete damals, dass man durch die Angriffe »Druck auf die Taliban« ausüben wolle, doch die meisten Opfer waren keine militanten Kämpfer, sondern Zivilisten. Im Mai 2021 wurde bekannt, dass es sich bei mindestens vierzig Prozent aller zivilen Opfer von US-Luftangriffen in Afghanistan um Kinder gehandelt hat. Konkret geht es hier um 1 600 Kinder. Insgesamt wurden im genannten Zeitraum mindestens 2 122 Zivilisten durch die Angriffe der NATO in Afghanistan getötet.[24] 2020 fokussierte sich eine Gruppe von Journalisten auf zehn Luftangriffe, die zwischen 2018 und 2019 in Afghanistan stattfanden, und stellte dabei fest, dass mindestens 150 Zivilisten, darunter 70 Kinder, getötet wurden. Im Gegensatz zu vielen anderen »Ermittlern« – etwa der US-Regierung selbst – besuchten die Journalisten die Schauplätze des Geschehens und konnten detaillierte Eindrücke und Fakten sammeln. Ähnlich wie im Fall von Abdul Hadi oder anderen Drohnenopfern, denen ich in den letzten Jahren begegnet bin, behaupteten auch hier die Angehörigen der Opfer, dass sie weder eine Entschuldigung noch irgendeine Art der Entschädigung erhalten hätten. Stattdessen wurden ihre getöteten Familienmitglieder einfach als »Terroristen« abgestempelt. In sechs der zehn Fälle sprach das US-Militär selbst nach den Ergebnissen der Recherche weiterhin von »Selbstverteidigung«.[25]

»Es ist in Afghanistan praktisch unmöglich, Zivilisten von bewaffneten Kämpfern zu unterscheiden. Jeder, der das Gegenteil behauptet, lügt. Wir haben jahrelang Menschen getötet, ohne ihre Identitäten zu kennen«, erzählt mir Lisa Ling im März 2021. Ling weiß, wovon sie spricht. Einst diente sie der US-Luftwaffe und war als Technikerin für die Wartung von bewaffneten Drohnen in Afghanistan zuständig. Ihr Fokus lag hauptsächlich auf jener Hardware, die an die unbemannten Fluggeräte angebracht wird, um Ziele mittels Funksignale zu lokalisieren. Doch aufgrund der zunehmenden Zahl ziviler Opfer in Afghanistan begann Ling, ihre Arbeit sowie den gesamten »War on Terror« zu hinterfragen. Sie kam zu folgendem Schluss: »Durch unseren Terror kreieren wir nur noch mehr Terror.« Daraufhin stieg sie aus dem Drohnenprogramm aus. Seitdem engagiert sie sich als Whistleblowerin und Kritikerin, die das Programm anprangert, für das sie einst gearbeitet hat. Dabei wägt Ling allerdings jedes Wort, das sie mit der Öffentlichkeit teilt, genaustens ab und lässt sich rechtlich beraten. Ansonsten könnte sie von der US-Regierung schnell als »Verräterin« verfolgt werden und im Gefängnis landen, ähnlich wie andere Whistleblower, die bereits Haftstrafen verbüßen. Im Juli 2021 wurde der Whistleblower Daniel Hale zu einer Freiheitsstrafe von 45 Monate Haft verurteilt. Hale gab geheime Dokumente zum Drohnenkrieg an den US-Journalisten Jeremy Scahill weiter. Drohnenangriffe wie jener, der Abdul Hadis Vater Hajji Delay auslöschte, sind für Ling alles andere als eine Überraschung. Ling zufolge haben sich derartige Dinge in den letzten zwanzig Jahren tausendfach in Afghanistan sowie in anderen Ländern, die vom »War on Terror« heimgesucht werden, ereignet.

Allein in Khost sollen sich laut Abdul Hadi und anderen Einwohnern, die ich in den letzten Jahren interviewt habe, Hunderte von Drohnenangriffen stattgefunden haben. Dass es in Afghanistan viele Menschen wie Abdul Hadi gibt, die die Amerikaner und ihre Verbündeten nicht als »die Guten« sehen und sich stattdessen über deren Abzug freuen, geht auch in diesen Tagen in der westlichen Berichterstattung unter. Stattdessen will man sich weiterhin als Heilsarmee darstellen, die aufgrund der »Barbaren« versagt hat und nun abziehen muss. Orientalistische und rassistische Narrative werden in diesem Kontext weiterhin aufrechterhalten. Dabei sollte es keine Überraschung sein, dass die Opfer des »War on Terror« für die amerikanischen Soldaten und ihre Verbündeten wenig bis gar keine Sympathien empfinden und diese in erster Linie für ihr Leid verantwortlich machen. »Ich hoffe sehr, dass wir Afghanen miteinander Frieden schließen und unser Land zur Ruhe kommt«, sagt Abdul Hadi. Er meint, dass dieser Frieden nicht mit Drohnen oder Bomben geschaffen werden kann, sondern nur mit einem aufrichtigen, innerafghanischen Dialog und einer diplomatischen Lösung.

Das Vermächtnis der CIA

Wer durch Kabul spaziert, wird auch in diesen Tagen die Präsenz auffälliger Militärfahrzeuge bemerken, die oftmals eine Kolonne bilden und sich aggressiv durch den stockenden Verkehr der Hauptstadt schlängeln. Schwer bewaffnete Soldaten, in Gedanken wohl schon bei ihrem nächsten Einsatz, sind darin erkennbar. Auf den schweren Geländewagen ist die Aufschrift »NDS« zu lesen. Beim NDS (»National Directorate of Security«) handelt es sich um den afghanischen Inlandsgeheimdienst, der nach 2001 von der CIA aufgebaut wurde. Er ist de facto der verlängerte Arm des US-Geheimdienstes in Afghanistan – und er terrorisiert Teile der afghanischen Bevölkerung regelmäßig. »Sie haben mitten in der Nacht sein Haus gestürmt und ihn einfach mitgenommen«, erzählt Mohammad Rahim, der aus Angst darum gebeten hat, seinen echten Namen nicht zu veröffentlichen. Ein Cousin, der einst selbst in der Armee diente, wurde im März von NDS-Einheiten verhaftet – ohne Grund. Die bewaffneten Männer landeten mit einem Hubschrauber auf dem Dach der Familie. Kurz darauf drangen sie mit Gewalt in das Haus ein und entführten den Mann. Die Familie hat den betroffenen Kabuler Stadtteil mittlerweile aus Angst verlassen. »Warum werden unschuldige Menschen einfach verschleppt? Wir alle sind besorgt und können meinen Cousin seitdem nicht mehr kontaktieren«, sagt Rahim.

Eine ähnliche Operation endete am 5. Januar 2020 mit einem Massaker. Gegen 19.30 Uhr stürmten NDS-Einheiten ein Haus in einem bekannten Stadtteil Kabuls. Wenige Stunden später waren fünf Menschen tot. »Sie griffen unser Haus in einer äußerst brutalen Art und Weise an und hinterließen ein Blutbad«, erzählte mir einer der Zeugen später. Unter den Todesopfern befanden sich ein Mann namens Amer Abdul Sattar, ein bekannter Mudschaheddin-Kommandant, der in den 1980er-Jahren die Sowjets bekämpfte und seit geraumer Zeit ein wichtiger Verbündeter des afghanischen Präsidenten Ashraf Ghani war. Sattar stammte aus der nördlich von Kabul gelegenen Provinz Parwan und war über das Wochenende bei Freunden in der Hauptstadt zu Gast. »Sattar und sein Sohn waren unsere Gäste. Sie wurden gemeinsam mit meinem Vater und einem meiner Brüder ermordet«, sagte mir Shafi Ghorbandi, der Sohn des getöteten Gastgebers. Alle Hinweise wiesen darauf hin, dass Sattar das Ziel der NDS-Razzia war. Auch sein Sohn wurde von den Spezialeinheiten ermordet. Die Frage, warum ein politischer Verbündeter des afghanischen Präsidenten zum Ziel von dessen eigener Geheimdiensteinheit wurde, blieb allerdings unbeantwortet. Kurz nach der Razzia wurde Sattars Familie von Ghani im Arg, dem afghanischen Präsidentenpalast, empfangen. Der Präsident versprach eine Untersuchung des Massakers. Währenddessen wurde der NDS-Überfall in Ghorbandis Haus auch im Parlament heiß diskutiert. Mehrere Abgeordnete verlangten nicht nur eine Untersuchung im Fall Sattar, sondern auch bezüglich weiterer brutaler Razzien, die landesweit stattgefunden haben. Eine solche fand etwa im selben Monat in einem Dorf in der Provinz Laghman statt, wo ein älterer Mann von den Schatteneinheiten getötet wurde. Seine vier Söhne wurden von den Soldaten verschleppt. Die Einheiten, die für diese Taten verantwortlich sind, entstammen einem nahezu undurchschaubaren Antiterror-Netzwerk, das von der CIA im gesamten Land errichtet wurde.

Der US-Geheimdienst hat in den letzten zwei Jahrzehnten einen massiven innerafghanischen Sicherheits- und Überwachungsapparat errichtet. Es gibt mehrere CIA-Zentren im Land, etwa in Kabul, am Flughafen im östlichen Dschalalabad oder in der Stadt Khost im Südosten des Landes. Überwachungsballons dominieren das Landschaftsbild und sorgen für eine dystopische Stimmung, die schon längst zum Alltag geworden ist. Der NDS führt zahlreiche paramilitärische Schatteneinheiten, die regelmäßig ins ganze Land ausschwärmen und Operationen durchführen. Viele Beobachter des Krieges wundern sich über die Hierarchie innerhalb dieser Strukturen. Das meiste geschieht im Dunkeln. Viele hohe afghanische Offizielle, unter anderem der Präsident selbst, sind in viele Aktivitäten wohl gar nicht eingeweiht. Unumstritten sollte allerdings die Tatsache sein, dass die vollständige Kontrolle bei der CIA-Zentrale in Langley liegt: Ohne Zustimmung und Unterstützung der CIA wäre der NDS quasi bewegungsunfähig. Auch der Wahl des aktuellen NDS-Chefs, Ahmad Zia Saraj, musste erst der US-Geheimdienst zustimmen, bevor andere etwas zu sagen hatten. »Das ging nur mit dem Okay der CIA. Anders wäre das gar nicht möglich«, sagte mir ein afghanischer Sicherheitsanalyst, der anonym bleiben möchte. De facto begann dies schon während des Einmarsches der NATO-Truppen im Jahr 2001. CIA-Männer wie Greg Vogle, ein enger Gefährte Hamid Karzais und ehemaliger Leiter der Kabuler Geheimdienstzentrale, pochten darauf, bei der vermeintlichen Suche nach Terroristen ihre schattenhaften Strukturen in Afghanistan auszubauen. Rekrutiert wurden hierfür vor allem Personen aus zwei verschiedenen Gruppierungen: ehemalige Mitglieder der sogenannten Nordallianz sowie Exgeheimdienstoffiziele des KhAD, jenes Kabuler Geheimdienstes, der in den 1980er-Jahren vom sowjetischen KGB aufgebaut wurde. Für einige Beobachter mag es paradox erscheinen, dass Washington dadurch de facto mit seinen einstigen Feinden ein Bündnis einging. Der KhAD operierte während des Kalten Krieges gegen die Mudschaheddin-Rebellen, die von den Vereinigten Staaten und ihren Verbündeten unterstützt wurden. Die meisten Opfer dieses berühmt-berüchtigten Geheimdienstes waren allerdings Zivilisten. Die Kriegsverbrechen des KhAD wurden bis heute nicht aufgearbeitet. Ähnlich wie im Fall von syrischen Geheimdienstoffiziellen, die in den letzten Jahren nach Europa geflüchtet sind, ließen sich auch im Fall des KhAD einige Kriegsverbrecher in Deutschland oder in den Niederlanden lokalisieren. Die beiden Länder wurden nach dem Fall des kommunistischen Regimes in Kabul ein beliebtes Ziel von Afghanen, die der DVPA angehörten und dem Militär oder dem Geheimdienstapparat des Regimes dienten.[26] Während die Opfer des KhAD bis heute traumatisiert sind und nach ihren verscharrten Angehörigen, die einst vom Geheimdienst entführt und ermordet wurden, suchen, haben einige der damaligen Führungsfiguren dank des »War on Terror« eine Art Comeback erlebt. Kriegsverbrecher wie Mohammad Najibullah, der letzte kommunistische Diktator Afghanistans sowie der wohl bekannteste KhAD-Chef, werden als Helden zelebriert. Ihr Schreckensregime wird relativiert und romantisiert. Die CIA setzte dennoch auf die einstigen KBG-Lehrlinge und betrachtete sie als geeignetes und trainiertes Geheimdienstpersonal. Weniger professionell erschienen die Rekruten aus dem Umfeld der Nordallianz, weshalb viele von ihnen in die USA entsandt wurden, um ausgebildet zu werden.

Das beste Beispiel hierfür ist Amrullah Saleh, Afghanistans gegenwärtiger Vizepräsident, der in den ersten Jahren der Karzai-Ära zum NDS-Chef aufstieg. Verschiedene Menschenrechtsorganisationen werfen ihm bis heute zahlreiche Kriegsverbrechen vor. Die NDS-Gefängnisse gehören zu den brutalsten Auswüchsen des »War on Terror«. Selbst die unvorstellbarsten Folterpraktiken wurden hier regelmäßig angewendet. In Afghanen wie Saleh fanden die Amerikaner das geeignete Personal für die Drecksarbeit. Berühmt-berüchtigt war auch Mohammad Arif Sarwari, Salehs Vorgänger, der den Posten des NDS-Chefs umgehend nach dem Fall der Taliban übernahm. Sarwari war einst für den Geheimdienst des Mudschaheddin-Führers Ahmad Shah Massoud in federführender

Position tätig. Nachdem die Mudschaheddin Kabul eroberten, übernahm Sarwari den KhAD und begann eine Zusammenarbeit mit den kommunistischen Geheimdienstoffiziellen in Kabul. Diese Allianz erlebte dank des »War on Terror« eine Wiedergeburt. Ein bekannter Exkommunist, der den NDS leitete, ist etwa Masoum Stanekzai, der in den Ghani-Jahren mit der Ausweitung von brutalen Razzien, die zahlreichen Zivilisten das Leben kosteten, für Aufmerksamkeit sorgte. Aufgrund der zunehmenden Kritik musste er seinen Posten an den Nagel hängen. Ironischerweise leitet Stanekzai gegenwärtig das Verhandlungsteam der afghanischen Regierung in den Friedensgesprächen mit den Taliban.

Im Laufe der US-Besatzung entwickelte sich der NDS zu einem mafiösen Geheimdienstnetzwerk, dem dank der CIA sämtliche Ressourcen zur Verfügung gestellt wurden. Anstatt die einstigen Verbrechen des KhAD aufzuarbeiten, wurde aus dem NDS ein KhAD 2.0, der die brutalen Verhörmethoden des KGB mithilfe der CIA perfektionierte. Trotz der eindeutigen Hierarchie zwischen den Amerikanern und den Afghanen gelang den NDS-Agenten immer wieder, von ihrer Position Gebrauch zu machen. Sie führten persönliche Vendetten durch, ließen aufgrund ihrer ideologischen Gesinnung hemmungslos Zivilisten bombardieren oder etablierten dank der aus Washington und Langley subventionierten Millionen ihre privaten Fürstentümer, die dank Terror und Menschen- sowie Drogenhandel am Leben erhalten wurden. Eine Person, die diesen kriminellen Lebensstil besonders verkörpert, ist Asadullah Khaledbis vor kurzem Afghanistans Verteidigungsminister. Khaled war in der Vergangenheit als NDS-Chef sowie als Gouverneur mehrerer Provinzen tätig. In allen Positionen soll er laut verschiedenen, internationalen Menschenrechtsorganisationen massive Menschenrechtsverbrechen begangen haben, darunter Folter, sexuellen Missbrauch und Mord. Berichten zufolge hielt Khalid einen persönlichen Folterkeller in seinen Residenzen in den Provinzen Kandahar und Ghazni. Außerdem ließ er junge Mädchen entführen, die er als Sexsklavinnen hielt. Hinzu kommt, dass er laut einer ausführlichen Recherche des kanadischen Senders CBS News fünf UN-Mitarbeiter ermorden ließ, da deren Arbeit seine lukrativen Drogengeschäfte gefährdete. Khalids zahlreiche Vergehen wurden 2009 sogar im kanadischen Parlament behandelt. Dort kam man mehr oder weniger zum Schluss, dass man sich in Afghanistan mit äußerst problematischen Akteuren verbündet hatte.

Es liegt auf der Hand, dass jene Akteure nicht von heute auf morgen verschwinden werden. Der NDS sowie die paramilitärischen Einheiten der CIA gehören zu den blutigsten Folgen des »War on Terror« in Afghanistan. Sie werden auch nach dem vollständigen Abzug der NATO-Truppen weiterhin als verlängerter Antiterror-Arm am Hindukusch präsent sein. Zu was für einem Dilemma dies führen kann, wird etwa in der Provinz Khost deutlich. Diese wird seit Jahren in weiten Teilen von der sogenannten Khost Protection Force (KPF), die von der CIA gegründet wurde, kontrolliert. Die KPF ist für zahlreiche Menschenrechtsverbrechen bekannt. Regelmäßig werden Zivilisten von ihr verschleppt, gefoltert und ermordet.[27] 2017 traf ich während meiner Recherchen in Khost erstmals persönlich auf die CIA-Miliz. Meine journalistische Tätigkeit musste ich verschleiern und gab mich als einfacher Besucher aus Kabul aus. Ansonsten hätte ich womöglich das Schicksal des afghanischen BBC-Journalisten Ahmad Shah geteilt. Dieser wurde im April 2018 in Khost von »unbekannten Tätern«, wie einige Medien berichteten, getötet. Dabei war es ein offenes Geheimnis, dass die KPF den Journalisten nach mehreren Drohungen ermordet hatte. Zahlreiche Lokaljournalisten in Khost wussten davon. Eine transparente Berichterstattung hätte allerdings nicht nur die Journalisten, sondern auch ihre Familien vor Ort gefährdet, weshalb die Involvierung der KPF im Fall Ahmad Shah in der Berichterstattung unterging. Die Miliz jagt vor allem jene Journalisten und Menschenrechtsaktivisten, die sich auf ihre sowie amerikanische Kriegsverbrechen in der Region fokussieren. Mehrere Kollegen in Khost, die in der Vergangenheit mit mir zusammengearbeitet haben, baten mich deshalb explizit darum, ihre Namen nicht zu veröffentlichen.[28] Das Terrorregime der KPF schürt seit Jahren Extremismus in der Region. Viele Opfer der Miliz haben sich mittlerweile den Taliban angeschlossen. Die Kurzsichtigkeit des amerikanischen Antiterror-Kampfes wird in Khost besonders deutlich. »Sobald ihr hoher Sold wegfällt, werden sie die Stadt ausplündern«, sagte mir ein Händler aus der Provinz während meiner Recherchen vor Ort. Wann und ob dies geschieht, ist gegenwärtig unklar. Die Zukunft der CIA in Afghanistan ist weiterhin ungeklärt. Ebenso wenig ist klar, ob sie tatsächlich wie das US-Militär abziehen wird. Es liegt in der Natur eines Geheimdienstes, derartige Dinge nicht mit der Öffentlichkeit zu teilen.

Fünftes Vergehen: Die Generierung von Fluchtwellen

Als ich das erste Mal vor mehr als sechs Jahren vor dem Passamt in Kabul stand, war dort die Hölle los. Mitten in der brütenden Hitze hatten sich dort Hunderte, ja, vielleicht sogar Tausende von Menschen versammelt. Viele von ihnen waren aus anderen Provinzen angereist und sind mitten in der Nacht aufgetaucht, um sich einen Platz in der Schlange zu sichern. Der Grund: Sie wollten aus Afghanistan flüchten und endlich in Sicherheit leben. Doch dafür brauchen die meisten Afghanen einen neuen Reisepass. Der alte, handgeschriebene Pass wurde im selben Jahr für ungültig erklärt. Der neue afghanische Pass, der seitdem existiert, ist biometrisch und soll die Identität des Besitzers leichter überprüfbar machen. Dass der neue Pass ausgerechnet damals eingeführt wurde, war allerdings kein Zufall. Immerhin war es der Sommer 2015. Hunderttausende von Afghanen zogen gemeinsam mit anderen Geflüchteten aus Syrien, Somalia oder Iran gen Europa, wo man bis heute von der sogenannten »Flüchtlingskrise« spricht und in Feuilletons und Talkshows eifrig darüber diskutiert. Die afghanische Regierung wollte aus der Fluchtwelle Profit schlagen. Ein neuer Pass kostete

5 000 Afghani, rund siebzig Euro. Viele Afghanen wollten damit nach Pakistan oder in den Iran oder die Türkei flüchten, denn zeitgleich eskalierte die Gewalt im Land. Während Ghanis instabiler Machtapparat »regierte«, wurden mehrere urbane Zentren des Landes von Selbstmordangriffen und Bombenanschlägen der Taliban heimgesucht. Zeitgleich trat auch die afghanische IS-Zelle in Erscheinung und sorgte für eine zusätzliche Eskalation des Konflikts. Der »War on Terror« gehörte allerdings zu den grundlegenden Wurzeln des Dilemmas. 2015 gehörte der Krieg in Afghanistan zu den tödlichsten Konflikten der Welt. Die NATO-Intervention im Land, die 2015 offiziell umbenannt wurde von »Operation Enduring Freedom« in »Resolute Support Mission«, hatte bereits zum damaligen Zeitpunkt all ihre Ziele verfehlt. Afghanistan wurde nicht sicherer, sondern unsicherer. Der Großteil der Bevölkerung profitierte in keiner Weise von westlichen Hilfsgeldern, sondern verarmte, während die korrupte Polit-Elite ein teures Jetset-Leben führte und die meiste Zeit im sicheren Ausland verweilte. Extremistischen Gruppierungen wurde nicht der Nährboden entzogen, sondern sie nur noch weiter gestärkt. Die Anzahl der Taliban-Kämpfer nahm stetig zu, während mit dem IS ein komplett neuer Akteur in Afghanistan Fuß fassen konnte. Die Verantwortlichen wollten sich mit diesen Realitäten nicht auseinandersetzen. Der Geflüchtetenstrom aus Afghanistan stellte für Deutschland und andere europäische Staaten ein Problem dar. Die verantwortlichen Politiker wussten, dass der »gute Krieg« und das »nation building« zum Desaster geworden waren. Doch man wollte sich diesen Umstand nicht öffentlich eingestehen.

Die Folgen dieser Politik sind teils bizarr, wie sich etwa im Hotel »Spinzar« beobachten lässt, das im Herzen Kabuls liegt. Nahe der belebten Hauptstraße, dem altem Basar sowie der bekannten »Moschee des Zweischwertigen Königs« spazieren viele Menschen am Hotel vorbei, ohne dem Gebäude Beachtung zu schenken. Bei meinem Besuch im Frühjahr 2021 wirkt es unauffällig und etwas heruntergekommen, so wie viele andere Bauten in der Gegend. Übersetzt bedeutet Spinzar »weißes Gold«, doch von Glanz ist auch im Hotel nichts zu sehen. Vielmehr erscheint der Alltag dort etwas öde: Ein Wachmann sitzt gelangweilt vor dem Eingang, die seltenen Besucher checkt er nur flüchtig. Der Rezeptionist starrt auf seinen Handybildschirm. Manchmal ruft er Gäste auf, nach denen gefragt wird. Die Lobby mit den verstaubten Möbeln ist meist leer, ebenso der Essenssaal. Doch ausgerechnet im »Spinzar« landen mehrmals in der Woche abgeschobene Geflüchtete aus aller Herren Länder. Allein in den letzten Tagen und Wochen wurden Abgeschobene aus Deutschland, Österreich und dem Iran hier von den Behörden eingecheckt, der erste Schritt in das neue, alte Leben der abgeschobenen Afghanen. Seit rund fünf Jahren arbeitet das Hotel mit der Internationalen Organisation für Migration (IOM) zusammen. Viele der Gäste sind verzweifelte Menschen, die in Kabul keine Anlaufstelle haben. Nachdem die Geflüchteten am Kabuler Flughafen landen, sind sie praktisch gezwungen, im Hotel zu übernachten – oder auf der Straße, wo sie vollkommen ungeschützt sind. Erst vor wenigen Stunden sind hier zwei Männer gelandet: Jawed Hussaini, 27, und Taheb Shinwari, 28. Am 18. Februar 2021 waren sie noch in Wien. Einen Tag später sind sie in Kabul, wo allein in den vergangenen Tagen mehrere Autobomben hochgingen, während kriminelle Banden für Unruhe sorgen. Die Taliban kontrollieren mittlerweile mehr als die Hälfte des übrigen Landes, darunter auch Regionen, die nur wenige Kilometer entfernt von der Hauptstadt liegen. Abgeschoben wird allerdings trotzdem. 2016, rund ein Jahr nach dem Ausbruch des »großen Flüchtlingssommers«, unterzeichnete die Europäische Union einen Abschiebedeal mit der afghanischen Regierung von Präsident Ashraf Ghani. Seitdem beteiligen sich auch Österreich und Deutschland an Sammelabschiebungen. Mittels Charterfliegern oder Flugzeugen von »Turkish Airlines« oder »Qatar Airways« geht es zurück in die Kriegsdystopie. Besonders paradox erscheint das Ganze aber erst, wenn man einen solchen Flug persönlich erlebt. Die Flugstrecke Istanbul – Kabul ist etwa besonders beliebt, was Abschiebungen (und jegliche sonstige Reisen) nach Afghanistan angeht. Während einer solche Strecke befinden sich meist Journalisten, Diplomaten, NGO-Mitarbeiter und wohlhabende afghanische Politiker gemeinsam mit abgeschobenen Geflüchteten im selben Flieger. Besonders bizarr war eine Szene, in der ich Maryam Suleimankhel, eine bekannte, korrupte Parlamentarierin, die in Kalifornien aufwuchs und eine US-Staatsbürgerschaft besitzt, in der ersten Klasse jenes Fliegers erkannte, der einige Reihen weiter hinten mit Abgeschobenen aus Istanbul gefüllt war. Auch die Türkei gehört zu jenen Staaten, die afghanische Geflüchtete massenweise abschieben, während reiche Afghanen – meist Mitglieder der Polit-Elite – sich in das Land einkaufen können und etwa mittels Immobilieninvestitionen leicht an die türkische Staatsbürgerschaft kommen. Suleimankhel hatte ihre Hände voll mit den Einkaufstaschen bekannter Luxusmarken, während die Geflüchteten auf einige Euro Hilfe seitens der IOM in Kabul hofften.

»Es hieß, dass ich vor Ort Geld bekommen würde. Darauf warte ich nun«, sagte mir auch Jawed Hussaini, den ich 2021 im »Spinzar« traf. Nach mehr als fünf Jahren in Innsbruck stimmte er seiner »freiwilligen Rückkehr« zu. Ganz freiwillig war sie allerdings nicht, auch wenn sie in der Statistik so angeführt wird – und nicht als Zwangsabschiebung. Während Hussaini von familiären Problemen geplagt wurde, nahm man ihm jede Hoffnung auf eine Zukunft in Österreich. »Mir blieb nichts anderes übrig als eine Rückkehr. Ich fühlte mich zunehmend unwohl und wurde depressiv. Die Behörden gaben mir das Gefühl, kein Mensch zu sein«, erzählte er mir. In Innsbruck nahm er manchmal Ein-Euro-Jobs an, die ihm seitens der Geflüchtetenunterkunft angeboten wurden. Eine Arbeitserlaubnis erhielt er allerdings nicht. Mit dem bisschen Kleingeld, das er sich dazuverdiente, zog er abends durch die Stadt und gönnte sich manchmal ein Bier im »Moustache«. Als ich den Namen der Bar hörte, während ich im »Spinzar« saß und meine Notizen machte, blickte ich auf. Vor Jahren arbeitete ich dort als Türsteher. Bis heute besuche ich das »Moustache« gerne und regelmäßig.

Während des Gesprächs mit Hussaini war es merkwürdig, diesen »Schnittpunkt« mit ihm zu haben. Während der Abgeschobene die Bar in der Innsbrucker Altstadt wohl nie wieder sehen wird, habe ich aufgrund eines Stücks Papier, das ihm verwehrt wurde, weiterhin jegliche Freiheiten. Dieser Gedanke ging mir nicht aus dem Kopf, während ich ihm zuhörte. Rückblende in den Sommer 2015: Hussaini zieht mit zahlreichen anderen Geflüchteten in Richtung Europa. Seine Reise beginnt nicht in Afghanistan, sondern im Iran, seinem Geburtsort, an dem seine Familie bis heute verweilt, ähnlich wie Hunderttausende weitere Angehörige der afghanischen Hazara-Ethnie. Viele Hazara flohen in den 1990er-Jahren vor dem Bürgerkrieg in den ebenfalls schiitischen Iran. Im Nachbarland sind sie seither institutionelle und gesellschaftliche Rassismus ausgeliefert. Die Hazara sind vor allem aufgrund ihrer »mongolischen« Gesichtszüge und ihres Hazaragi-Dialekts leicht erkennbar. Hussaini wird dennoch in den Iran zurückkehren. »Ich kenne in Kabul niemanden. Die Stadt ist mir fremd«, sagte er mir. Außerdem sei sein Vater alt und krank. In der afghanischen Heimatprovinz von Husseinis Familie, Maidan Wardak nahe Kabul, herrscht seit Jahren Krieg. Fast die ganze Provinz wird von den Taliban kontrolliert. Hinzu kommen in diesen Tagen ethnische Spannungen zwischen Hazara und paschtunischen Nomaden. »Ich wäre in vierzig Minuten in Wardak, doch das wäre Selbstmord. Die Lage in Kabul ist schon schlimm genug«, sagt Hussaini. Im Iran will er eine Familie gründen. Mit Europa hat er abgeschlossen.

Taheb Shinwari hingegen hat andere Pläne und eine andere Fluchtgeschichte. Der bärtige Paschtune stammt aus der östlichen Provinz Nangarhar, die in den letzten Jahren zu den unruhigsten Regionen des Landes wurde. Hier versammelt sich die gesamte, schreckliche Vielfalt des Kriegs in Afghanistan. Der IS, die Taliban, afghanische CIA-Milizen, die meist Zivilisten töten, täglich stattfindende Drohnenangriffe sowie – der Höhepunkt der Gewalt – der Abwurf der sogenannten Mutter aller Bomben, der größten, nichtnuklearen Bombe des US-Militärs, im April 2017. Shinwari verließ

Afghanistan im selben Jahr. Nach einem gezielten Selbstmordanschlag auf lokale Sicherheitskräfte sieht er sich gezwungen zu fliehen. Der Grund: Auch er war ein Milizionär, der für die Regierung die Taliban bekämpfte. Shinwari ist diesbezüglich kein Einzelfall. Afghanistans junge Generation kennt praktisch nur den Krieg und ist mit ihm verwoben. Alle Seiten, auch die afghanischen Sicherheitskräfte, rekrutieren nicht nur junge Männer, sondern oftmals auch Minderjährige. Mit diesem Leben wollte Shinwari abschließen. Nachdem er mehrere Tausend Dollar aufgebracht hatte, reiste er ab. In Österreich kam er erst nach drei Jahren an. Vorher saß er in mehreren Ländern entlang seiner Fluchtroute fest, hauptsächlich im Iran. In Wien kam Shinwari erst im Jahr 2020 an, kurz vor dem Ausbruch der Corona-Pandemie. Dort traf er viele Afghanen, die dasselbe durchgemacht hatten wie er. Das Leben in der österreichischen Hauptstadt war anders: angenehm und sicher. Shinwari dachte, endlich am Ziel angekommen zu sein. Mit seinen Freunden spazierte er durch die Straßen und wusste, dass dort keine Bombe hochgehen würde. Es gab weder Checkpoints noch Waffen oder Gewalt. »In Wien kann man leben und eine Familie gründen. Ich träumte davon, einen Supermarkt oder einen Handyladen zu eröffnen«, erinnerte sich Shinwari während unseres Gespräch. Doch sein Traum fand ein schnelles Ende. Die österreichischen Behörden fanden Shinwaris Geschichte unglaubwürdig. Sein Fluchtgrund sei womöglich erfunden. Afghanistan habe genug »sichere« Regionen, um dort leben zu können. Der Asylantrag wurde abgelehnt. Einen Anwalt nahm er sich umsonst.

Am 19. Februar 2021 wurde Shinwari von der Polizei abgeholt und in einen Flieger gesetzt. Er war wütend, doch er wehrte sich nicht. »Viele jener Menschen, die über unser Schicksal entscheiden, wissen gar nicht, was in Afghanistan vor sich geht. Sie würden sich dort niemals hintrauen. Ich muss es dennoch tun«, sagte er. Die Menschen, von denen Shinwari spricht, sind oftmals etwa Sachverständige, die für österreichische oder deutsche Gerichte tätig sind, um die Sicherheitslage vor Ort zu beurteilen. Ein bekanntes Beispiel hierfür ist etwa Karl Mahringer, ein Afghanistan-Gutachter, der im Mai 2019 aufgrund zahlreicher Unregelmäßigkeiten seinen Job verlor. Mahringer galt vor Gericht lange Zeit als »fixe Instanz« und war nicht nur für Afghanistan zuständig, sondern auch gleich noch für Irak und Syrien. Seine »Analysen« ließen sich meist wie einseitige Reiseberichte lesen. Ein weiterer bekannter Gutachter ist der österreichisch-afghanische Politikwissenschaftler Sarajuddin Rasuly. Er sprach sich im Juli 2021 für Abschiebungen nach Afghanistan aus und behauptete, dass in der Hauptstadt Kabul sowie in Herat im Westen des Landes ein sicheres Leben möglich sei. Auf welche Daten und Erkenntnisse sich Rasuly hierbei bezog, ist nicht bekannt. Ebenso wenig weiß man, wann seine letzte Reise nach Afghanistan stattfand.[29] Dass derartige Menschen über das Schicksal von afghanischen Geflüchteten entscheiden, ist für Hussaini und Shinwari ein Skandal.

Im »Spinzar« wirken die beiden Abgeschobenen müde und geknickt. »Vor einigen Jahren brachte sich im Hotel ein junger Mann nach seiner Abschiebung um. Da haben erst viele gemerkt, was hier vor sich geht«, erzählte mir ein Buchhändler, dessen Stand sich in der Nähe des Hotels befindet. Der Mann, von dem er sprach, hieß Jamal und wurde im Juli 2018 aus Deutschland abgeschoben. Er gehörte zu jenen Geflüchteten, die bundesweit als »Seehofers 69« bekannt wurden. Es handelte sich bei ihnen um 69 afghanische Geflüchtete, die während des Geburtstags von Bundesinnenminister Horst Seehofer abgeschoben wurden. Das »Spinzar« profitiert von der Zusammenarbeit mit der IOM. Die Probleme der Abgeschobenen nimmt das Hotelpersonal trotzdem ernst. »Wir unterstützen ihre Abschiebung nicht. Sie haben große Risiken auf sich genommen, um vor dem Krieg zu flüchten. Dass sie am Ende, teils mit Gewalt, zurückgebracht werden, ist auch für uns schmerzhaft«, erklärte mir Jawed Noori, der als Rezeptionist im Hotel arbeitet. In den letzten Monaten und Jahren fanden auch nahe des »Spinzar« Selbstmordanschläge und andere Bombenattentate statt. Immerhin liegen unweit des Hotels das afghanische Außenministerium und andere Regierungsinstitutionen und Militäreinrichtungen, die regelmäßig zum Ziel terroristischer Gruppen werden. Die Nacht im »Spinzar« mitsamt Verpflegung kostet 1 000 Afghani, etwas mehr als zehn Euro. Die Rechnung begleicht die IOM. Allerdings wird die Differenz von jener finanziellen »Starthilfe« abgezogen, die die Abgeschobenen nach ihrer Rückkehr von der Organisation erhalten. Sogenannte »freiwillige Rückkehrer« bekommen etwas mehr Geld ausgezahlt als jene, die vollkommen unfreiwillig und mit Gewalt zurückgebracht wurden. Im Großen und Ganzen geht es allerdings nur um wenige Hundert Euro – und mit denen kommt man ohnehin nicht weit.

Ein Mann, der über Abschiebungen nach Afghanistan womöglich am besten Bescheid weiß, ist Abdul Ghafoor, ein Hazara Mitte dreißig. Er schaffte es einst nach Norwegen, bevor er 2013 selbst abgeschoben wurde. Kurz darauf gründete er AMASO (Afghanistan Migrants Advise and Support Organization), eine NGO für die Belange von Abgeschobenen. In Abdul Ghafoors einstigem Ein-Mann-Betrieb sind mittlerweile vier weitere Afghanen beschäftigt. Das Büro von AMASO liegt im bekannten Kabuler Stadtteil Pol-e Surkh, in dem stets reges Treiben herrscht. »Die Abschiebungen nach Afghanistan sind ein großer Fehler. Die Sicherheitslage vor Ort wird in vielen Fällen bewusst falsch eingeschätzt, um Rückführungen und Abschiebungen zu rechtfertigen«, erklärte mir Ghafoor im Frühjahr 2021. Seine NGO kümmert sich vor allem um marginalisierte Abgeschobene, die vor Ort niemanden haben. Junge Männer wie Hussain oder Shinwari kennt er zuhauf. Viele von ihnen sind mittlerweile nicht mehr erreichbar, weil sie sich in ihren zweiten Fluchtversuch gestürzt haben. Diese Fluchtwelle wird in Anbetracht der eskalierenden Sicherheitslage wohl in unmittelbarer Zukunft kein Ende nehmen. »Die meisten befinden sich wohl im Iran«, so Ghafoor. Anderen versucht er zu helfen. AMASO biete Abgeschobenen Workhops oder günstige WGs an. Außerdem versucht man, finanzielle Starthilfen aufzutreiben und Jobs zu beschaffen. Ghafoors wichtigste Message: »Du bist abgeschoben worden, aber das ist nicht das Ende der Welt.« Er weiß, dass das womöglich zu optimistisch klingt, weshalb er weiterhin an EU-Staaten appelliert, ein Abschiebestopp nach Afghanistan zu verhängen. Währenddessen hat sich Taheb Shinwari mit seiner Zukunft in Afghanistan abgefunden. Er ist zum Schluss gekommen, dass er sich jenem Leben, von dem er sich einst verabschiedet hat, nicht entziehen kann. »Ich muss zurück nach Nangarhar. Dort wird man mich wieder für die Miliz rekrutieren. Es gibt keine andere Arbeit und in Kabul habe ich nichts und niemanden«, resümierte er. Khayesta Mohammadi, einer von »Seehofers 69«, weiß, wovon Shinwari spricht. Er stammt aus dem Distrikt Khogyani, der auch in Nangarhar liegt. Er wird von den Taliban kontrolliert.

Mohammadi und sein Bruder kämpften einst für die afghanische Armee. Nachdem sein Bruder getötet wurde, entschloss er sich zu fliehen. In Deutschland begann er mit einem neuen Leben, das im Juli 2018 abrupt unterbrochen wurde. »Die haben mich abgeschoben, weil dieser Typ [Seehofer] Geburtstag hatte. Das ist doch nicht zu fassen, oder?«, fragte Mohammadi entgeistert, nachdem ich ihn im Frühjahr 2021 in Kabul gefunden hatte. Seit 2016 hat Deutschland über 1 000 Personen nach Afghanistan abgeschoben. Angeblich sind es vor allem straffällig gewordene alleinstehende Männer, denen die deutschen Asylbehörden bescheinigen, dass sie in ihrer Heimat sichere Regionen finden, in denen sie nicht bedroht seien. Doch Menschenrechtsorganisationen haben immer wieder kritisiert, dass bei Sammelabschiebungen auch junge Familien getrennt wurden und dass die Abgeschobenen nicht immer straffällig geworden waren. Im vorigen Jahr setzten die deutschen Behörden auf Bitten der afghanischen Regierung die Abschiebeflüge von März bis Dezember wegen der Corona-Pandemie aus. Inzwischen finden sie aber wieder regelmäßig statt. Für Mohammadi sind diese Entwicklungen ein Skandal, der seinesgleichen sucht. »In Afghanistan gibt es keine Menschenrechte, das ist uns bekannt. Europa ist allerdings nicht wirklich besser, was diesen Punkt anbelangt. Die meisten Abgeschobenen sind keine Kriminellen. Als Straftat gilt übrigens auch das Schwarzfahren mit der Bahn«, so Mohammadi. Mittlerweile ist er verheiratet und Vater. Außerdem rückt seine Rückreise nach Deutschland immer näher. Seine Freunde und Anwälte haben sich um seinen Fall gekümmert, sodass er nicht nur mittels eines Visums wiedereinreisen kann, sondern auch seine neu gegründete Familie mitnehmen darf. »Ich liebe Afghanistan, doch ich habe mit meinem Land abgeschlossen. Der Tod ist hier zu allgegenwärtig. Ich muss an meine Familie denken«, so Mohammadi. Im Juli 2021 fand der vierzigste deutsche Abschiebeflug seit der Unterzeichnung des »Joint Way Forward«-Abkommens mit der afghanischen Regierung statt. Einige Tage zuvor zogen die letzten deutschen Truppen aus Afghanistan ab. Inmitten von Krieg und Pandemie schiebt die deutsche Bundesregierung weiterhin afghanische Geflüchtete ab. Obwohl viele Menschenrechtler die Praxis kritisieren, scheint sie von der Politik normalisiert worden zu sein. Sowohl in Berlin als auch in Wien und anderswo behauptet man weiterhin, dass in Afghanistan Regionen existieren würden, die angeblich sicher seien. Schuld daran ist allerdings auch die korrupte afghanische Regierung. »Unsere Politiker haben uns verkauft«, sagte auch Khayesta Mohammadi wütend, nachdem wir das Thema ansprachen. Tatsächlich wurde der Abschiebedeal von der afghanischen Regierung nur unterzeichnet, um weiterhin Hilfsgelder aus der EU akquirieren zu können. Währenddessen haben führende afghanische Politiker ihre Familien schon längst außer Landes gebracht. Die Kinder von Präsident Ashraf Ghani, der einst selbst ein Geflüchteter war, leben seit Jahrzehnten in den Vereinigten Staaten, wo sie geboren wurden. In Anbetracht der afghanischen Geflüchtetenwelle fand Ghani dennoch stets harte Worte, mit denen er sich unbeliebt machte. In einem Interview mit der britischen BBC im März 2016 meinte der afghanische Präsident etwa, dass er »keine Sympathien« für afghanische Geflüchtete hege und dass sie mit ihrer Ausreise den »Gesellschaftsvertrag« gebrochen hätten. Kurz nach der Bekanntgabe des Abzugs der NATO-Truppen im Jahr 2021 meinte Ghani, dass seine Regierung auf die Taliban vorbereitet sei. »Wer Angst hat, soll gehen«, sagte er während einer

Rede. In den Wochen darauf wurden Dutzende von Distrikten im Norden des Landes von den Taliban erobert, während afghanische Soldaten sich kampflos ergaben oder flüchteten. Mittlerweile hat Kabul um einen Abschiebestopp gebeten. Viele der aufgerufenen Staaten, darunter auch Deutschland und Österreich, wollen sich allerdings nicht daran halten und Geflüchtete weiterhin abschieben. Dass eine Abschiebung manchmal einer indirekten Hinrichtung gleichkommt, ist den Verantwortlichen anscheinend egal. Im Juli 2021 wurde etwa bekannt, dass ein abgeschobener Geflüchteter in der Provinz Baghlan, die seit Jahren zu den unruhigsten Regionen des Landes gehört, durch einen Granatenangriff ums Leben kam. Dass es sich hierbei um einen Einzelfall handelte, dürfte in Anbetracht der Massenabschiebungen sowie der hohen Todesanzahl durch den fortwährenden Krieg mehr als unwahrscheinlich sein.

Sechstes Vergehen: Die Mär von der Frauenbefreiung

»Ich befürchte, dass afghanische Frauen und Mädchen besonders zu Schaden kommen werden. Sie werden zurückgelassen und von diesen brutalen Menschen abgeschlachtet. Das bricht mir das Herz«, sagte George W. Bush in einem Interview mit der Deutschen Welle im Juli 2021. Ausgerechnet Bush zeigte sich aufgrund des NATO-Abzugs aus Afghanistan besorgt – und er wollte die Öffentlichkeit ein weiteres Mal davon überzeugen, dass sein »Kreuzzug« die Position der afghanischen Frauen verbessert hätte. Diese faktisch falschen Aussagen wurden vom verantwortlichen Medium nicht hinterfragt, vielmehr wurde dem Kriegsverbrecher Bush eine Plattform zur Selbstdarstellung gewährt.[30]

Die Befreiung der afghanischen Frau gehört seit jeher zu den wichtigsten Argumenten für Militärinterventionen am Hindukusch. Das galt nicht erst seit dem amerikanischen »War on Terror«, sondern bereits für die Kolonialisierungsversuche der Britischen Krone sowie beim Einmarsch der sowjetischen Truppen. Während die letzten Zeilen des vorliegenden Buches verfasst werden, hört man abermals vom »Verrat an den afghanischen Frauen« oder davon, dass diese »im Stich gelassen werden«. Allem Anschein nach ist nur der Westen in der Lage, die afghanischen Frauen vor ihren »wilden« Vätern, Ehemännern, Brüdern oder Söhnen zu retten. Dabei wird bei dieser Art der Berichterstattung und den damit verbundenen Narrativen meist unterschlagen, dass es den westlichen Mächten in Afghanistan nie um die afghanische Frau ging, sondern lediglich um ihre eigenen Interessen. Diese wurden in erster Linie nicht von Frauen bedient, sondern von brutalen Warlords und Menschenrechtsverbrechern, die in Sachen Frauenrechte den Taliban und anderen extremistischen Akteuren in nichts nachstanden. Diese Akteure, unter ihnen etwa bekannte Politiker, Kriegsfürsten oder religiöse Kleriker, machten sich oftmals sogar über aufstrebende Frauen, die die Position ebenjener Männer kritisch hinterfragten, lustig, behandelten diese respektlos oder beleidigten sie gar vor laufenden Kameras. Betroffen waren davon oftmals Journalistinnen, Aktivistinnen oder Politikerinnen. Ein prominentes Beispiel hierfür ist die ehemalige Parlamentsabgeordnete und Frauen- und Menschenrechtsaktivistin Malalai Joya, die 2005 während einer Parlamentssitzung mehrere anwesende männliche Abgeordnete kritisierte und zu Recht klarstellte, dass es sich bei ihnen sowie bei zahlreichen anderen Politikern in Kabul, die »mittels der Demokratie« an die Macht gekommen waren, de facto um Kriegsverbrecher handelt, die Afghanistan wenige Jahre zuvor in Schutt und Asche gelegt hatten. Joya wurde daraufhin beschimpft, angegriffen und des Saales verwiesen. Dabei sprach sie lediglich jene Tatsache an, die der Westen bis heute verdrängt: Den vermeintlichen Befreiern ging es niemals um Frauenrechte in Afghanistan, sondern lediglich um die eigenen Machtinteressen und die Erhaltung des »War on Terror«, der Millionen von afghanischen Frauen und Mädchen zusätzliches Leid bescherte. Besonders deutlich wird dies etwa in Regionen Afghanistans, die selten von westlichen Journalisten aufgesucht werden. Ein Beispiel hierfür ist das Dorf Badikhel in der Provinz Khost nahe der pakistanischen Grenze. Rund 250 Familien leben hier. Darunter auch Habib ur-Rahman, ein breitschultriger Mann Anfang fünfzig. Einst diente er der afghanischen Armee als Pilot, bis er Herzprobleme bekam und seine Karriere beenden musste. Kurz darauf zog ur-Rahman mit seiner Familie zurück in sein Heimatdorf, wo er seit rund zwei Jahren eine kleine Mädchenschule betreibt – ehrenamtlich und in seinem eigenen Haus. Tagsüber unterrichtet er rund 30 Schülerinnen in seinem Wohnzimmer, abends schiebt er die Tische und Stühle zur Seite und breitet für sich und seine Familie die Matratzen zum Schlafen aus. Badikhel wird gegenwärtig nicht von den Taliban kontrolliert. Allerdings ist der Einfluss der Extremisten mittlerweile auch in dieser Region stark angestiegen, ähnlich wie in vielen anderen Landesteilen Afghanistans. Umso revolutionärer ist Habib ur-Rahmans privates Bildungsprojekt. Einst ließen die Taliban zahlreiche Mädchenschulen schließen, untersagten Millionen von afghanischen Frauen jegliche Bildung und Arbeit. Heute schicken selbst aktive Taliban-Mitglieder aus der Region ihre Töchter, Schwestern und Nichten in ur-Rahmans Hausschule. Probleme hatte der Lehrer nämlich nicht nur mit den Extremisten, sondern auch mit vielen skeptischen Dorfbewohnern, die er überzeugen musste. In Afghanistans ländlichen Gebieten existieren teils äußerst konservative Gesellschaftsstrukturen, die man nicht einfach durchbrechen kann – vor allem nicht mit Gewalt. Stattdessen sind lokale Graswurzelbewegungen notwendig, die solche Strukturen konstruktiv und nachhaltig zum Positiven verändern. Habib ur-Rahmans Initiative ist das beste Beispiel hierfür. Im Laufe der Zeit konnte er zahlreiche Familien dazu bewegen, ihre Töchter in seine Schule zu schicken. Bei ihm lernen sie täglich von morgens bis zum Mittagsgebet Rechnungswesen, Geografie, Islamkunde, Geschichte sowie ihre Muttersprache Paschtu.

Zu Zeiten des Taliban-Regimes wäre eine Mädchenschule in Badikhel, die obendrein noch von einem Mann geführt wird, kaum denkbar gewesen. Doch in den letzten zwanzig Jahren haben sich auch die Dörfer verändert. Habib ur-Rahman meint, dass jene Extremisten, die aus seinem Dorf stammen, kein Problem mit seiner Schule haben würden. »Ihre weiblichen Verwandten besuchen meine Schule, während sie kämpfen und sich verstecken. Die Taliban-Kämpfer leben nicht mehr in unserem Dorf, doch sie haben die Mädchen zum Schulbesuch ermutigt. Ihre Bildung liegt ihnen am Herzen«, sagt er. Als die Taliban in den 1990er-Jahren an die Macht kamen, setzten sie ihre extremistisch-patriarchalen Wertvorstellungen in die Praxis um. Frauen durften de facto nicht einmal auf die Straße gehen ohne die Begleitung eines engen männlichen Verwandten. Mädchenschulen waren in vielen Landesteilen verboten. Heute hält sich die Taliban-Führung bewusst vage. »Wir wollen nicht die Bildung von Mädchen und Frauen oder das Ausüben ihrer Arbeit verbreiten. Allerding haben wir islamische Normen, die uns wichtig sind. Wir leben nicht im Westen«, betonte etwa Sher Mohammad Abbas Stanekzai, ein Mitglied der Taliban-Delegation in Katar, in mehreren Interviews. Wie genau diese Normen auszusehen haben, können die Extremisten oftmals selbst nicht beantworten. Außerdem weisen viele Afghanen zu Recht auf die heuchlerische Haltung der Taliban-Führung in Katar hin, die mitsamt ihrer Familien im Golfemirat lebt und ihre Söhne und Töchter auf teure Privatschulen schickt, in denen meist liberalere Strukturen herrschen als in den in afghanischen Bildungsinstitutionen. Mit modernen Eliteuniversitäten hat die Mädchenschule im Dorf Badikhel allerdings nichts gemein. Vielmehr zeigt sie, wie paradox und komplex die Situation vor Ort sein kann. Während die männlichen Verwandten der Schülerinnen ur-Rahmans die Mädchen in die Schule schicken, drohten andere Taliban-Kämpfer Habib ur-Rahman Konsequenzen an. »Diese Drohungen stören nicht nur den Kern meiner Arbeit, sondern sind gegen mich und meine Familie gerichtet. Das macht das Leben hier natürlich nicht einfacher«, erzählt ur-Rahman.

Kenner der Region sind über das widersprüchliche Verhalten der Taliban in Badikhel nicht überrascht. Laut der politischen Ethnografin Orzala Nemat, die die »Afghanistan Research and Evaluation Unit« (AREU) in Kabul leitet, verhielten sich die Extremisten bereits Ende der 1990er-Jahre ähnlich: »Die Taliban waren nie in der Lage, ihre eigenen Männer von ihren im Grunde genommen zutiefst unislamischen Anordnungen, wie die Schließung von Mädchenschulen, zu überzeugen«, sagt sie. Wie viele andere Afghanen ist Nemat der Meinung, dass die Taliban im Grunde genommen gegen den Islam handeln und von ihrer Religion keine Ahnung haben. Immerhin wurde die erste Hochschule der Menschheitsgeschichte, die Universität von Al-Qarawiyyin im marokkanischen Fes, im 9. Jahrhundert von der muslimischen Wohltäterin Fatima al-Fihri gegründet. Sie hat ihre Pforten bis heute geöffnet. Auch in Khost-Stadt gibt es mittlerweile eine Universität. Habib ur-Rahmans Söhne studieren dort. »Einer wird Arzt, der andere Ingenieur. Sie machen mich sehr stolz«, sagt er. Für die Schule ihres Vaters besorgen die beiden Studenten manchmal Lehrbücher in der Stadt oder springen als Ersatzlehrer ein. Die Universität ist auch das Ziel von ur-Rahmans Schülerinnen. »Eines Tages will ich an die Uni. Ich will Ärztin oder Lehrerin werden und meinem Volk dienen«, sagt Latifa, deren Bruder ein Taliban-Kämpfer ist. Ihr Abitur müsste sie allerdings in der Stadt machen, denn Habib ur-Rahmans Hausschule geht nur bis zur sechsten Klasse. Unterstützt wird der Lehrer von fast niemandem. Die wenigen Utensilien in seinem Klassenzimmer kaufte er von Spenden der Dorfbewohner. In den afghanischen Dörfern hat das Fehlen von Bildungsangeboten nämlich nicht nur mit den Taliban und ihrem Gedankengut zu tun. »Ich frage mich, ob die Regierung überhaupt weiß, dass ich in meinem eigenen Haus eine Schule betreibe. Viele Menschen sprechen über Schulen und Universitäten in der Hauptstadt, doch was ist mit den Dörfern?«, sagt er. Allein seitens der US-Regierung wurden in den letzten zwei Jahrzehnten rund eine Milliarde Dollar in das afghanische Bildungssystem gesteckt. Man wollte Hunderte von neuen

Schulen errichten und Klassenzimmer mit Schülerinnen füllen. Doch stattdessen wanderte vieles von dem Geld in die Taschen korrupter Kriegsfürsten und Politiker. Viele Schulen blieben völlig leer, während zeitgleich Gelder für sie akquiriert wurden. Recherchen der US-amerikanischen Journalistin Azmat Khan zeigten, dass im Jahr 2015 mindestens 1 100 Schulen vom afghanischen Bildungsministerium betrieben wurden. Doch nur in einem Bruchteil von ihnen wurde tatsächlich unterrichtet. Diese »Geisterschulen«, wie die Schulen von Kritikern genannt werden, existierten lediglich auf dem Papier, um Hilfsgelder zu waschen.[31] In vielen Fällen wurden sogar bewusst Mädchenschulen ausgewiesen, damit der westliche Geldfluss erhalten bleibt. »Unsere Schule ist real, doch niemand scheint sich dafür zu interessieren. Westliche Hilfsgelder haben diesen Fleck Afghanistans noch nie erreicht«, sagt ur-Rahman. Er weiß, dass sich daran auch in naher Zukunft wohl nichts ändern wird. Die Menschen in Khost leben in erster Linie von ihrer eigenen, tüchtigen Arbeit. Während in der Provinz sowohl Männer als auch Frauen auf den Feldern arbeiten und im Sommer mit der Ernte beschäftigt sind, reisen viele Männer als Arbeitsmigranten in die Vereinigten Arabischen Emirate. Dort sind sie meist als Taxifahrer, Bauarbeiter oder in der Gastronomie tätig. Den Ertrag ihrer Arbeit reinvestieren sie in Khost, das mittlerweile zu einer ansehnlichen Stadt herangewachsen ist. Diese ökonomischen Strukturen sind im Übrigen auch ein Grund dafür, dass viele Menschen sich nicht den Taliban anschließen.

Seit die Vereinigten Staaten im Frühjahr 2020 einen Abzugsdeal mit den Taliban unterzeichnet haben, ist eine Art der Rückkehr der militanten Gruppierung dennoch wahrscheinlich. In den urbanen Zentren Afghanistans befürchten viele Beobachter und Afghanen einen Rückfall in alte, düstere Taliban-Zeiten – samt neuen Bildungsverboten für Frauen und Mädchen, obwohl die Kabuler Regierung von Präsident Ashraf Ghani und die amerikanischen Unterhändler verdeutlicht haben, dass sie derartige Praktiken nicht dulden würden. »Der Gang zur Schule war für afghanische Frauen schon immer schwierig. Doch nun bin ich optimistisch, dass sich die Dinge langsam verändern. Ich bin glücklich, dass ich in die Schule gehen darf und dort vieles lernen kann«, sagt Mahbuba, eine von Habib ur-Rahmans Schülerinnen. Anfangs seien einige ihrer Familienmitglieder gegen ihren Schulbesuch gewesen. Mittlerweile werde sie allerdings von allen unterstützt: »Sie spornen sogar andere Verwandte an, ihre Töchter ebenfalls in die Schule zu schicken. Das sollte selbstverständlich sein, denn wir sind ein wichtiger Teil der afghanischen Gesellschaft.«

Positive Errungenschaften wie jene in Badikhel wurden von den Afghanen selbst in Gang gebracht – ohne westliche Hilfe. Zeitgleich meinen viele westliche Beobachter weiterhin, dass die afghanische Frau nur mittels einer Intervention von außen »befreit« werden kann. Hierfür wurden in den letzten zwei Jahrzehnten Strukturen gefördert, die zutiefst frauenfeindlich sind und aufgrund ihrer Korruption und Machtgier progressiven Projekten wie Habib ur-Rahmans Hausschule im Weg stehen. Die Kabuler Regierung und ihre westlichen Verbündeten schrieben sich zwar die Rechte der Frau auf die Fahne, allerdings traten sie diese meist mit Füßen. Allein in der Hauptstadt sind gegenwärtig Tausende von Frauen als Bettlerinnen oder Prostituierte tätig, während vermeintliche Frauenrechtlerinnen im westlichen Rampenlicht stehen und sich privat bereichern. Ein Beispiel hierfür ist etwa die Politikerin und ehemalige Präsidentschaftskandidatin Fawzia Koofi. Sie ist auch Teil jener Delegation, die seit geraumer Zeit die afghanische Regierung in den Verhandlungen mit den Taliban vertritt. Innerhalb Afghanistans ist Koofi allerdings vor allem für Korruption und andere fragwürdige Geschäfte bekannt. 2015 veröffentlichte die »Revolutionäre Vereinigung der Frauen Afghanistans« (RAWA), eine der wohl bekanntesten Frauenrechtsorganisationen des Landes, einen Artikel, in dem Koofis »wahres Gesicht« beschrieben wird. Unter anderem werden ihr darin Kontakte zu Drogenfürsten und Warlords vorgeworfen. Auch der deutsche Afghanistan-Kenner Thomas Ruttig schrieb über die Machenschaften der korrupten

Polit-Elite und nannte in diesem Kontext explizit Koofis Namen. Ruttig und anderen Berichten zufolge sollen Koofis Brüder ein mafiöses Schmugglernetzwerk in ihrer Heimatprovinz Badakhshan unterhalten und in zahlreiche Drogenschäfte verwickelte sein. Afghanische Medien berichteten sporadisch über Koofis Familie und deren kriminelle Verstrickungen. Seit den Friedensverhandlungen mit den Taliban wurde Koofi von zahlreichen westlichen Medien interviewt und porträtiert. Die Vorwürfe gegen ihre Person wurden dabei meist konsequent übergangen. Stattdessen wurde sie zur standhaften, heroischen Frau, die den Taliban die Stirn bietet, stilisiert und 2020 sogar für den Friedensnobelpreis nominiert.[32]

Einige westliche Medien spielten in Sachen Frauenbefreiung oftmals eine desaströse Rolle und erfanden teils ganze Geschichten, um bestimmte Narrative und Weltbilder aufrechtzuerhalten. Ein bekannteres Beispiel hierfür stammt aus dem Sommer 2010. Die damals achtzehnjährige Aisha Mohammadzai war auf dem Cover des amerikanischen Magazins *Time* zu sehen – mit verstümmeltem Gesicht. Neben dem Gesicht der Frau stand: »Was passiert, wenn wir Afghanistan verlassen.« Laut *Time* wurde die junge Afghanin mit einem Taliban-Kämpfer zwangsverheiratet. Nach einem gescheiterten Fluchtversuch rächte sich die Familie des Mannes, indem sie der Frau Ohren und Nase abschnitt. Das preisgekrönte Bild löste eine medial-politische Debatte aus. Viele Menschen fragten sich, ob es in Ordnung sei, ein solch verstümmeltes Gesicht einfach auf eine Titelseite zu drucken. Hinzu kam die Frage, inwiefern die Geschichte den Tatsachen entsprach. Waren hier tatsächlich jene Extremisten im Spiel, die 2001 von den westlichen Truppen verjagt wurden? Oder handelte es sich »lediglich« um jene brutale Familiengewalt, die auch seit dem Einmarsch der NATO weiterhin vorzufinden ist, unter anderem auch in vielen Gebieten, die nicht von den Taliban, sondern von der Regierung kontrolliert werden? Die *Time*-Geschichte brachte Aishas Verstümmelung direkt mit den Taliban und der westlichen Truppen-Stationierung in Verbindung. Das ist ein weit gespannter Bogen, wenn man bedenkt, dass seit

Jahren verschiedene Berichte hervorheben, dass Gewalt gegen Frauen vor allem in Großstädten vorzufinden ist. Diese Realität macht die Sache komplexer, denn im Gegensatz zu vielen ländlichen Gebieten, die von den Taliban kontrolliert werden, hat in den Städten die von Washington installierte Regierung das Sagen. Man könnte behaupten, dass »zum Wohle der Geschichte« Narrativ des barbarischen Taliban-Kämpfers, der seine Ehefrau unterdrückt, eben besser herhielt als ein brutales »Familiendrama«, welches keinen politischen Hintergrund besaß und obendrein nicht mit der Stationierung westlicher Truppen in Verbindung gebracht werden konnte. In diesem Kontext berichtete auch die afghanische Nachrichtenagentur *Pajhwok*, dass die Taliban nichts mit dem Fall zu tun hatten. In Anbetracht der Grausamkeit, die der afghanischen Frau widerfuhr, könnte man natürlich meinen, dass dieses kleine Detail unwichtig sei. Doch es macht die ganze Geschichte aus und stellt ein immens großes Narrativ dar, welches politische Entscheidungen massiv beeinflussen könnte. Immerhin handelte es sich hierbei um ein führendes Nachrichtenmagazin der westlichen Welt. Doch ausgerechnet dieses Magazin war im Kontext von Aisha darauf bedacht, seine eigene Geschichte zu konstruieren. Eine Geschichte, die ins Bild passte und gewisse Weltbilder bediente – allen voran jenes der Mär der westlichen Frauenbefreiung am Hindukusch. Für jemanden, der seit mehreren Jahren aus und über Afghanistan berichtet, ist dies allerdings weder ein Einzelfall noch eine Ausnahme. Journalisten, die in solchen Regionen unterwegs sind, wissen nämlich, dass es immer wieder einige Kollegen gibt, die krampfhaft bestimmte Geschichten suchen. Sie sind meistens weiß, westlich, oftmals männlich, stets mit Dolmetschern und Fixern unterwegs, und sehen die Welt durch eine dicke Orientalisten-Brille. Sobald sie zurück in ihrer Heimat sind, gelten sie dann als ausgewiesene »Experten«, die vieles zu erzählen haben, Kulturen und Traditionen kennen und womöglich ein paar Fetzen in den jeweiligen Landessprachen sprechen können.

Ernüchternde Realitäten

Vom Leben in der Fabrik

Frühling 2019: Gemeinsam mit ihrem Kleinkind betritt eine Frau im *Chaderi*, wie die Afghanen eine Burka nennen, die Praxis. Ihr ist übel. Sayed Shah Mehrzad begrüßt sie klassisch afghanisch, mit der rechten Hand am Herz, und führt sie in den Behandlungsraum, der mit einem Vorhang vom Rest der kleinen Praxis getrennt ist. Einige Männer sitzen im Wartebereich. Hajii Niazi, ein greiser Paschtune mit Turban, wurde soeben untersucht. Jetzt hält er eine Tüte mit Medikamenten in der Hand, wirft zum Abschied ein zahnloses Lächeln in die Runde der Wartenden, wünscht allen einen schönen Tag und verlässt die Praxis. Die Arztpraxis von Doktor Sayed Shah, wie er von den meisten genannt wird, liegt in der nordafghanischen Provinz Baghlan, die zu den unruhigsten Gebieten des Landes gehört. Sie grenzt an die Provinz Kunduz, in Deutschland bekannt aufgrund jener Luftangriffe, die 2009 vom damaligen Oberst Georg Klein befehligt wurden und über 150 Zivilisten das Leben kosteten. Nach den Angriffen hieß es noch, dass die Opfer Taliban-Kämpfer gewesen seien. Damals wie heute wurde ein Schwarz-Weiß-Bild des Krieges gemalt: auf der einen Seite die gute NATO und die Kabuler Regierung, auf der anderen die bösen Taliban. Mehrzad kann mit derartigen Konstrukten wenig anfangen, denn mit seiner Realität haben sie nur wenig zu tun. Seit Jahren behandelt der Arzt regelmäßig sowohl Taliban-Kämpfer als auch Soldaten der afghanischen Armee. Es ist ein Krieg unter Brüdern, oftmals im Wortsinne – und Mehrzad steht zwischen den Fronten. »Es gab oft Situationen, in denen Talib und Soldat nebeneinander-lagen und verletzt aufeinander losgehen wollten«, sagt Mehrzad, hält dabei sein Markenzeichen, ein englisches Arbeiterkäppchen, in der Hand und wischt sich den Schweiß von der Stirn. Mehrzad hat einen braunen Vollbart und sieht jünger aus, als er mit 46 Jahren tatsächlich ist. Unter seinen Freunden gilt er als fröhlicher Charakter, jemand, der gern mit jedem ein Schwätzchen hält. Seine Familie stammt aus Kabul. Er selbst wuchs teils in Baghlan auf. Nach dem Sturz der Taliban Ende 2001 wollte sich der junge Arzt in der Hauptstadt ein neues Leben aufbauen. Es waren die ersten Amtsjahre des frisch gekürten Präsidenten Hamid Karzai, und in vielen Teilen Afghanistans, vor allem in den Städten, herrschte ein gewisser Optimismus, der auch Mehrzad ansteckte. Doch er wurde schnell enttäuscht. »Man braucht in Kabul ein deutlich höheres Startkapital, um eine Praxis mitsamt Apotheke zu eröffnen.« Damals, im Jahr 2005, lagen die Kosten bei ungefähr 20 000 Dollar. »Ich konnte mir das schlichtweg nicht leisten, und daran hat sich bis heute nicht viel geändert«, erinnert sich Mehrzad, dessen Ehefrau und Kinder weiterhin in der Hauptstadt leben. Er besucht sie in unregelmäßigen Abständen. »Ich liebe Baghlan, doch ich kann all dies meiner Familie nicht zumuten. Es ist anders als in Kabul. Hier herrscht richtiger Krieg. Außerdem gibt es keine guten Schulen oder Universitäten für meine Kinder«, sagt er. Und dann ist da noch ein anderer Grund, warum Mehrzad die Provinz Baghlan der afghanischen Hauptstadt vorzieht: Die Menschen hier lebten wie eine große Familie, man schätze und helfe sich, sagt der Arzt, oftmals seit Jahrzehnten – trotz oder vielleicht auch gerade wegen des Krieges. In der Anonymität Kabuls könne er nicht leben, sagt der Arzt.

Die Fahrt von Kabul nach Baghlan dauert rund vier Stunden und führt über den Salang-Pass. Die Strecke gehört zu den schönsten des ganzen Landes. Wer Kabul über die nördliche Route verlässt, fährt vorbei an grünen Tälern mit kristallklarem Wasser. In dieser

Region liegt auch das Panjshir-Tal, Heimat des berühmten Mudschaheddin-Kommandanten Ahmad Shah Massoud. Im Frühjahr 2019 ist nahezu die gesamte Fahrroute in den Norden mit den Bildern und Plakaten Massouds und anderer getöteter Kämpfer seiner Miliz geschmückt. »Shaheed«, also Märtyrer, ist überall zu lesen und zu einem allgegenwärtigen Begriff in Afghanistan geworden. Kaum verwunderlich, denn Märtyrer gibt es hier viele. Zu viele. Doch während das verarmte, dafür wenigstens sichere Panjshir zu einer Art Erholungsort für manche Menschen aus Kabul geworden ist, verschlägt es kaum jemanden nach Baghlan. Die Provinz gilt vor allem als gefährliche Transitstrecke für jene Reisenden, die nach Mazar-e Sharif wollen, die Hauptstadt der Provinz Balkh, wo auch die deutsche Bundeswehr stationiert ist. Wer mehr Geld hat als die meisten im Land und es sich leisten kann, nimmt das Flugzeug nach Mazar. Nach Baghlan kommt nur, wer muss, so wie Mehrzad. Denn bei aller Liebe zu Baghlan ist es auch die wirtschaftliche Abhängigkeit, die ihn zwingt, zu bleiben. »Ich habe mir hier alles aufgebaut. Das meiste Geld schicke ich meiner Familie nach Kabul. Ohne mein Einkommen könnten sie dort nicht leben«, sagt er. Baghlan ist in mehrere Distrikte und Regionen aufgeteilt. In der Provinzhauptstadt Pol-e Khumri befindet sich der große Basar mit all dem dazugehörigen Durcheinander einer afghanischen Stadt. Es gibt Obststände mit den berühmten, saftigen Äpfeln aus dem nahe liegenden Distrikt Andarab, Bananen, die in sogenannten »Bananenhäusern« gelagert werden, Rosinen, Mandeln und Tee. Junge Schulmädchen kaufen Heft und Stift, während ihre Mütter sich nach dem besten Fleisch fürs Abendessen umsehen. Manche Frauen auf dem Markt sind im Chaderi unterwegs, andere tragen Kopftuch, manchmal locker und offen. Einige Polizisten patrouillieren, während Kinder umherlaufen und Plastiktüten an die Kunden verkaufen. Der Geruch von frischem Brot und rohem Fleisch vermischt sich mit dem von Rauch und Abgasen. Die meisten Busse und Taxis aus der Hauptstadt halten hier, wer umgekehrt eine Fahrt nach Kabul sucht, wird ebenfalls fündig. Um zu Doktor

Mehrzads Praxis zu gelangen, braucht es von Pol-e Khumri weitere zwanzig Minuten Autofahrt.

Der Arzt arbeitet in einer Gegend, die Einheimische »Fabrik« nennen. In den 1940er-Jahren wurde in dieser Gegend mithilfe deutscher Ingenieure eine Zuckerfabrik errichtet. Zum damaligen Zeitpunkt entwickelte sich Baghlan zu einem industriellen Zentrum, in dem viele Arbeitsplätze geschaffen wurden, was viele Menschen aus der Region anlockte. Für den verarmten und von der urbanen Machtelite vernachlässigten Norden des Landes war dies ein großer Schritt in Richtung Modernisierung. Ganze Familien zogen aufgrund der Fabrik, die heute noch intakt ist, nach Baghlan. Die Gegend prosperierte, bis Ende der 1970er-Jahre der Krieg ausbrach. Im erbitterten Kampf gegen die Mudschaheddin stellte die sowjetische Marionettenregierung in Kabul die Bevölkerung unter Generalverdacht. Egal ob Nachbarn, Freunde oder Verwandte: Jeder konnte in ihren Augen mit den Rebellen sympathisieren oder gar ein Spion sein, ein Mörder oder ein Folterer. Der Krieg hatte die ganze Gesellschaft gespalten und in vielen Familien waren sowohl Mudschaheddin-Kämpfer als auch Anhänger der kommunistischen Regierung. Einer glaubte an Allah und den Dschihad – der andere an Marx, Lenin und die Revolution.

Einen Tag nachdem Doktor Mehrzad den alten Paschtunen und die Frau im Chaderi in seiner Praxis behandelt hatte, saß er bei frühsommerlichem Wetter am Ufer des Kunduz-Flusses, der durch Baghlan fließt und für seine prächtigen Hechte bekannt ist, die hier auch gerne mal zum Frühstück mit Tee und Brot serviert werden. Mehrzads Praxis liegt nur ein paar Minuten entfernt von diesem seelenruhigen Ort, kein Mensch weit und breit. Irgendwann wird die angenehme Ruhe vom knatternden Geräusch eines Motorrads unterbrochen, das immer näher kommt. Wenige Augenblicke später steht das Motorrad mitsamt Fahrer vor Mehrzad. Ein junger Mann mit langen Haaren, Bart und einer Kalaschnikow steigt ab und begrüßt den Arzt herzlich. Lemar, zum damaligen Zeitpunkt 23 Jahre alt, ist ein Taliban-Kämpfer, und er macht keinen

Hehl daraus. »Wir sind auf Erfolgskurs, und mit Gottes Hilfe werden wir gewinnen«, sagt Lemar einige Minuten später. Mit »wir«
meint Lemar die Taliban, oder wie sich die Bewegung selbst nennt,
das »Islamische Emirat Afghanistan«. Vor ihm steht ein Teller mit
Reis und Fleisch. Wie alle anderen Anwesenden isst auch der Taliban-Kämpfer mit der Hand. Das Essen scheint ihm zu schmecken.
Abdul Ghani, ein Einwohner Baghlans und Freund von Mehrzad,
schenkt ihm Wasser ein und bietet Gemüse und Obst an. Auf der
anderen Seite des Disterkhans, so heißt im Afghanischen die Tisch-
decke, die zu Essenszeiten auf dem Boden ausgebreitet wird, sitzt
Mehrzad. Er ist mit einem Zahnstocher beschäftigt, Lammfleisch
verfängt sich schnell zwischen den Zähnen. Während Lemar vom
»heiligen Krieg« spricht und nicht verstehen will, warum die Soldaten der afghanischen Armee gegen die Taliban kämpfen, wirkt
Mehrzad nachdenklich und abwesend. Er teilt die Ansichten des
jungen und seiner Meinung nach vollkommen naiven Kämpfers
nicht, doch er widerspricht ihm auch nicht. Der Arzt weiß, dass die
Verhältnisse in Afghanistan zu komplex sind für einfache Antworten. Manche jungen Männer gehen zur Armee, während andere
sich den Taliban anschließen. Wie komplex die Realität vor Ort
ist, macht auch die Geschichte Abdul Ghanis deutlich. Der junge
Familienvater lebt heute in einer »contested area« – so nennen die
Amerikaner und ihre Verbündeten jene umkämpften Gebiete, die
mal von den Taliban, mal von den Regierungstruppen kontrolliert
werden. Ghani lebt praktisch zwischen den Fronten, doch es sind
vor allem Lemar und andere Taliban-Kämpfer, die er täglich sieht
und mit Tee, Obst und der ein oder anderen Mahlzeit versorgt. Der
hagere Ghani hatte einst ganz andere Pläne und wollte ein neues
Leben weit weg vom Krieg in Baghlan anfangen. In Kabul erfuhr er
allerdings jene Feindseligkeiten, die Afghanen aus ländlicheren Gebieten seitens ihrer urbanen Landsleute des Öfteren erleben – meist
eine Mischung aus innerafghanischem Rassismus und Misstrauen
gegenüber Fremden. »Niemand wollte mir und meiner Familie eine
Wohnung vermieten. Ich wurde bespuckt und verjagt, weil ich ein

Paschtune bin. Man unterstellte mir Verbindungen zu den Taliban und bezeichnete mich als Terrorist«, erzählt Ghani aufgebracht. Nachdem er wieder nach Baghlan zog, wurde er in jene Position genötigt, in der er sich heute befindet. Taliban-Kämpfer wie Lemar, die Ghani seit ihrer Kindheit kennen, missbrauchen den Kontakt zu ihm und gefährden dadurch praktisch seine Familie. Ghani fürchtet sich vor nächtlichen Razzien und Luftangriffen auf sein Haus, obwohl er eigentlich nichts mit den Taliban zu tun haben will. Gleichzeitig befindet er sich allerdings auch in einem komplexen Geflecht, bestehend aus Traditionen und gesellschaftlichen Normen, die man nicht von heute auf morgen ablegen kann. Die Gastfreundschaft kann Ghani deshalb niemandem verwehren, auch nicht Lemar und seinen Kumpanen. Gleichzeitig hegt er eine Verachtung gegenüber jenen Afghanen, die ihn aus der Hauptstadt hinausgedrängt haben. Afghanistan ist ein multiethnisches Land. In vielen Regionen lassen sich die verschiedensten Gemeinschaften finden. Oftmals koexistieren sie friedlich miteinander. Baghlan war hierfür meist ein gutes Beispiel. In der »Fabrik« leben bis heute Paschtunen, Tadschiken, Hazara und Usbeken. Sunniten und Schiiten. Aufgrund der zunehmenden Ethnisierung des Konflikts, die vor allem seit den Bürgerkriegsjahren sowie seit Beginn des »War on Terror« zu beobachten ist, sind allerdings immer wieder Spannungen spürbar. Während politische Eliten diese meist für ihre eigenen Interessen instrumentalisieren und sich nach gespielten Feindschaften schnell wieder die Hand reichen, sieht dies unter der Bevölkerung anders aus. Misstrauen, Feindschaft und Verachtung bleiben oftmals erhalten. Ethnische Grabenkämpfe werden auf ihrem Rücken ausgetragen – und am Ende betreffen sie Menschen wie Abdul Ghani, der aufgrund seines paschtunischen Hintergrundes und seiner traditionell-konservativen Erscheinung umgehend mit den Taliban in Verbindung gebracht wurde. Er steht damit gewiss nicht allein da. Oftmals passierte sogar mir in Afghanistan Ähnliches.

Nach dem Essen wird Tee serviert. Während Lemar an seinem Glas nippt, richtet sich sein Blick auf Mehrzad. »Der Herr Doktor gehört zu unseren Freunden. Er hilft und versorgt uns. Das wissen wir – das Emirat – sehr zu schätzen«, sagt er. Mehrzad sagt nichts, wirkt etwas verlegen. Der junge Talib ist überzeugt, böse und gottlose Menschen zu bekämpfen. In den allermeisten Fällen sind diese allerdings nicht einmal ausländische, nichtmuslimische Soldaten, sprich, Besatzer, sondern seine afghanischen Landsleute. Einer von Lemars älteren Brüdern ist ein Regierungsangestellter. Er arbeitet für den Gouverneur von Baghlan, wie Mehrzad später erzählen wird. Die Familie habe mehrmals versucht, Lemar nach Hause zu holen – ohne Erfolg. Sayed Shah Mehrzad betrachtet Lemar in erster Linie nicht als Taliban-Kämpfer, sondern als jenen kleinen Jungen, den er schon seit langem kennt. Außerdem gehören Lemar und einige andere Kämpfer zu seinen Patienten. »Das sind alles junge Burschen, die nun verzweifelt versuchen, diesen brutalen Krieg zu romantisieren. Sie lassen sich eine lange Mähne wachsen und einen Bart, der manchmal aufgrund ihrer Jugendlichkeit kaum vorhanden ist. Doch natürlich helfe ich ihnen, wenn sie krank oder verletzt sind und behandelt werden müssen. Das ist meine Aufgabe. Ich kann nicht anders«, sagt Mehrzad. Auf seinem Smartphone zeigt er mir die Bilder einiger anderer Kämpfer im Alter Lemars. Sie alle posieren mit ihren langen Haaren und teilweise jugendlichen Bärten. Bisweilen gewinnt man den Eindruck, dass der Krieg für sie ein aufregendes Facebook-Drama ist, in dem sie ihre Männlichkeit beweisen dürfen. Einige der jungen Männer sind dem Krieg bereits zum Opfer gefallen. Mehrzads ältester Sohn Elias lebt in Kabul und studiert Medizin. Auch er ist Anfang zwanzig. Manchmal grübelt der Arzt, ob auch sein Sohn sich radikalisiert und den Taliban angeschlossen hätte, wenn er in Baghlan aufgewachsen wäre. Verwundert hätte es ihn nicht, denn in kaum einer anderen Gegend werden Jugendliche derart in den Extremismus und die Radikalisierung getrieben.

Ärzte und anderes medizinisches Personal stehen in Afghanistan immer wieder unter Druck und werden oftmals auch zu Zielscheiben. Der Grund: Sie behandeln alle Seiten gleich. Das sehen vor

allem die Amerikaner und ihre lokalen »Antiterrorhelfer« ungern –
und manchmal kann der Eid des Hippokrates die Helfenden selbst
in Lebensgefahr bringen. So wie 2016 in Kunduz, als ein Krankenhaus der Organisation Ärzte ohne Grenzen vom US-Militär bombardiert wurde. Bei dem Angriff starben insgesamt über vierzig
Menschen, allesamt medizinisches Personal sowie Patienten. Das
Pentagon stand im Anschluss in großer Erklärungsnot. Fast alle Beobachter des Krieges, einschließlich der Vereinten Nationen, sprachen von einem Kriegsverbrechen. Denn Ärzte ohne Grenzen hatte
bereits vor Beginn der Kämpfe, die damals in der Stadt ausbrachen,
die Koordinaten des Krankenhauses mit allen Kriegsparteien geteilt. Sowohl die afghanische Armee als auch das US-Militär behaupteten im Nachhinein, dass sich Taliban-Kämpfer in der Klinik
aufgehalten hätten, was Ärzte ohne Grenzen vehement verneinte.
Nachdem die Amerikaner ihre Aussage zu dem Angriff mehrmals
geändert hatten, schoben sie letztlich jegliche Schuld auf ihre afghanischen Alliierten und behaupteten, diese hätten den Angriff
angeordnet. Gleichzeitig wurde bekannt, dass die Klinik bereits
mehrere Monate zuvor zum Ziel afghanischer Spezialeinheiten
geworden war. Das Gebäude wurde durchsucht, Personal einge-
schüchtert. Auch damals stand der Vorwurf im Raum, die Klinik
habe Taliban-Kämpfer behandelt. »Der ganze Vorwurf ist falsch.
Selbst wenn ein afghanischer Arzt Taliban behandelt, kann das
nicht als Verbrechen bezeichnet werden. Es ist unsere Pflicht, Menschen zu helfen«, sagt Mehrzad, während er sich, wieder zurück
in seiner Praxis, um seine Patienten kümmert. In den letzten Wochen und Monaten wurde ihm bereits mehrmals vermittelt, dass
er aufpassen müsse. Es habe sich herumgesprochen, dass auch er
Taliban-Kämpfer behandelt – und womöglich sogar selbst einer
sei. Man merkt dem Doktor an, dass die Drohgebärden ihn belas-
ten. Mehrzads sonst so lockere und witzige Art scheint wie ver-
flogen. Er beißt sich auf die Lippen, wirkt leicht unkonzentriert.
»Was wollen die von mir?«, murmelt er vor sich hin, während er
den Blutdruck eines älteren Mannes misst. Dieser spürt den Unmut

des Arztes und versucht ihn zu beruhigen: »Mach dir keine Sorgen. Jeder hier kennt und respektiert dich. Wir lieben dich alle. Dir wird nichts passieren!«

Im Spätherbst 2019 zieht in Baghlan die Kälte übers Land. Die alltägliche Unruhe herrscht weiterhin, doch in Doktor Mehrzads Praxis scheint immer noch alles in bester Ordnung zu sein: Die Medikamente stehen geordnet in den Regalen. Der Tresen mit dem Glaskasten wirkt wie neu. Die Möbel glänzen. Auf dem Vorhang, der ins Behandlungszimmer führt, lässt sich kein einziger Fleck finden. Alles wirkt sauber und unverändert. Der einzige große Unterschied zu früher ist eine massive Eingangstür sowie ein dickes Schloss, das sich nicht leicht aufbrechen lässt. »Früher« – das war die Zeit vor dem Anschlag. Ende September, rund sechs Monate nach meinem ersten Besuch, wurde Sayed Shah Mehrzads Praxis angegriffen. Er hat die Szene mit seinem Smartphone dokumentiert: Im Video sieht man die ausgebrannten Möbel und Arzneipackungen. Unbekannte Täter brachen die Tür auf und warfen mehrere Brandsätze in die Räume. Niemand war anwesend. Zeugen gab es nicht. Mehrzad stand inmitten seiner zerstörten Existenz. Voller Wut und Trauer schwor er sich in diesem Moment, seinem Baghlan den Rücken zu kehren. Er kann nicht mehr, und er will auch nicht mehr – dachte er nach dem Anschlag. Wie konnten die Menschen aus der »Fabrik«, die er nun seit Jahren kennt und denen er stets geholfen hat, ihm so etwas antun? Natürlich sind nicht alle schuldig, doch einige von ihnen sind es sehr wohl, denkt er. Waren es die Soldaten, die ihn respektierten und gleichzeitig verachteten? Oder waren es die Taliban, denen er trotz zahlreicher Risiken stets half? Eine Antwort lässt sich bis heute schwer finden. »Unbekannte Täter« gehört mittlerweile zu den meistbenutzten Begrifflichkeiten in der afghanischen Berichterstattung. Mehrzads Schock wandelte sich in Gleichgültigkeit. Lange stand er zwischen den Fronten. Damit konnte er irgendwie leben. Doch dann wurde seine eigene Praxis zur Front, zum Ziel eines Angriffs. Das war zu viel. Ärztliches Pflichtgefühl und finanzielle Abhängigkeit hin oder

her, er wollte weg. Zuerst nach Kabul zu seiner Familie und dann –
im besten Fall – raus aus Afghanistan. Vielleicht nach Europa, wo
viele andere Afghanen gelandet sind. Die Zukunft, sie fand für ihn
woanders statt, so dachte er zumindest.

Jetzt, rund acht Wochen nach dem Anschlag, sitzt Mehrzad im
Gästezimmer seines langjährigen Freundes Farzad Sattar, eines In-
genieurs, und spricht über die anhaltende Gewalt in Baghlan. Die
kurze Strecke zwischen Pol-e Khumri und der »Fabrik« wird regelmäßig zum Ziel von Angriffen. Immer wieder tauchen entlang des
Weges ausgebrannte Fahrzeuge auf. Während in diesen Tagen Soldaten an der Straße patrouillieren, verstecken sich Taliban-Kämpfer
hinter den Bäumen. »Sie schießen, wann sie wollen. Und wen trifft
es? Natürlich Zivilisten«, meint Ahmad Agha, ein Freund des Arztes,
der mit in der Runde sitzt und ebenfalls aus Baghlan kommt. Vor
ihm und den anderen Anwesenden stehen Tassen voll mit schim-
merndem Grüntee, getrocknete Früchte und frisches Obst. Agha
greift nach einigen Sultaninen und einem Stück halwa-ye maqzi,
einer speziellen Süßigkeit aus Sesam, die im Norden Afghanistans
viel und gern gegessen wird. Währenddessen hantiert Mehrzad ge-
dankenverloren mit einem Granatapfel und einem Messer. Er öffnet
die Frucht vorsichtig an einem Ende und spaltet sie dann fünfmal.
Anschließend greift er zu einem Esslöffel und schlägt mit diesem
auf das ungeöffnete Ende. Die roten Kerne des Granatapfels regnen
allesamt auf den darunterliegenden Teller. Aus Mehrzads Flucht ist
nichts geworden. Stattdessen ist er in Baghlan geblieben und hat
mit der Hilfe von Freunden, Verwandten und Patienten seine Praxis
wieder aufgebaut. »Sie haben mir alle geholfen. Bei allem«, sagt er.
»Natürlich haben sie das. Doktor Sayed Shah ist auf Facebook mit
ganz Baghlan befreundet«, sagt Ingenieur Sattar lachend.

Nur mit Mehrzads letzten Ersparnissen wäre eine derartige Sa-
nierung der Praxis nicht möglich gewesen. Es waren die Einwohner
von Baghlans »Fabrik«, die ihm unter die Arme griffen und ihren
Arzt nicht gehen lassen wollten. Bis heute weiß niemand, wer die
Brandstifter waren. Seitdem Lemar und seine Taliban-Kumpanen

erfahren haben, dass Mehrzads Praxis angegriffen wurde, besuchen sie ihn nicht mehr. Der Arzt weiß allerdings stets über alle seine Patienten Bescheid, auch über die unerwünschten. »Ihre Familien kommen regelmäßig vorbei. So erfahre ich dennoch, wie es um sie steht. Manchmal schicke ich ihnen Arzneimittel«, sagt er. Währenddessen läuft im afghanischen Fernsehen ein kurzer Beitrag über die Auswirkungen der »Mutter aller Bomben«, der größten nichtnuklearen Bombe des US-Militärs, die im April 2018 über den Distrikt Achin in der ostafghanischen Provinz Nangarhar abgeworfen wurde. Wer genau die Opfer waren, ist bis heute unklar. Kurz nach der Detonation wurde das Gebiet weiträumig von amerikanischen und afghanischen Soldaten abgesperrt. Nach offiziellen Angaben wurden lediglich »IS-Terroristen« getötet. Der TV-Beitrag über die Bombe befasst sich mit deren gesundheitlichen Auswirkungen. In Achin klagen Kinder und Jugendliche seit mehreren Monaten vermehrt über Hautkrankheiten, wie Einwohner berichtet haben. Mehrzad ist darüber alles andere als überrascht. »Ich kenne diese Krankheiten sehr gut. Sie sind auch in Baghlan im Umlauf. Unser Land ist von Bomben verseucht«, sagt er. Das einzige Mittel, das einigermaßen wirkt und von Mehrzad oft verschrieben wird, ist eine spezielle Salbe. »Etwas anderes haben wir hier auch nicht.« Doktor Mehrzad weiß, dass sich in Baghlan und wohl auch im Rest Afghanistans in nächster Zeit nicht viel ändern wird. Die Friedensgespräche mit den Taliban sieht er skeptisch, genauso wie das Verhalten der Kabuler Regierung, die den Krieg im Land ebenso erbarmungslos fortführt wie die Extremisten. Mehrzad macht trotzdem weiter. Auch heute steht er wieder in seiner Praxis. Da kommt ein neuer Patient zur Tür herein, ein befreundeter Polizist. »Na, Herr Doktor. Wo bleibt mein Medikament?«, posaunt er herum. Der Arzt lacht und wirft ihm ein Arzneimittel zu. »Ist für seine Mutter«, kommentiert er. Mehrzad wird weiterhin beide Seiten behandeln. Bald in seiner Praxis, bald einige Kilometer entfernt, wenn er wieder einmal Lemar und seine Kumpanen aufsuchen muss. Dafür ist er nun einmal da – ob es manchen missfällt oder nicht.

Vom Mann, der George W. Bush den Mittelfinger zeigte

April 2019. Das Sheraton Hotel in Doha, der Hauptstadt des Golf-emirats Katar, ist ein Fünf-Sterne-Palast, in dem es an nichts fehlt. Die Innenarchitektur des leuchtenden Hochhauses wirkt sowohl klassisch als auch futuristisch. Der Begriff »Lobby« würde der gro-ßen Halle mit mehreren Cafés und Restaurants nicht gerecht wer-den. Im Außenbereich des Hotels lassen sich mehrere Tennisplätze, ein Fitnessstudio sowie ein weitreichender Wellnessbereich finden. In der Nähe befindet sich die Corniche, die berühmte Strandpro-menade Dohas, die meist abends von zahlreichen Hotelgästen und katarischen Familien mit ihren Kindern oder Gastarbeitern mit we-nig Auszeit besucht wird. Inmitten dieses Tumults lassen sich auch einige Afghanen finden, die etwas fehl am Platz wirken. Abdul Ka-dir Mohmand, Anfang sechzig, sitzt in einem Lokal im Sheraton und isst Kebab, feinste Grillspieße, die in Katar selbst die Gaumen der Afghanen, die bekannt für ihren Fleischkonsum sind, überwäl-tigen. »Sobald man hier ist, denkt man nur noch ans Essen. Wen in-teressiert da noch Politik? Schau dir mal die Bäuche der Taliban an, die hier leben«, sagt Mohmand, während er reinhaut und ein Kell-ner frisch gepressten Orangensaft serviert. Neben Mohmand liegt ein dickes Fotoalbum, das er wie einen Schatz hütet. Einige andere Afghanen, die ebenfalls nach Katar angereist sind, sitzen am Tisch und werfen neugierige Blicke auf das Album. Zwanzig Minuten später haben sich alle die Bäuche vollgeschlagen. Der Tisch wird abgeräumt. Zeit für Tee. Mohmand schlägt sein Album auf und er-zählt wie ein geübter Geschichtenerzähler von seiner Vergangen-heit. Nachdem die afghanischen Kommunisten vor vierzig Jahren die Macht in Kabul gewaltsam an sich rissen, flüchtete der damals junge Mohmand in die Vereinigten Staaten. Während der Krieg in seiner Heimat tobte und die Sowjetunion zu Weihnachten 1979 in Afghanistan einmarschierte, begann Mohmand sein neues Leben in den Staaten. Er fand einen Job bei einer bekannten US-Firma und heiratete eine amerikanische Frau. Doch Afghanistan ließ ihn nicht los. Mohmand stammt aus einer einflussreichen, paschtunischen Familie. Seine Vorfahren bekämpften einst erfolgreich die Briten – und nun waren abermals fremde Soldaten in seine Heimat einmarschiert. Mohmand hatte Glück. Viele seiner Verwandte und Freunde hatten es nicht ins Ausland geschafft. Sie verharrten in pakistanischen Flüchtlingslagern oder mussten sich in Afghanistan vor den sowjetischen Besatzern und dem brutalen Regime in Kabul verstecken. Viele von ihnen hatten sich den Mudschaheddin-Rebellen angeschlossen und würden sich in den darauffolgenden Jahren einen Ruf als tapfere Kämpfer machen. Mohmand entschloss sich, seinem Land nicht den Rücken zu kehren. Während seines Urlaubs flog er nach Pakistan. Über die Durand-Linie gelangte er heimlich nach Afghanistan und kämpfte an der Front gegen die Rote Armee und ihre Verbündeten. In seinem Album lassen sich zahlreiche Bilder aus der »Ära des Dschihad«, wie er jene Zeit bezeichnet, finden. Mohmand trugt damals einen kurzen Vollbart, eine afghanische Pakolmütze und blickte selbstbewusst in die Kamera. Die Kämpfe gegen die Rote Armee haben Mohmand geprägt. Bis heute kann er Kommunisten nicht ausstehen – vor allem, wenn es sich bei ihnen um seine eigenen Landsleute handelt. »Ich verzeihe diesen Menschen nicht«, sagte er und beschreibt jenen Tag, an dem er ein Dutzend Kinder in der Provinz Logar beerdigen musste. Sie wurden Opfer eines sowjetischen Luftangriffs. »Ich habe diese unschuldigen Geschöpfe eigenhändig begraben und damals einen Schwur abgelegt«, erzählt Mohmand.

Doch Mohmand ist nicht allein nach Katar gereist. Weitere Exilafghanen aus den USA, Großbritannien, Deutschland, Pakistan und Saudi-Arabien residieren im Sheraton. Sie wurden von der katarischen Regierung für den ersten innerafghanischen Dialog im Golfemirat eingeladen. In den Monaten zuvor fanden lediglich Verhandlungsrunden zwischen der Trump-Administration und einem Teil der politischen Führung der Taliban, die seit mehreren Jahren im Exil in Doha lebt, statt. 2013 hissten die Extremisten erstmals ihre Flagge in Katar, nachdem sie ihr dortiges Büro eröffnet hatten. Afghanistans damaliger Präsident Hamid Karzai reagierte brüskiert. Während Kritiker dem Golfemirat vorwarfen, fanatische Extremisten zu beherbergen, meinten optimistischere Beobachter, dass die Taliban sich endlich von Afghanistans Erzfeind Pakistan gelöst hätten und eine realistische Lösung, die mit den Interessen aller Afghanen in Einklang steht, anstreben würden. Errichtet wurde das Taliban-Büro, das einer Art kleinen Festung glich, von Wahidullah Halimi, auch bekannt als Wahidullah Wardak, welcher der Gruppierung nicht nur sehr nahesteht, sondern de facto einer von ihnen ist. Halimi, der lange in Deutschland lebte und sein Ingenieurstudium in Hamburg absolviert hat, spricht nicht nur fließend Deutsch, sondern ist auch in Katar alles andere als unbekannt. Seine dort ansässige Baufirma Gharnata hat praktisch halb Doha errichtet, darunter auch zahlreiche Regierungsgebäude. Der Entwurf und Bau des Taliban-Büros war wohl nur das Sahnehäubchen oder eine persönliche Gefälligkeit. Interessanterweise kommt es im Online-Portfolio von Gharnata nicht vor.[1]

Die anstehende Gesprächsrunde soll erstmals Exilafghanen, Taliban, Vertreter von Ashraf Ghanis Regierung in Kabul sowie Angehörige der afghanischen Zivilgesellschaft miteinbeziehen. Letztere sollen mit einem eigens gecharterten Flieger aus Afghanistan anreisen, doch von diesem fehlt bis jetzt jede Spur. Währenddessen diskutieren Mohmand und die anderen Gäste in der Lobby oder besichtigen Doha, eine Stadt in der Wüste, in der einige beeindruckende Wolkenkratzer, die von Gastarbeitern aus Bangladesch oder Pakistan errichtet wurden, stehen oder Tierställe mit teuren Rennpferden oder begehrten Jagdfalken. Auf den Straßen sieht man sowohl Männer als auch Frauen. Fast alle halten sich an islamische Kleidungsvorschriften. »Ich denke, die Taliban haben sich von Katar inspirieren lassen und wollen in Afghanistan ein ähnliches Staatsmodell aufziehen«, meint Daud Azami, ein Afghane aus Deutschland. Er wuchs in Frankfurt auf und ist seit Jahren zivilgesellschaftlich aktiv. Ihm ist es wichtig zu verdeutlichen, dass es sowohl innerhalb als auch außerhalb Afghanistans eine »dritte

Kraft« gibt, sprich, eine starke Zivilgesellschaft, die weder mit den Taliban noch mit den Amerikanern oder der afghanischen Regierung etwas anfangen kann. Währenddessen behauptet Mohmand, dass die Verantwortung in erster Linie bei den Amerikanern und der korrupten Regierung in Kabul liegen würde. Sie hätten Afghanistan in den letzten zwanzig Jahren zerstört, geplündert und sich wie koloniale Besatzer verhalten, ähnlich wie die Sowjets und die Briten vor ihnen. Aufgrund seiner Haltung gegen den »War on Terror« musste Mohmand zeit seines Lebens viel einstecken. Als der Krieg in Afghanistan begann, gehörte er zu den wenigen US-Afghanen, die sich dagegenstellten, während viele seiner Landsleute von heute auf morgen als Berater von Bush und Cheney tätig wurden und sich dadurch lukrative Verträge sicherten. 2004 reiste Bush durch den US-Bundesstaat Michigan, Mohmands Wohnort, um dort Wahlkampf zu betreiben.[2] Als der Afghane davon erfuhr, schrieb er glatt das Schild seines Restaurants um. »Eintritt für Hunde erlaubt. Eintritt für Bush verboten«, war darauf zu lesen. Als Bush aus seinem Wahlkampfbus ausstieg und das Schild bemerkte, reagierte er empört und beschimpfte Mohmand, der aufbrausend antwortete und ihm im Affekt den Mittelfinger entgegenstreckte: »Ich gehöre zu den Enkeln Wazir Akbar Khans, der die Briten aus Afghanistan verjagte. Wir knien nicht vor dir nieder. Verschwinde!«, sagte er.[3] Im Leben der Familie Mohmand stellt dieses Ereignis eine Zäsur dar – bis heute. Kurz nach der Konfrontation mit Bush flatterte eine Anzeige ins Haus. Mohmand wurde nicht nur Majestätsbeleidigung vorgeworfen. Bush behauptete des Weiteren, dass der Afghane auf ihn losgehen wollte. Die damalige Generalstaatsanwältin Michigans, eine Demokratin, schlug sich allerdings auf Mohmands Seite und widersprach Bushs Version. Sie bezog sich auf die Aufnahmen von Überwachungskameras, die lediglich eine verbale Auseinandersetzung bewiesen. Doch Mohmand und seine Familie wurden dennoch abgestraft, etwa, indem man sie in die höchste Steuerkategorie warf und ihre Geschäfte seit dem Vorfall stets genau unter die Lupe nahm. »Wir wurden deshalb immer belästigt. Es war klar, dass dies mit unserer Antikriegsposition in Verbindung stand. Bush meinte doch damals vor aller Welt, dass man entweder für oder gegen ihn sei. Dies betraf nicht nur Staaten, sondern auch Individuen wie meinen Vater«, erzählte mir Saidal Mohmand, der Sohn von Abdul Kadir Mohmand.[4] Dabei galt Mohmand einst als bekannter Vertreter der afghanischen Diaspora in den Vereinigten Staaten. In den 1980er-Jahren ließ er mehrere Kriegsverletzte nach Michigan einfliegen, um deren medizinische Behandlung zu ermöglichen. Er pflegte zu mehreren Senatoren und Kongressabgeordneten beste Kontakte. Unter ihnen befand sich auch der berühmte Charlie Wilson, über den ein Hollywoodfilm mit Tom Hanks in der Hauptrolle 2007 in die Kinos kam. Bis heute meinen viele, dass Wilson die Mudschaheddin-Rebellen mit Stinger-Raketen belieferte, nachdem er in pakistanischen Flüchtlingslagern vom Leid der afghanischen Bevölkerung erfuhr. Doch hinter den Kulissen spielte vor allem Mohmand eine Rolle. Während viele Beobachter des Konflikts diesen Schritt der Reagan-Administration bis heute kritisch betrachten, meint Mohmand, der die Luftangriffe der sowjetischen Mi-24-Helikopter hautnah miterlebte, dass die Raketensysteme zahlreichen Afghanen das Leben retteten. Die Haltung der US-Regierung gegenüber Mohmand änderte sich erst, nachdem dieser 2001 den Krieg Washingtons in seiner Heimat nicht mittragen wollte.

Im Hotel mit den Taliban

Über die Entwicklungen, die sich Ende 2001 zugetragen haben, soll nun in Doha gesprochen werden. Eine innerafghanische Aufarbeitung des Kriegsgeschehens sei wichtig. Es liege auf der Hand, dass alle beteiligten Akteure in den letzten Jahren für die schlimmsten Gräuel verantwortlich waren. Dies betrifft vor allem auch die in Katar lebende Taliban-Delegation, die sich nun vielen wichtigen

Fragen stellen muss. Doch dann erscheint Sultan Barakat, jener Mann, der für die afghanische Zusammenkunft in Katar verantwortlich ist. Barakat, ein Professor der Politikwissenschaft mit palästinensischen Wurzeln, leitet das *Doha Institute for Graduate Studies*. Er erklärt den anwesenden Afghanen, dass der innerafghanische Dialog vorerst geplatzt sei. Präsident Ashraf Ghani habe die Delegationen aus Kabul nicht verreisen lassen. Der gecharterte Flieger von Qatar Airways musste leer zurückkehren. Hunderttausende von Euro, für die katarische Regierung Peanuts, gingen dadurch flöten. Nun wünscht Barakat den verbliebenen Gästen angenehme Tage in Katar – auf Kosten des Hauses. Außerdem lädt er sie in sein Institut ein. Barakat hat graue Strähnen und spricht aufgrund seiner langjährigen Lehrtätigkeit in Großbritannien perfektes Englisch mit britischem Akzent. Seit Jahrzehnten fokussiert sich Barakat auf Konflikt- und Friedensforschung. Er ist – wohl zu Recht – der Meinung, dass die Probleme im Nahen Osten, Nordafrika oder in Asien nicht mittels jener westlichen Theorien gelöst werden können, die sie geschaffen haben. Sein Institut, eine staatliche Einrichtung, die vor allem dem Außenministerium des Golfemirats nahesteht, soll als moderne Medresse fungieren: ein Hort des Wissens, wo Lösungen fernab des Eurozentrismus kreiert werden sollen. Das Universitätsgelände macht einen sterilen und futuristischen Eindruck. Auch hier geht moderne und klassische Architektur einher. Der Campus erscheint dennoch leer, fast schon verlassen. »Wer Universitäten aus Europa oder den USA kennt, wird womöglich denken, wie langweilig es hier ist. Doch wir sind jung und hoffen, in den nächsten Jahren weitere Studenten und Studentinnen zu gewinnen«, erzählt Barakat. Aus den wahren Absichten Katars hinsichtlich eines Friedens in Afghanistan macht er allerdings keinen Hehl. »Natürlich geht es hier um geopolitische Interessen. Das braucht niemand zu verschleiern«, sagt Barakat. Seit Jahren gehört das Golfemirat zu den größten Erdgasförderern der Welt. Um den fortwährenden Export zu garantieren und den Wohlstand der Bevölkerung zu sichern, wäre es für die katarische

Regierung wünschenswert, jegliche Konflikte in der Region zu reduzieren oder im besten Fall aus der Welt zu schaffen. Der Krieg in Afghanistan gehört zu den größten Felsen, die den geopolitischen Interessen Katars im Weg stehen. Ähnlich verhält es sich auch mit zahlreichen anderen Staaten. Die Region des heutigen Afghanistans gehört seit Jahrhunderten zu den wichtigsten Handelsrouten. Auch deshalb war sie stets anfällig für die verschiedensten Konflikte. Gegenwärtig wird Afghanistan de facto von mehreren Stellvertreterkriegen heimgesucht, die in den meisten Tagesanalysen untergehen. Da gibt es etwa Pakistan, das die Taliban unterstützt, auf einer Seite, während die afghanische Regierung ein enges Verhältnis zu Islamabads Erzfeind Indien pflegt. Aufgrund des saudischen und des iranischen Einflusses in der Region lässt sich auf der konfessionellen Ebene ein sunnitisch-schiitischer Konflikt feststellen.

Ein weiterer Akteur, der nun immer deutlicher in Erscheinung tritt, ist das NATO-Mitglied Türkei, das nach dem Abzug der westlichen Truppen die Kontrolle über den internationalen Flughafen in Kabul übernehmen will. Außerdem rief Präsident Tayyip Erdogan im Juli dazu auf, »das eigene Land nicht zu besetzen«. Seit Jahren pflegt das Erdogan-Regime engen Kontakt zu Warlord Dostum, der der usbekischen Minderheit angehört. Dostum wurde in der Türkei mehrfach Asyl gewährt, auch nach konkreten Missbrauchs- und Foltervorwürfen. Zeitgleich wurden Tausende von afghanischen Geflüchteten von Ankara abgeschoben. Während die Türkei Minderheiten im eigenen Land wie die Kurden unterdrückt, präsentiert sie sich in Zentralasien als eine Art Verteidiger der dort ansässigen Turkvölker. Im Norden Afghanistans, wo turksprachige Volksgruppen wie die Usbeken präsent sind, will sie nun – so scheint es – ihren Einfluss massiv ausweiten. Einige Beobachter berichteten in den letzten Wochen gar von türkischen Killerdrohnen, die in Afghanistan zum Einsatz gekommen sind. Nicht zuletzt existieren auch die Rivalitäten Chinas und Russlands mit der westlichen Welt, sprich, mit der NATO, die seit zwei Jahrzehnten im

Land stationiert ist und nun abzieht. Viele Beobachter befürchten, dass das hinterlassene Vakuum nicht nur von problematischen innerafghanischen Akteuren eingenommen wird, sondern auch von jenen regionalen Staaten, die Afghanistan seit jeher als geopolitisches Schachbrett missbrauchen und auf dem Rücken der Afghanen ihre Kriege austragen. Katar will dem allem Anschein nach ein für alle Mal ein Ende setzen und auch die verantwortlichen afghanischen Führer in die Verantwortung nehmen. Dass das Golfemirat diese Rolle einnahm, passte vor allem der Kabuler Regierung nicht, weshalb Ghani im letzten Moment eine Teilnahme absagte. Nun befinden sich in Katar lediglich einige Exilafghanen sowie die Taliban-Delegation, die seit mehreren Jahren von Barakat und seinen Mitarbeitern »gebrieft« wird. »Sie haben noch einen langen Weg vor sich«, erklärt mir Barakat, während er am Steuer seines roten Sportwagens sitzt. Er beklagt sich über die Sturheit der Männer mit den schwarzen Turbanen und betont, dass diese weiterhin keine Ahnung hätten, wie man sich auf der internationalen Bühne zu verhalten habe.

Am Tag darauf tauchen einige der besagten Männer im Sheraton auf. Sie begrüßen die Exilafghanen mit Umarmungen und respektvollen Gesten. »Ein Bus steht für euch bereit«, meint ein jüngerer Mann mit Vollbart und *Peran Tonban*, der traditionellen afghanischen Kleidung bestehend aus Pluderhose und langem Hemd. Mohmand und die anderen Gäste schreiten voran. Nun ist klar, dass die Taliban-Führung in Katar sie empfangen will. Das Ziel: ein anderes Luxushotel in Doha, welches allerdings mit dem Sheraton, wo die innerafghanischen Gespräche hätten stattfinden sollen, nicht mithalten kann. Im Vorfeld hatte Barakat die Afghanen gebeten, aufgrund »diplomatischer Empfindlichkeiten« keinen Treffen mit den Taliban im Sheraton zuzustimmen. Nach einer kurzen Fahrt verlassen die Exilafghanen nacheinander den Bus, wo sie bereits auf der Straße von einem Mann mit weißem Vollbart, schwarzem Turban und einer großen Sonnenbrille empfangen werden. Sher Mohammad Abbas Stanekzai ist niemand Geringeres als der damalige Leiter der Katarer Taliban-Delegation. Hinter ihm haben sich andere bekannte Gesichter versammelt, etwa Mohammad Sohail Shaheen, der Sprecher und Medienmann der Gruppe, oder Khairullah Khairkhwa, der einst in Guantanamo saß und im Kontext des sogenannten Bergdahl-Deals, der 2014 für Schlagzeilen sorgte, freigelassen und nach Katar gebracht wurde. Die Taliban führen ihre Gäste in eine große Hotelhalle, die sie, so scheint es zumindest, eigens für den Anlass reserviert haben. Die Exilafghanen nehmen Platz. Im Fokus der Sitzzusammenstellung stehen allerdings die zwei einzigen Frauen, Khatol Mohmand, eine Journalistin aus Schweden (die nicht mit Abdul Kadir Mohmand verwandt ist) und Masuda Sultan, eine Aktivistin aus den Vereinigten Staaten. Die Taliban wissen, dass besonders ihre frauenfeindliche Haltung nicht nur von der internationalen Staatengemeinschaft, sondern auch von vielen Afghanen kritisch beäugt wird. Unter dem Taliban-Regime lebten Frauen praktisch wie Menschen zweiter Klasse. Ihnen wurde in vielen Regionen de facto jegliche Arbeit und Bildung untersagt. Seitdem die Extremisten wieder im Fokus der Weltpolitik stehen, behaupten sie immer wieder, »nicht gegen Frauen« zu sein. Taliban-Führer Stanekzai meinte etwa mehrmals, dass allen Afghanen, sprich, Männern *und* Frauen, ihre Rechte garantiert werden müssen. Er sprach in diesem Kontext allerdings auch von einem »islamischen Regierungssystem« oder behauptete Folgendes: »Wer Frauenrechte nach westlichem Vorbild will, ist fehl am Platz. Wir sind nicht im Westen, sondern in Afghanistan. Wir haben unsere eigenen Sitten und Werte.« Auf die Frage, wie erwähnte islamische Werte im Taliban-Emirat der Zukunft aussehen würden, haben Stanekzai und andere Taliban-Führer bis heute keine Antwort. Stattdessen gewinnt man den Eindruck, dass die Extremisten ihre Wertvorstellungen, die sie in den ländlichen, meist extrem konservativen Regionen Afghanistans einfacher umsetzen können, auch in Großstädten wie Kabul erzwingen wollen. Doch selbst in den afghanischen Dörfern wird das Taliban-Modell auf Dauer nicht funktionieren. Der Grund: Auch dort gibt es heute zahlreiche Menschen, die ihre neuen Freiheiten, die sie sich selbst erkämpft haben, nicht aufgeben wollen. Das beste Beispiel hierfür sind wohl die Mädchen, die Habib ur-Rahmans Schule in Khost besuchen. Dennoch sind Sultan und Mohmand von der Offenheit der Taliban in Katar überrascht. Ihnen wurde – wohl bewusst – im Vergleich zu den anwesenden Männern ungewöhnlich viel Redezeit eingeräumt. Ein Umstand, mit dem die beiden Frauen nicht gerechnet hatten.

Im Gespräch zwischen den Exilafghanen und den Taliban wurde die Entwicklung der darauffolgenden Monate allerdings bereits deutlich. Trotz der Tatsache, dass hier radikale Extremisten und Kriegsverbrecher mit einer extrem einseitigen Weltanschauung und keinerlei Lösungen saßen, fiel es den Anwesenden schwer, ihnen zu widersprechen. Seit Jahren fokussieren sich die Taliban darauf, jedes Vergehen der afghanischen Regierung und ihrer Verbündeten hemmungslos auszuschlachten. Sie machen auf die massive Korruption, den florierenden Drogenhandel, unzählbare Menschenrechtsverbrechen und die privilegierte Realität vieler Regierungsmitglieder aufmerksam. Dass die Taliban selbst in viele dieser Dinge verwickelt sind, geht meist in ihrer Rhetorik unter. Ebenso fragwürdig sind auch die Verbindungen der Extremisten zu ausländischen Regierungen und Geheimdiensten, allen voran der pakistanischen und iranischen, die seit Jahrzehnten vom Konfliktherd Afghanistan profitieren und diesen beliebig anheizen. Doch spätestens seit jenem Abzugsdeal, der Ende Februar 2020 zwischen den Taliban und der Trump-Administration in Doha unterzeichnet wurde, steht die Gruppierung besser da denn je zuvor. Ihre Mitglieder sehen sich als Widerstandskämpfer, die ein weiteres Imperium in die Knie gezwungen haben. Ironischerweise wurde dieses Narrativ auch von Washington gefördert. In den Katarer Gesprächsrunden zwischen den Amerikanern und den Taliban wurde die afghanische Regierung Ghanis konsequent ausgeschlossen. »Wir reden nicht mit den Puppen, sondern mit dem Puppenspieler«, hieß es seitens der Taliban. Washington folgte dieser Aufforderung. Auch das Abkommen mit den Extremisten macht das Appeasement der Amerikaner deutlich. Von den Taliban wurde darin vor allem gefordert, Gruppierungen wie Al-Qaida oder dem IS keinen Unterschlupf zu gewähren. Kurz nach der Absegnung des Deals kursierten sogar Berichte über US-Luftangriffe gegen den IS in der Provinz Kunar, die mit den Taliban taktisch abgestimmt wurden und sogar zu deren Vorteil waren.[5] Deutlich wird allerdings auch, dass die Gruppierung in erster Linie vom Kriegsstatus profitiert und ihn auch nicht beenden will. Ihnen zufolge können nur sie Ordnung ins Chaos bringen. Eine langfristige Strategie gibt es allerding nicht. Viele Gebiete, die gegenwärtig unter Taliban-Kontrolle stehen, leiden bereits in mehrfacher Hinsicht: Die Extremisten haben von der Führung eines Staates keine Ahnung und sind nicht in der Lage, der Bevölkerung eine grundlegende Versorgung anzubieten. Stattdessen versuchen sie, »islamisch-konforme« Versionen von Cafés oder Sportclubs zu kreieren, wie etwa der afghanische Journalist Fazelminallah Qazizai aus der südlichen Provinz Helmand berichtete. Sobald man mit den Taliban-Führern spricht, bemerkt man auch, wie unterschiedlich diese zum Teil denken. Während Stanekzai einen kompromisslosen Eindruck gegenüber den Amerikanern und ihren Verbündeten in Kabul macht, ist die Reaktion eines Khairullah Khairkhwa, der jahrelang in Guantanamo festgehalten und gefoltert wurde, eine gänzlich andere. »Wir wollen nicht, dass die Amerikaner einfach so abziehen. Sie sind für die gegenwärtige Misere mitverantwortlich und müssen dies auch einsehen«, meinte er mir gegenüber während eines Gesprächs im April 2019. Dass ausgerechnet der Ex-Guantanamo-Häftling eine derart realistische Einschätzung hatte, verblüffte mich.

Besonders kritisch gegenüber den Taliban war hingegen ausgerechnet jener Mann, der einst ihr Vermittlungsbüro in Katar führte, Sayyed Mohammad Tayyeb Agha. Er distanzierte sich 2015 von der Gruppierung, nachdem bekannt wurde, dass mehrere Taliban-Führer jahrelang den Tod ihres Gründers, Mullah Mohammad Omar, verschwiegen hatten. Agha diente Omar bereits in jungen Jahren als Sekretär. »Die afghanische Zivilgesellschaft und die Diaspora muss der Taliban-Delegation in Katar deutlich machen, dass ohne sie nichts vorangehen wird«, sagte Agha einigen Exilafghanen in seinem Haus in Doha. Insider berichteten immer wieder, dass Agha sich aufgrund verschiedener Meinungsverschiedenheiten mit älteren Taliban-Führern überworfen hatte. Beispiele hierfür waren etwa die Zukunft der afghanischen Armee – viele Taliban-Führer denken bis heute, dass diese nach einer Rückeroberung in sich zusammenfallen wird – sowie der Einfluss Pakistans auf die Gruppierung, gegen den sich Agha vehement widersetzte.

Zeitgleich setzte sich unter den Afghanen der Spruch durch, dass man von nun an in Afghanistan vor Taliban-Angriffen sicher sei, sofern man im Schatten einer amerikanischen Militärbasis verweilen würde. Währenddessen wurden die Angriffe auf die afghanische Armee, Polizei und Zivilisten fortgesetzt. Ein Szenario, wie jenes nach dem Sturz des letzten kommunistischen Diktators Mohammad Najibullah, wird von vielen Afghanen in Kabul weiterhin befürchtet. 1989 verließ der letzte sowjetische Soldat Afghanistan und drei Jahre später war es auch mit der finanziellen Unterstützung aus Moskau vorbei. 1992 eroberten die Mudscheddin-Rebellen die afghanische Hauptstadt.

Wie lange Washington seine Verbündeten in Kabul halten will, ist weiterhin fragwürdig. »Ihr seid wirklich taffe Typen«, waren die Worte von US-Präsident Donald Trump während eines Telefonats mit Mullah Abdul Ghani Bradar, dem Führer der Taliban-Delegation in Katar. Das Gespräch war nicht Teil des Protokolls des Weißen Hauses. Die ersten Berichte darüber wurden von den Taliban gestreut.[6] Allem Anschein nach pflegte Trump ein besseres Verhältnis zu dem Taliban-Führer als zu seinem Verbündeten in Kabul, Präsident Ashraf Ghani. Beobachter gingen davon aus, dass dies vor allem mit Trumps Charakterzügen zu tun hatte und der Ex-Präsident sich besser mit politischen »Alpha-Männern« verstand. Der Trump'sche Weg wurde allerdings von dessen Nachfolger Joe Biden fortgeführt. Dessen Administration machte bereits wenige Wochen nach seiner Amtsübernahme deutlich, dass man nicht nur weiterhin auf den Abzug der Truppen setze, sondern dass man auch das kühle Verhältnis zur Kabuler Regierung fortführen werde. Ein Hauptgrund hierfür könnte unter anderem die Tatsache sein, dass Washington schon seit längerem das Handeln seiner Verbündeten in Kabul kritisch beäugt.

Die »Afghanistan Papers« – eine Enthüllung, die keine war

Ende 2019 veröffentlichte die *Washington Post* die »Afghanistan Papers«, einen 2000-Seiten-Bericht, der deutlich machte, dass in Afghanistan seit Beginn der NATO-Intervention Ende 2001 praktisch gar nichts gut ist. »Uns fehlte ein grundlegendes Verständnis für Afghanistan. Wir wussten nicht, was wir taten. Wir hatten einfach nicht den blassesten Schimmer«, ist darin etwa zu lesen. Die Worte stammen von Douglas Lute, einem der wichtigsten Berater der Bush- und Obama-Administrationen, und er ist nicht der Einzige, der zitiert wird. Insgesamt wurden mehr als 400 Insider, darunter führende Militärs und Politiker, interviewt. Sie alle gaben mehr oder weniger zu, dass der »War on Terror« in Afghanistan ein beispielloses Chaos sei. Niemand schien zu wissen, wie sich das Dilemma lösen lässt. Laut mehreren Interviewpartnern war es in der US-Militärzentrale in Kabul gängige Praxis, den Krieg reinzuwaschen und der Öffentlichkeit einen baldigen Sieg gegen die Taliban vorzutäuschen. Man bestand stets auf diesem Narrativ, selbst wenn Gegenteiliges der Fall war. Laut Bob Crowley, einem Oberst der US-Armee, wurden sämtliche Daten, die man mit der westlichen Öffentlichkeit teilte, manipuliert. Man wollte ein möglichst gutes Bild des Krieges abliefern. Klare und dennoch fragwürdige Worte fand auch der US-Diplomat James Dobbins, der in den »Papers« wie folgt zitiert wird: »Wir marschieren nicht in arme Länder ein, um sie reich zu machen. Wir marschieren nicht in autokratische

Länder ein, um sie zu demokratisieren. Wir marschieren in gewalttätige Länder ein, um sie zu befrieden, und im Fall von Afghanistan haben wir eindeutig versagt.«

Auch der mittlerweile verstorbene Ex-Verteidigungsminister Donald Rumsfeld, einer der Hauptarchitekten des »War on Terror«, hatte eine Vorahnung, was auf die Vereinigten Staaten zukommen könnte. In einem Memo aus dem Jahr 2002 hieß es seitens Rumsfeld unter anderem, dass man das US-Militär »niemals aus Afghanistan rausbekomme«, solange man sich nicht ernsthaft um eine Stabilität bemühe, die einen Abzug gewährleisten könne. Das Memo endet mit »Hilfe!«. Ebenso deutlich wird aus dem Bericht, dass man so gut wie nichts über den »Feind« wusste. Bekämpfte man Al-Qaida, die Taliban oder andere Gruppierungen? Und wie präsent war dieser Feind überhaupt in all den Jahren? Bis heute behaupten das US-Militär und die Kabuler Regierung etwa, Al-Qaida in Afghanistan zu bekämpfen, doch niemand weiß genau, um wie viele Kämpfer es sich dabei handelt. 2014 nahm ich erstmals an der jährlich stattfindenden Afghanistan-Tagung der Evangelischen Akademie Villigst teil. Anwesend war auch der deutsche Brigadegeneral Kay Brinkmann, der lange in Afghanistan stationiert war und einen Vortrag hielt. Im Laufe seines Vortrags zeigte Brinkmann eine Karte mit »Feinden«, darunter auch Al-Qaida. Im Raum befand sich auch der bekannte, deutsche Afghanistan-Kenner Thomas Ruttig. Er wollte vom General wissen, ob sich in Afghanistan 30, 300 oder 3 000 Al-Qaida-Kämpfer befinden würden. Doch dieser geriet ins Stottern und hatte keine Antwort. Ähnlich verhält es sich auch mit vielen Interviewpartnern der »Afghanistan Papers«. Sie gehörten zu den wichtigsten politischen und militärischen Entscheidungsträgern der NATO in Afghanistan, doch sie hatten keinerlei Ahnung, was im Land vor sich ging. Unbekannt waren wohl auch viele »Freunde«, mit denen man sich vor Ort verbündet hatte. Als die USA in Afghanistan einmarschierten, förderten sie vor allem korrupte Politiker und brutale Warlords, die sich um Ex-Präsident Hamid Karzai versammelt hatten. Viele von ihnen, darunter auch Familienmitglieder Karzais, begannen allerdings schon bald, mit den Millionen von US-Dollar ihr eigenes Spiel zu treiben. Durch fingierte Anschläge erschlich man sich Verträge mit NATO-Truppen. Gleichzeitig stieg man mit den US-Subventionen ins Drogengeschäft ein. Milliarden von Hilfsgeldern, mit denen man praktisch ganz Afghanistan hätte modernisieren können, verschwanden. Außerdem: Kurz vor dem Einmarsch der NATO lag der afghanische Opiumanbau praktisch bei null. Mittlerweile ist das Land wieder Rekordexporteur. Männer wie Ahmad Wali Karzai, der 2011 getötete Bruder Hamid Karzais, gehörten zu den wichtigsten Drogenbaronen des Landes – und standen nebenbei auch auf der Gehaltsliste der CIA. Es gibt praktisch keinen politischen Akteur in Afghanistan, der nicht in irgendeiner Art und Weise am Drogenhandel beteiligt ist. Der Westen hingegen gibt vor, mit alldem nichts zu tun zu haben. Stattdessen werden jährlich Schlagzeilen produziert, die etwa wie folgt lauten: »Opiumanbau in Afghanistan auf Rekordhoch«. Kontextualisierung und detaillierte Zusammenhänge sucht man aber vergeblich. Stattdessen wird das Problem »afghanisiert«, isoliert betrachtet und meist ausschließlich den üblichen Verdächtigen in die Schuhe geschoben. Die Verantwortlichen in Washington und anderswo wussten, dass die Lage vor Ort komplexer war und sie selbst in einem schlechten Licht dastehen würden. Immerhin waren es in erster Linie die eigenen Verbündeten, die den Drogenanbau förderten. Es gab teils sogar Berichte von einer sehr umfassenden westlichen Beteiligung, die dem Handeln der CIA in Südamerika ähnelte. Konkret bedeutet dies nicht nur, dass man für das massive Drogenproblem innerhalb der afghanischen Gesellschaft – Schätzungen zufolge gibt es über 4,5 Millionen Drogensüchtige – eindeutig mitverantwortlich ist, sondern auch für den zunehmenden Konsum der westlichen Jugend. Achtzig Prozent des weltweiten Heroins stammt aus Afghanistan. Dies betrifft auch den Konsum auf europäischen oder amerikanischen Straßen. Diese und andere Realitäten wollte man verschleiern. Die USA und ihre Verbündeten wollten ihre Fehler nicht einsehen, sondern zogen es vor, die Öffentlichkeit gezielt zu täuschen.

Verantwortlich für den Bericht war John Sopko, US-Sonder-Generalinspekteur für den Wiederaufbau Afghanistans (kurz SI-GAR). Er hatte die Aufgabe, das Kriegsdesaster zu ergründen, und veröffentlichte regelmäßig die SIGAR-Berichte für den US-Kongress. Jeder, der die Berichte kennt, weiß, wie kritisch Sopko und seine Mitarbeiter regelmäßig vorgingen. Man gewann den Eindruck, dass sie kein Blatt vor den Mund nahmen, was von vielen Afghanistan-Kennern überraschend zur Kenntnis genommen und begrüßt wurde. Nach der Veröffentlichung der »Papers« wurde allerdings deutlich, dass genau dies der Fall war. Eine Zensur fand statt und besonders kritische Aussagen gelangten nicht an die Öffentlichkeit. Ebenjener Bericht, der 2015 zustande kam, sollte ebenso unter Verschluss bleiben. Doch die *Washington Post* hat dank des »Freedom of Information Act«-Gesetzes einen dreijährigen Rechtsstreit gewonnen und die vermeintliche Bombe hochgehen lassen.[7]

Die »Afghanistan Papers« verdeutlichten, dass der Krieg massiv schöngeredet wurde, und zwar in erster Linie nicht auf Kosten amerikanischer Soldaten oder Steuerzahler, sondern zulasten der afghanischen Bevölkerung. Der NATO-Einmarsch in Afghanistan begann vor rund zwanzig Jahren. Seitdem wurde geplündert, gefoltert und getötet, und wie wir nun wissen auch gelogen, und zwar immer und immer wieder. Doch waren diese neuen Erkenntnisse wirklich neu? Waren sie wirklich derart »huge« und eine »Bombe«? Jene, die sich mit dem Afghanistan-Krieg seit Jahren beschäftigen und schon seit längerem als scharfe Kritiker gelten, wissen, dass dem nicht so ist. Seit der Veröffentlichung des Berichts schienen sich viele plötzlich darüber einig zu sein, dass der Krieg in Afghanistan falsch läuft, und zwar schon seit langem. Man habe es lediglich nicht gewusst. Sopko stellte sich gegen diese Schlussfolgerung. In einem Meinungsbeitrag für die *Washington Post* betonte er die Wichtigkeit der Veröffentlichung der »Papers«, allerdings kritisierte er auch den damit verbundenen Sensationalismus der Zeitung und meinte, dass die meisten veröffentlichten Fakten eben nicht »geheim« gewesen seien. Wer die regelmäßig erschienenen SIGAR-Berichte aufmerksam gelesen hätte, wäre schon längst zu ähnlichen Schlüssen gekommen. Hinzu kommt, dass laut Sopko die »Papers« (oder besser gesagt: die Journalisten, die sie aufgearbeitet haben) die Arbeit seines Teams, das teils unter extrem schwierigen und gefährlichen Bedingungen in Afghanistan vor Ort recherchierte, ignorieren oder geringschätzen würden. 2017 und 2018 lehnte die Zeitung sogar die Veröffentlichung wichtiger SIGAR-Fakten ab, obwohl sich Sopko und sein Team an die Redaktion gewandt hatten.[8]

Aus afghanischer Sicht haben Europa oder die Vereinigten Staaten eine viel zu lange Leitung, was derart kritische Entwicklungen betrifft. »Die Experten im Westen bemerken ihre Fehler immer viel zu spät. Erst nach vielen Jahren sagen sie: ›Ach, die hatten ja doch recht‹«, meinte etwa Waheed Mozhdah, der bereits am Anfang dieses Buches eindrücklich erwähnt wurde. Nach dem Fall des Taliban-Regimes fokussierte sich Mozhdah auf seine Arbeit als Publizist, Analyst des politischen Geschehens und Friedensaktivist. Er gehörte zu den schärfsten Kritikern der westlichen Besatzung sowie jenes korrupten Machtapparates, der seit Ende 2001 in Kabul regiert. Im Dezember 2019 wurde Mozhdah vor seinem Haus in Kabul von einem Motorradfahrer mit einer Pistole mit Schalldämpfung gezielt ermordet. An seiner Beerdigung und Trauerfeier nahmen Tausende von Menschen teil, darunter Persönlichkeiten verschiedenster politischer Couleur, etwa Ex-Präsident Hamid Karzai, Vertreter der Taliban, Mudschaheddin oder der kommunistischen DVPA, Angehörige von Minderheiten wie der schiitischen Hazara. »Man sah Kommunisten, Islamisten, Liberale und Nationalisten, die diesem Mann die letzte Ehre erwiesen«, meinte einer der Trauergäste in einem späteren Interview. »Mozhdah stand für Frieden und Einheit. Er ging über politische Grenzen, Parteien oder Weltanschauungen hinaus«, so sein Resümee.

Ich selbst pflegte nicht nur eine berufliche Bindung zu Mozhdah, sondern auch eine persönliche. Er war mein Onkel, der älteste Bruder meiner Mutter. Tagtäglich sah ich während meiner Aufenthalte in Afghanistan, wie Mozhdah von westlichen Journalisten, Analysten oder NGO-Mitarbeitern aufgesucht wurde. Westliche Botschaften luden ihn ein, um sich von ihm über Afghanistan aufklären zu lassen. Seine Gäste und Zuhörer schätzten sein Fachwissen und saugten es förmlich auf, während Mozhdah sich stets viel Zeit nahm, um auf alle Fragen einzugehen. Meist war er auch in afghanischen Talkshows präsent oder hielt Lesungen und Vorträge in Kabul. Es gibt praktisch keinen Afghanistan-Kenner, der Mozhdah nicht mindestens einmal zitiert hat. 2013 wurde Mozhdah aufgrund seiner machtkritischen Haltung zur Zielscheibe einer politisch-medialen Kampagne. Nachdem er das anstehende bilaterale Sicherheitsabkommen mit den USA kritisierte und als »Kolonialpakt« bezeichnete, wurde er als »Agent der Taliban« und »Staatsverräter« diffamiert und angeprangert, obwohl er die Taliban und die Mudschaheddin, in deren Dienste er einst stand, regelmäßig kritisierte. Im Fokus stand ein Telefongespräch Mozhdahs mit einem angeblichen Taliban-Mitglied, das vom afghanischen Geheimdienst NDS aufgezeichnet und auf Druck von Rangeen Dadfar Spanta, dem einstigen Außenminister der Karzai-Regierung, veröffentlicht wurde. Spanta flüchtete einst nach Deutschland, wo er beim Bündnis 90/Die Grünen jahrelang auf lokalpolitischer Ebene aktiv war. Obwohl die Vorwürfe gegen Mozhdah im Nachhinein schnell entkräftet wurden, der NDS ihn nach einem Verhör wieder nach Hause fuhr und viele Kenner des Konflikts wussten, dass er aufgrund seines friedenspolitischen Engagements Kontakte zu fast allen Kriegsparteien inklusive der Taliban pflegte, war sein Ruf dauerhaft beschmutzt – und führte letztendlich wohl auch zu seiner Ermordung. Während seines Begräbnisses stand der trauernde Spanta vor Mozhdahs Familie und entschuldigte sich für seinen damaligen Fehler, den er, angetrieben von Macht und Egoismus, begangen hatte. Doch hierfür war es nun zu spät. Mozhdah und andere Kritiker der NATO-Besatzung und der Kabuler Regierung wurden in den letzten Jahren teils bewusst gejagt, ermordet oder vertrieben. Kritiker machen hierfür vor allem jene Kräfte verantwortlich, die seit Ende 2001 von Washington und seinen Verbündeten bewusst unterstützt und an die Macht gebracht wurden, allen voran schattenhaften Akteuren innerhalb des NDS.[9]

Auf lokale Experten wie Mozhdah wurde in den letzten zwanzig Jahren allerdings kaum gehört, wie die »Afghanistan Papers« deutlich machten. Im Grunde genommen interessierte man sich nicht einmal für die kritischen Beobachtungen der eigenen Leute. Das Resultat dieses Handelns könnte nicht schlimmer sein. Im Jahr 20 seit Beginn des Krieges herrscht in Afghanistan immer noch Chaos und Zerstörung. Allein in der Zeit, in der das vorliegende Buch entstanden ist, wurden zahlreiche Distrikte im Norden Afghanistans von den Taliban erobert. Währenddessen zog die Bundeswehr ab und das US-Militär verließ Bagram, den Dreh- und Angelpunkt des »War on Terror« in Afghanistan, in einer Nacht-und-Nebel-Aktion. Die afghanischen Warlords des Westens suchten zeitgleich das Weite. US-Medien berichten mittlerweile von über 43 000 afghanischen Zivilisten, die im Laufe des Krieges getötet wurden. Hierbei handelt es sich weiterhin um eine absolute Mindestzahl. Die Dunkelziffer dürfte um ein Vielfaches höher sein. Zahlen, die vor allem die US-Öffentlichkeit schockieren dürften, sind unter anderem folgende: Über 2 400 US-Soldaten wurden am Hindukusch getötet. Weitaus höher ist die Anzahl jener Soldaten, die seit Beginn des »War on Terror« Selbstmord begingen. Laut einem ausführlichen Bericht, der im Juni 2021 veröffentlicht wurde, haben mindestens 30 177 US-Soldaten seit den Anschlägen des 11. Septembers Suizid begangen. Insgesamt wurden durch den Krieg in Irak, Afghanistan und anderswo über 7 000 Soldaten getötet. Insgesamt kostete der Krieg Washington bis dato rund 1,5 Billionen US-Dollar. Allein 500 Milliarden davon sind Zinsen. Der Rest wurde in Afghanistan »investiert«. Es steht außer Frage, dass der

Großteil des Geldes versickerte und nicht nur die Korruption im Land förderte, sondern diese erst ermöglichte.[10] [11]

An der Front im Pech-Tal

Hamza Mohammadi, Anfang zwanzig, hat dunkelblonde Haare und einen Vollbart. Zu seiner Militäruniform trägt er Sportschuhe. Während der junge Soldat in die Kamera lächelt und mit seinem Gewehr neben einem Schaulustigen posiert, hört man im Hintergrund Schüsse. Wenige Meter entfernt zielen zwei Humvees der afghanischen Armee auf eine kaum sichtbare, hoch gelegene Taliban-Stellung in den Bergen, eine von vielen im Pech-Tal in Kunar. Auf der Straße, die in die schwer zugängliche Nachbarprovinz Nooristan führt, staut sich aufgrund des unübersichtlichen Gefechts der Verkehr. Die Soldaten feuern in unregelmäßigen Abständen ihre Salven ab. Vom Feind hört man weder etwas noch sieht man ihn. »Die verstecken sich da oben«, kommentiert ein Soldat hitzig. Kurz zuvor ist eine Landmine hochgegangen. Die Taliban hatten es auf die Entourage eines lokalen Warlords namens Kommandant Matiuallah abgesehen. Sein Sohn wurde in der Nacht zuvor getötet. Die Entourage befand sich auf dem Weg zu dessen Beerdigung. Den Schaden auf der Straße müssen nun jene Zivilisten beheben, die weiterreisen wollen und mit all den Konflikten zwischen Regierungstruppen, Warlords und den Taliban nichts zu tun haben. Sie versuchen, den kleinen Krater im Boden mit Felsen zu füllen. Währenddessen beobachten sie das Kampfgeschehen. Manche Menschen trinken Tee, machen Fotos von der Landschaft oder unterhalten sich lautstark mit Freunden und Verwandten. Die ganze Situation erscheint paradox, doch sie ist nur allzu normal geworden in einem Land, in dem nun seit über vierzig Jahren Krieg herrscht und den Alltag bestimmt.

Trotz des vereinbarten NATO-Tuppenabzugs gehen die Gefechte unvermindert weiter und auch die Zivilbevölkerung muss immer noch große Opfer bringen. Laut dem aktuellen UNAMA-Bericht wurden im ersten Quartal 2021 mindestens 573 Zivilisten getötet sowie 1 783 weitere verletzt.[12] Die Anzahl der getöteten Sicherheitskräfte ist meist um ein Vielfaches höher – und sie wird selten berücksichtigt. Viele dieser Soldaten sind junge Männer wie Mohammadi – und sie sind schon lange auf sich allein gestellt. Dies wird vor allem in Regionen wie dem Pech-Tal deutlich. »Pech« (ausgesprochen »Peetsch«) bedeutet »Schraube«. Das Tal ist für seine engen und verwobenen Straßen und Flüsse bekannt – und seinen Guerillakrieg. Bereits in den 1980er-Jahren bekämpften die Mudschaheddin-Rebellen hier erfolgreich die Rote Armee und schossen russische Helikopter ab. Jahre später lernten auch zahlreiche Elitesoldaten der US-Armee die Tücken des Pech-Tals kennen. Sie bemerkten, dass das Tal für den Guerillakrieg wie geschaffen war. Sobald die Kampfhelikopter des US-Militärs in das Tal eindrangen, konnten man sie aufgrund der zahlreichen Schluchten und Gebirge bereits kilometerweit hören – und sich entsprechend auf sie vorbereiten. Die Bevölkerung des Pech-Tals ist in weiten Teilen nicht nur traditionell-sunnitisch, sondern auch salafistisch, was etwa an den zahlreichen, namenlosen Grabsteinen auf Friedhöfen deutlich wird. Nichtmuslimische Eindringlinge werden umso kompromissloser als Feinde betrachtet, die es zu bekämpfen gilt. Im gleichnamigen Pech-Distrikt liegt auch das berühmte Korengal-Tal, das es schon vor Jahren in die US-Popkultur geschafft hat. Bekannte Beispiele hierfür sind etwa die Dokumentarfilme *Restrepo* und *Korengal*. Das Tal ist zehn Kilometer lang und fünf Kilometer breit – und dient als gutes Beispiel für das allgemeine Versagen der Amerikaner in Afghanistan. Bereits seit 2013 sind die US-Truppen hier nicht mehr anzutreffen. Zur Freude der lokalen Bevölkerung: Oft machte man mir gegenüber aus der Verachtung für die ausländischen Truppen keinen Hehl und verwies voller Stolz auf die leerstehenden Stützpunkte in der Umgebung. »Es ist gut, dass diese Unterdrücker weg sind. Gott ist groß«, sagte mir ein junger Mann aus dem Pech-Tal. Kein Wunder:

In Kunar gehörten US-Bombardements und brutale nächtliche Razzien zum Alltag.

Einer, der in dieser Zeit bemerkenswerte Reportagen geschrieben hat, ist der US-Journalist Wesley Morgan. Er begleitete die Truppen als sogenannter »embedded reporter« und hat zahlreiche Soldaten interviewt, die in Kunar stationiert waren. Morgan beschreibt unter anderem, wie die Truppen nach Hinterhalten der Taliban ihre Wut sowie ihren Frust an der Zivilbevölkerung ausließen, etwa in Form von Razzien, Folter oder Bombardements, die sowohl willkürlich waren oder auf falschen Informationen beruhten. Einige US-Soldaten hätten in »Wild-West«-Manier den Basar in Asadabad gestürmt oder seien wütend auf Einwohner losgegangen und hätten versucht, diese ohne Dolmetscher zur Rede zu stellen. »Ein kleiner Junge lachte sie aus«, erinnert sich Morgan. Die Menschen gaben den Amerikanern wohl das Gefühl, dass der Angriff auf sie gerechtfertigt gewesen sei. Ein besonders schlimmes Bespiel für das unfassbare Gebaren ist der ehemalige CIA-Agent David Passaro, der gerne die verschiedensten Foltermethoden anwandte, um »Terrorverdächtige« zu verhören. Einer von ihnen war Abdul Wali, ein angesehener Mann, der im Juni 2003 vom sadistischen Passaro verhaftet und daraufhin gefoltert und ermordet wurde. Die Nachricht von seinem Tod machte in der ganzen Provinz die Runde. Aussagen des US-Militärs zufolge handelte es sich bei dem Täter um eine Ausnahme, der auch von seinen Kollegen verachtet wurde. Doch die meisten Afghanen in Kunar nahmen ihn nicht als Ausnahme, sondern als Regel wahr. In den USA erhielt Passaro eine achtjährige Freiheitsstrafe. Bis heute ist er der einzige CIA-Agent, der seit Beginn des »War on Terror« für seine Verbrechen juristisch belangt wurde. Abdul Wali war sein unschuldiges Opfer und seine Ermordung, so Said Fazal Akbar, der damalige Gouverneur von Kunar, sei ein wichtiger Grund gewesen für die Erstarkung der Taliban in der Region.[13]

Allerdings brachte auch der Abzug der US-Truppen keinen Frieden in Kunar. Neben den Taliban waren in der Provinz Al-Qaida sowie in den letzten Jahren auch der Islamische Staat präsent. Während die amerikanischen Soldaten abgezogen sind, wird der Krieg weiter auf dem Rücken der afghanischen Bevölkerung ausgetragen. »Wir kämpfen schon lange allein und mit Gottes Hilfe werden wir siegen«, sagt Mohammadi. Er ist seit einigen Monaten im Pech-Tal stationiert und stammt ursprünglich aus dem Distrikt Dar-e Noor in der angrenzenden Provinz Nangarhar. Seine Familie kann er nur in unregelmäßigen Abständen besuchen. Dass die Amerikaner Kunar und andere Standorte verlassen haben, wundert Mohammadi nicht. »Das hier ist unser Kampf. Wir müssen das selbst regeln«, sagt er. Abdul Hadi, ein weiterer Soldat und Kampfgefährte Mohammadis, ist skeptischer. »Schau dich hier mal um. Das ist unser Alltag. Wie lange soll das noch so weitergehen?«, fragt er sich. Abdul Hadi stammt aus Kabul. Kunar und andere afghanische Provinzen kannte er zuvor nicht. Als Soldat sah er sie zum ersten Mal. »Das Leben hier ist anders als in Kabul. Viele wissen gar nicht, was hier los ist, geschweige denn die verantwortlichen Politiker«, meint Abdul Hadi. Gemeinsam mit Mohammadi und den anderen Soldaten musste er vor Kurzem einige gefallene Kameraden begraben. Von all den afghanischen Soldaten, die tagtäglich in Afghanistan getötet werden, hört man selten etwas. Im September 2019 kündigte Ex-Präsident Donald Trump kurzzeitig die Friedensverhandlungen mit den Taliban auf, nachdem ein US-Soldat bei einem Gefecht ums Leben gekommen war. »Die Gespräche sind tot«, erklärte Trump damals kurz vor dem Jahrestag der Anschläge des 11. Septembers. Einige Wochen später wurden die Gespräche von Washington fortgesetzt. Im selben Zeitraum wurden Hunderte von afghanischen Soldaten, meist, wie Mohammadi und Abdul Hadi, einfache Männer aus armen Familien, von den Aufständischen getötet. Daran hat sich auch seit der Unterzeichnung des Doha-Deals nichts geändert. »Die Amerikaner sind schon lange weg. Wir können allerdings nicht abziehen. Das ist unser Land und wir verteidigen es«, sagt Sayyed Agha. Er ist gegenwärtig im Distrikt Sarkano an der pakistanischen Grenze stationiert. Sein monatlicher Sold:

rund 140 Euro. Der Grenzposten ist klein und liegt abgeschieden. Strom gibt es nicht. Wasser müssen die Soldaten auf dem hochgelegenen Hügel mit Kanistern heranschaffen. In den letzten zwei Jahrzehnten flossen Milliarden von Dollar in die afghanische Armee. Detaillierte Berichte sprechen von mindestens 87 Milliarden Dollar, die in den Aufbau der afghanischen Sicherheitskräfte investiert wurden. Doch den Soldaten in Kunar fehlt es an den grundlegendsten Dingen. Ein Grund hierfür ist die massive Korruption. Hochrangige Militärs bereichern sich persönlich, während jene, die an der Front kämpfen, praktisch nichts haben. Oftmals kassieren sie etwa den Sold von Soldaten, die nur auf dem Papier existieren. In der Vergangenheit war von sogenannten Geistersoldaten die Rede. Jene, die tatsächlich existieren, sind dennoch meist sich selbst überlassen. Diese Vernachlässigung und die schlechte Bezahlung führen dazu, dass Soldaten massenweise desertieren, wie zuletzt im Sommer 2021 während des Taliban-Aufmarsches. Nach zwanzig Jahren NATO-Besatzung ist die afghanische Armee eine gescheiterte Institution, die von den Extremisten teils ohne große Mühe in die Enge getrieben wird. Regelmäßig wird Kriegsgerät erbeutet. Soldaten, die sich ergeben, werden entweder zur Schau gestellt oder massakriert. Sayyed Agha macht hierfür auch die afghanische Regierung in Kabul verantwortlich. »Wir kämpfen für Politiker mit ausländischen Staatsbürgerschaften. Ihre eigenen Familien leben im Ausland. Sie würden ihre eigenen Söhne niemals hierherschicken«, beschwert sich Agha. Die Regierung von Präsident Ashraf Ghani steht schon seit längerem in der Kritik, den Draht zur Realität verloren zu haben. Viele von Ghanis engsten Beratern sind Auslandsafghanen, die teils keine der Landessprachen beherrschen und regelmäßig mit Korruptionsskandalen für Aufsehen sorgen. Was an der Front geschieht, interessiert sie nicht. »Diese Menschen leben in ihrer eigenen Welt und die hat mit unserer nichts gemein. Wir kämpfen nicht für sie, sondern für unser Land«, resümiert Agha. Dann packt er seinen Kanister und steigt den Hügel hinauf.

Quo vadis, Afghanistan?

Mit dem Erscheinen dieses Buches jähren sich die Anschläge des 11. Septembers 2001 zum zwanzigsten Mal. Afghanistan hat nun zwei Jahrzehnte »War on Terror« sowie insgesamt über vierzig Jahre Krieg hinter sich. Die Mehrheit der afghanischen Gesellschaft kennt nichts anderes als Konflikt, Chaos und Vertreibung. Jene Generation, die das Privileg hatte, die Zeit des Friedens erleben zu dürfen, schwindet von Tag zu Tag. Das Trauma, das sie erlebt hat, ist kaum zu ermessen. Am Kabuler Flughafen fielen mir immer wieder ältere Personen auf, die nach Jahrzehnten in ihre Heimat zurückgekehrt waren und aufgrund der starken Veränderungen sowie der vorherrschenden Umstände in Tränen ausbrachen. Mein eigener Vater sowie einige andere meiner Familienmitglieder sind seit über vierzig Jahren nicht mehr nach Afghanistan gereist, weil sie den Anblick ihrer Heimat nicht ertragen würden und weil jenes Land, in dem sie einst geboren wurden, nicht mehr existiert. Dass sich der Status quo in Afghanistan in absehbarer Zeit zum Positiven ändert, ist leider unwahrscheinlich. Der westliche Afghanistan-Einsatz ist in jeglicher Hinsicht gescheitert. Die Amerikaner, die Deutschen und andere Soldaten haben bereits ihre wichtigsten Militärbasen verlassen. Zahlreiches, zurückgelassenes Kriegsgerät wurde von den Taliban erobert, nachdem Hunderte von afghanischen Soldaten flüchteten und ihre Posten den aufmarschierenden Extremisten überließen. Die Taliban haben sich in den letzten Jahren nicht nur neue Taktiken angeeignet, sondern auch die »Errungenschaften« des »War on Terror« imitiert. Sie benutzen mittlerweile provisorisch bewaffnete Drohnen oder verbreiten Propagandavideos ihrer »roten Einheit«, einer Taliban-Spezialtruppe, die manchmal kaum von ihren amerikanischen Pendants zu unterscheiden ist. Währenddessen schwebt über Kabul eine dunkle Wolke. Viele Afghanen denken, dass es nur noch eine Frage der Zeit ist, bis die Taliban die Hauptstadt erobern. »Ihr habt die Uhren, doch wir haben die Zeit«, lautet ein afghanisches Sprichwort, das westliche Beobachter in den letzten Jahren immer wieder den Taliban zuschrieben. Tatsächlich beschreibt dieser Spruch die jüngsten Ereignisse am Hindukusch ziemlich gut. Die Zeit der westlichen Truppen ist allem Anschein nach abgelaufen. Nun sind es die Afghanen, die weiter einander bekämpfen. Der »War on Terror« wurde fast vollständig »afghanisiert« – und in vielen Fällen ist er ein Bruderkrieg. Familien schließen sich verschiedenen politischen Lagern an und erklären sich gegenseitig zu Feinden. Trauernde Mütter beerdigen ihre Söhne, den einen mit schwarzem Taliban-Turban, den anderen mit der Uniform der afghanischen Armee. Dies ist die wahre Tragödie des Krieges, und sie will, so scheint es, einfach kein Ende nehmen.

Dabei sollten mittlerweile alle Beteiligten wissen, dass der Krieg am Hindukusch nur mit Worten und nicht mit Waffen gelöst werden kann. Es gab Momente der Hoffnung, die dies deutlich machten. Während der Feiertage des islamischen Opferfests fanden in den letzten Jahren stets Waffenstillstände zwischen den Kriegsparteien statt. In diesen Tagen legten sowohl Taliban-Kämpfer als auch Soldaten ihre Waffen nieder und brachen gemeinsam das Brot, während sie in Frieden ihre Familien besuchen konnten. »Warum nicht immer Opferfest?«, fragte ich junge Taliban-Kämpfer in der Provinz Baghlan oder deren politische Führung in Katar. Ähnlich wie die politischen Eliten oder hohe Militärs in Kabul fanden sie keine passable Antwort auf meine Frage. Sie schoben stets der Gegenseite die Schuld zu und beharrten auf ihren islamistischen oder nationalistischen Ideologien, mit denen – und das wage ich zu behaupten – der Großteil der Bevölkerung nichts anfangen kann. Meinungsverschiedenheiten und verschiedene politische Positionen existieren seit

Jahrzehnten in Afghanistan. Einst – etwa in der Ära meiner Groß-
eltern – herrschte eine gesunde Diskussionskultur, in der Vertreter
konträrer Meinungen gleichzeitig gute Freunde waren. Im Wohnzimmer meines Großvaters in Kabul trafen sich in den 1960er- und
1970er-Jahren Nationalisten, Islamisten, Linke, Kommunisten und
Liberale, um über die Belange ihrer Heimat zu diskutieren. Dass die
damalige Zeit alles andere als perfekt und makellos war, wurde im
Laufe dieses Buches mehrfach behandelt. Die damaligen positiven
Entwicklungen sollten allerdings dennoch nicht in den Hintergrund
geraten. Es handelt sich hierbei nämlich keineswegs nur um Nostalgie oder Verklärung. Die Erinnerung an die damalige Zeit ist wichtig,
um eine neue, innerafghanische Versöhnung voranzubringen. Innerhalb der Bevölkerung findet diese schon lange statt. Ein besonders
lobenswertes Beispiel lässt sich etwa in der Nähe des Kabuler Basars
finden. Dort arbeitet Shams ul-Haqq, mein Stammbuchhändler, seit
nun mehr als 25 Jahren Seite an Seite mit seinem Freund und einstigen »Erzfeind« Hajji Sherazuddin. Gemeinsam haben die beiden
Männer die Niedergänge und Aufstiege verschiedener Regierungen
erlebt. Zuvor bekämpften sie sich sogar gegenseitig, wenn auch indirekt. Während Shams ul-Haqq zu Zeiten des Kalten Krieges für
den militärischen Aufklärungsdienst des kommunistischen Regimes
in Kabul tätig war, kämpfte der junge Sherazuddin auf Seiten der
Mudscheddin-Rebellen. »Der Typ schlug damals russische Schä-
del ein. Kaum zu glauben, oder?«, sagt mir der weißbärtige Shams
ul-Haqq scherzhaft, als ich zuletzt seinen Bücherstand besuchte.
Sherazuddin, der meist eine Pakolmütze trägt und grimmig durch
den Markt schaut, begann zu grinsen. Er war einst vom bewaffneten
Dschihad gegen die sowjetischen Truppen überzeugt. »Sie haben
uns angegriffen. Wir haben uns nur verteidigt«, so der Buchhändler. Shams ul-Haqq, der damals der Gegenseite diente, teilt heute
seine Meinung. »Ich war kein Kommunist. Die Lage war kompliziert,
aber am Ende war es gut, dass die Sowjets abgezogen sind«, meint
er. Was er vom Abzug der NATO-Truppen halten soll, weiß er allerdings nicht so recht. »Es ist ein Dilemma – ob mit oder ohne sie!«,

resümiert er. Hajji Sherazuddin sieht das anders. Der Abzug der ausländischen Truppen sei notwendig. Sie hätten Afghanistan nur Leid gebracht, meint er mit erhobenem Zeigefinger. Während Hajji Sherazuddin hauptsächlich Lehrbücher für Schüler und Studenten anbietet, lassen sich in den Regalen Shams ul-Haqqs vor allem Sachbücher sowie die politischen Autobiografien finden. Neben den persischen Übersetzungen von Che Guevaras Tagebüchern und Hitlers *Mein Kampf* erkennt man die Antlitze jener Männer, die Afghanistan in den letzten Jahrzehnten geprägt haben. Mohammad Daoud Khan, der erste und letzte Präsident der afghanischen Republik, der Mudschaheddin-Führer Ahmad Shah Massoud oder Mohammad Najibullah, der letzte von den Sowjets unterstützte kommunistische Diktator Kabuls, der 1996 von den Taliban in brutaler Art und Weise hingerichtet wurde. »Im Großen und Ganzen haben sie alle unser Land zerstört«, kommentiert ul-Haqq zynisch. Er gehöre nicht zu jenen, die Afghanistans Geschichte romantisieren würden. Die politischen Führer der letzten Jahre hätten allesamt Blut an den Händen, während Männer wie Shams ul-Haqq, der sich einst über die Saur-Revolution, den kommunistischen Putsch im Jahr 1978, freute, oder der Ex-Mudschahed Hajji Sherazuddin ihnen blind folgten. Damit müsse nun Schluss sein. »Wir haben Frieden geschlossen, also kann das jeder«, sagt ul-Haqq euphorisch, während Sherazuddin ihm nickend zustimmt. »Die politischen Führer beider Seiten müssen diesen wichtigen Moment ausnutzen und Frieden schließen«, fügt er hinzu. Anders ausgedrückt: Der innerafghanische Frieden von unten hat schon längst begonnen. Es sind lediglich die politischen Führungsfiguren, die weiterhin an ihrer Macht und ihrem Einfluss festhalten wollen und von einer Fortführung des Konflikts profitieren. Der Dialog, die Aussöhnung sowie die Aufarbeitung der Kriegsgräuel würden nämlich die Machtpositionen ebenjener Akteure in Frage stellen und womöglich auch dazu führen, dass sie aufgrund ihrer Taten zur Rechenschaft gezogen werden – dann aber, hoffentlich (!), von einem unabhängigen afghanischen Gerichtshof, der zur Freiheitsstrafe verurteilt und nicht zur Folterkammer.

Anmerkungen

Einleitung

1 Jüngsten Nachrichten zufolge (Stand 29.05.2021) soll der Abzug bereits stattfinden, sprich, bis Juli.

2 Vgl. Gary Younge: »Congresswoman Barbara Lee: once the lone voice against the Afghanistan war«, 27.07.2012, online unter: www.theguardian.com.

3 Vgl. ZDF heute journal: »Afghanistan – Bundeswehr zu sanft (Uli Gack)«, Bericht vom 15.12.2009, online unter: www.youtube.com.

4 Vgl. Michael Slackman, Greg Winter, Adrienne Carter & Doug Schorzman: »Our Next Kabul Bureau Chief«, 29.04.2020, *New York Times*, online unter: www.nytco.com.

5 Vgl. Interview mit Erik Edstrom, November 2020.

6 Vgl. Michael Hirsh: »Bernard Lewis Revisited«, November 2004, online unter: www.washingtonmonthly.com.

Wie der »Kreuzzug« begann: Der Pate des Dschihad

1 Vgl. Fazelminallah Qazizai; Chris Sands: *Night Letters: Gulbuddin Hekmatyar and the Afghan Islamists Who Changed the World,* C Hurst & Co Publishers 2020, S. 50.

2 Vgl. Thomas Hegghammer: *The Caravan: Abdallah Azzam and the Rise of Global Jihad*, Cambridge 2020, S. 17.

3 Vgl. Hegghammer 2020, S. 98.

4 Vgl. Qazizai, Fazelminallah; Sands, Chris: *Night Letters: Gulbuddin Hekmatyar and the Afghan Islamists Who Changed the World*, Hurst 2019, S. 68.

5 Vgl. Qazizai; Sands 2020, S. 213.

6 Interview mit Mohamedou Ould Slahi, 2017.

7 Anas, Abdullah: *To the Mountains: My Life in Jihad, from Algeria to Afghanistan*, Hurst 2019.

8 Vgl. Aryn Baker: »Who Killed Abdullah Azzam?«, 18.06.2009, online unter: www.content.time.com.

9 Vgl. Interviews des Autors mit Mozhdah 2014–2018.

10 Vgl. Waheed Mozhdah: *Afghanistan Under Five Years of Taliban Rule*, 2002 S. 32.

11 Vgl. Reuters: »Man who brought al Qaeda to Afghanistan now runs for president«, 03.10.2013, online unter: www.reuters.com.

12 Vgl. Robert D. Crews: *Afghan Modern – The History of a Global Nation*, Harvard University Press 2015.

13 Vgl. Niamatullah Ibrahimi: *The Hazara and the Afghan State: Rebellion, Exclusion and the Struggle for Recognition*, C Hurst & Co Publishers Ltd 2017.

14 Bette Dam: *A Man and a Motorcycle – How Hamid Karzai Became Afghanistan's President,* Ipso Facto 2014, S. 31.

15 Dam 2014, S. 33 ff.

16 Vgl. Dam 2014, S. 32.

17 Vgl. Bob Woodward: *Bush at War,* Simon & Schuster 2002, S. 214.

18 Vgl. Andy Worthington: *The Guantanamo Files – The Stories of 759 Detainees in America's Illegal Prison*, Pluto Press 2007, S. 23.

19 Vgl. Worthington 2007, S. 19.

20 Vgl. Kathy Gannon: »Kabul awakes to the aftermath of another night's heavy bombing«, 27.10.2001, online unter: www.theguardian.com.

21 Vgl. Human Rights Watch Report 2005, online unter: www.hrw.org.

22 Vgl. Ibrahimi 2017, S. 178.

23 Vgl. Daveed Gartenstein-Ross: »Bin Laden's ›War of a Thousand Cuts‹ Will Live On«, 03.05.2011, online unter: www.theatlantic.com.

24 Vgl. Marc A. Thiessen: »Bin Laden's secret plan to destroy America: Make Joe Biden president«, 26.11.2012, *American Enterprise Institute*, online unter: www.aei.org.

25 Vgl. Jon Lee Anderson in *The New Yorker*, Juni 2002, S. 72.

26 Vgl. Mozhdah 2002, S. 85.

27 Vgl. Zalmay Khalilzad: *The Envoy – From Kabul to the White House. My Journey Through a Turbulent World*, St Martins PR 2016, S. 136.

28 Vgl. Dam 2014, S. 169.

29 Vgl. Woodward 2002, S. 81.

30 Vgl. Woodward 2002, S. 81.

31 Vgl. Mark Phelps: »Hijackers trained at U.S. flight schools«, 08.10.2007, online unter: www.ainonline.com.

32 Vgl. *The Guardian*: »Bush rejects Taliban offer to hand Bin Laden over«, 14.10.2001, online unter: www.theguardian.com.

33 Vgl. Barbara Lee: *Renegade for Peace and Justice: Congresswoman Barbara Lee Speaks for Me,* Rowman & Littlefield Publishers 2008, S. 211.

34 Vgl. Schröder 2001, Regierungserklärung vom 12. September 2001.

35 Vgl. Bundesregierung: Rede des Bundesministers der Verteidigung, Dr. Pe-

ter Struck, am 20. Dezember 2002 in Berlin, online unter www.bundesre gierung.de.

36 Vgl. Kempf 2008, S. 331.

37 Vgl. Karim El-Gawhary, 01.07.2021, online unter: www.twitter.com.

38 Vgl. George Packer: »How Rumsfeld Deserves to Be Remembered«, 01.07.2021, online unter: www.theatlantic.com.

39 Vgl. Jeremy Scahill, 30.06.2021, online unter: www.twitter.com.

40 Vgl. Woodward 2002, S. 173.

41 Vgl. Human Rights Watch Report 2004: www.hrw.org.

42 Vgl. Craig Murray: »Why the US won't admit it was jilted«, 03.08.2005, online unter: www.theguardian.com.

43 Vgl. »Imran Khan criticised after calling Osama Bin Laden a ›martyr‹«, 26.06.2020, online unter: www.bbc.com.

Das ideologische Gerüst des »War on Terror«

1 Vgl. Samuel P. Huntington: »The Clash of Civilizations?«, Sommer 1993, online unter: www.foreignaffairs.com.

2 Vgl. Sen 2007, S. 72 ff.

3 Vgl. Interview des Autors mit Pankaj Mishra, 2018.

4 Vgl. Joachim Hoelzgen: »Heiliger Krieg in Malakand. Angriff der Ur-Taliban«, 15.01.2007, online unter: www.spiegel.de.

5 Vgl. Con Coughlin: »Lessons from Winston Churchill: Withdrawal from Afghanistan, 01.07.2014, online unter: www.thehistoryreader.com.

6 Vgl. Tharoor, Shashi: *Inglorious Empire – What the British did to India*, Penguin 2016, S. 165 ff.

7 Vgl. Fontane, Theodor: *Gesammelte Werke*, F. Fontane & Co 1905, S. 193 ff.

8 Vgl. Farrukh Husain: »A critical review of William Dalrymple's ›Return of a King‹«, 09.2020, online unter: www.thefrontierpost.com.

9 Vgl. Vincent Bevins: *The Jakarta Method: Washington's Anticommunist Crusade and the Mass Murder Program that Shaped Our World*, PublicAffairs 2020.

10 Vgl. M. Hassan Kakar: *The Soviet Invasion and the Afghan Response, 1979 – 1982*, University of California Press 1995.

11 Vgl. Vasili Mithrokhin; Andrew, Christopher: *The Sword and the Shield: The Mitrokhin Archive and the Secret History oft he KGB*, Basic Books 2000.

12 Der vollständige UN-Bericht aus dem Jahr 1986 ist hier abrufbar: https://www.refworld.org/docid/482996d02.html.

13 Vgl. Michael Bérubé: *The Left at War*, Combined Academic Publ 2009, S. 61.

14 Vgl. Ebd. S. 61.

15 Vgl. Interview mit Paikar, April 2021.

16 Vgl. Conor Tobin: »The Myth of the ›Afghan Trap‹: Zbigniew Brzezinski

and Afghanistan, 1978–1979«, in: *Diplomatic History*, Volume 44, April 2020, S. 237–264.

17 Vgl. Wesley Morgan: *The Hardest Place: The American Military Adrift in Afghanistan's Pech Valley*, Random House 2021.

Auszüge des Grauens

1 Vgl. Amnesty International: »Mapping CIA Black Sites«, 05.04.2010, online unter: www.amnestyusa.org.

2 Vgl. *Spiegel:* »Rekonstruktion vom Kunduz-Anschlag. Ein deutsches Verbrechen« , 06.10.2016, online unter: www.spiegel.de.

3 Vgl. *Frankfurter Allgemeine Zeitung:* »Kundus-Bombardement: Kein Disziplinarverfahren gegen Oberst Klein«, 19.08.2010, online unter: www.faz.net.

4 Vgl. *Augen geradeaus:* »Bonner Landgericht: Keine Amtspflichtverletzung von Oberst Klein bei Kundus-Luftangriff«, 11.12.2013, online unter: www.augengeradeaus.net.

5 Vgl. Rory Callinan: »Photo reveals Australian soldier drinking beer out of dead Taliban fighter's prosthetic leg«, 01.12.2020, online unter: www.theguardian.com.

6 Vgl. Offizieller Bericht zu den Kriegsverbrechen der SAS in Afghanistan, 09.2020, online unter: www.aph.gov.au.

7 Vgl. Nick McKenzie, Joel Tozer & Chris Masters: »Killings of Afghans ›happened all the time‹«, 15.11.2020, online unter: www.theage.com.

8 Vgl. John Lyons: »AFP raid on ABC reveals investigative journalism being put in same category as criminality«, 15.07.2019, online unter: www.abc.net.

9 Vgl. Ali M Latifi: »Afghans recall days when Australians unleashed dogs, gunfire«, 19.11.2020, online unter: www.aljazeera.com.

10 Interview des Autors mit Bilal Sarwary, Juni 2021.

11 Vgl. Mark Willacy: »›They decided to kill all of them‹«, 09.06.2021, online unter: www.abc.net.

12 Vgl. Daniel Hurst: »›I won't be bullied‹: expert who helped spark war crimes inquiry speaks out after Dutton criticism«, 11.06.2021, online unter: www.theguardian.com.

13 Vgl. Murray Brewster: »The fall of Panjwaii casts a long shadow over Canada's Afghan war veterans«, 10.07.2021, online unter: www.cbc.ca.

14 Vgl. Richard Luscombe: »Navy Seal pardoned of war crimes by Trump described by colleagues as ›freaking evil‹«, 27.12.2019, online unter: www.theguardian.com.

15 Vgl. Rachel E. Van Landingham & Geoffrey S. Corn: »Trump's Blackwater pardons erase the line between slaughter and justified wartime violence«, 12.2020, online unter: eu.usatoday.com.

16 Vgl. David »Bull« Gurfein: »President Trump Must Act on Behalf of Robert Bales and Other Convicted Warfighters«, 04.01.2021, online unter: www. military.com.

17 Vgl. Habib Zahori: »Tales of ›White Taliban‹ Sketch a New Legend«, 23.07.2013, online unter: www.atwar.blogs.nytimes.com.

18 Interview mit Erik Edstrom, November 2020.

19 Vgl. Erik Edstrom: *Un-American: A Soldier's Reckoning of Our Longest War*, Bloomsbury Publishing 2020, S. 2.

20 Vgl. WDR Monitor: »Bundeswehr verschweigt zivile Opfer bei Afghanistan-Offensive«, 10.07.2014, online unter: presse.wdr.de.

21 Vgl. *Bild*: »Auf geheimer Mission mit dem KSK | Jagd auf den Mörder eines Kameraden in Afghanistan | Doku-Trailer«, 28.04.2020, online unter: www.youtube.com.

22 Vgl. Sebastian Erb: »Rechtsextremismus beim KSK: Mit Reformen ist es nicht getan«, 15.06.2021, online unter: www.taz.de.

Die sechs großen Vergehen des »War on Terror« in Afghanistan

1 Vgl. Amnesty International: »Mapping CIA Black Sites«, 05.04.2010, online unter: www.amnestyusa.org.

2 Ruslan Trad: »The Soviet Origins of Putin's Mercenaries«, 27.04.2021, online unter: newlinesmag.com

3 Interview mit Mohamedou Ould Slahi, Januar 2021.

4 Vgl. *New York Times*: »The Guantanamo Docket«, 17.06.2021, online unter: www.nytimes.com.

5 The Afghan Eye Podcast vom 13.07.2020, online unter: www.facebook.com.

6 Vgl. Raniah Salloum: »Anführer des ›Islamischen Staats‹. Die Knastbrüder von Camp Bucca«, 05.11.2014: www.spiegel.de.

7 Vgl. Christoph Reuter: »Neuer IS-Chef al-Salbi Baghdadis Erbe«, 22.01.2020, online unter: www.spiegel.de.

8 Vgl. Emran Feroz: »Islamischer Staat‹ versus ›Taliban-Emirat‹ – Ein Kalif zu viel«, 18.02.2015, online unter: de.qantara.de.

9 Vgl. BBC: »American Sniper film ›behind rise in anti-Muslim threats‹«, 25.01.2015, online unter: www.bbc.com.

10 Vgl. Robert Johnson: »The Pork Eating Crusader Patch Is A Huge Hit With Troops In Afghanistan«, 17.03.2012, online unter: www.businessinsider.com.

11 Vgl. Matthias Gebauer: »Afghanistans Präsident Karzai Steinmeier besucht den Problem-Partner«, 09.02.2014: www.spiegel.de.

12 Jonathan Steele & Jon Boone: »WikiLeaks: Afghan vice-president ›landed in Dubai with $52m in cash‹«, 02.12.2010: www.theguardian.com.

13 Vgl. Jessica Purkiss: »The Afghan officials' families with luxury pads in Dubai«, 04.11.2019: www.thebureauinvestigates.com.

14 Julia Maria Amberger: »Gekaufte Freundschaft«, 13.06.2013, online unter: www.taz.de.

15 Vgl. Dam, S. 19., vgl. auch Jeff Stein: »CIA Honors Officer Who Saved Karzai's Life«, 18.09.2017, online unter: www.newsweek.com.

16 Vgl. James Risen: »Reports Link Karzai's Brother to Afghanistan Heroin Trade«, 04.10.2008, online unter: www.nytimes.com; vgl. auch Alfred Mccoy: *In the Shadows of the American Century: The Rise and Decline of US Global Power*, Haymarket Books 2017, S. 67.

17 Vgl. Al Jazeera America: »High turnout in Afghanistan elections«, 05.04.2014, online unter: america.aljazeera.com.

18 Emran Feroz: *Tod per Knopfdruck. Das wahre Ausmaß des US-Drohnen-Terrors oder Wie Mord zum Alltag werden konnte*, Frankfurt am Main 2017.

19 Vgl. Jack Serle: »Comment: If drone strikes continue in Afghanistan, the lack of transparency must not«, 16.10.2014, online unter: www.thebureau investigates.com.

20 Vgl. Feroz 2017, S. 167 ff.

21 Vgl. May Jeong: »Losing Sight. A 4-Year-Old Girl Was the Sole Survivor of a U.S. Drone Strike in Afghanistan. Then She Disappeared.«, 27.01.2018: www.theintercept.com.

22 Vgl. Oriana Pawlyk: »The US conducted more airstrikes in Afghanistan in 2018 than any other time in the last decade«, 12.02.2019, online unter: www.taskandpurpose.com.

23 Vgl. Julian Borger: »US dropped record number of bombs on Afghanistan last year«, 28.01.2020, online unter: www.theguardian.com.

24 Vgl. Murray Jones: »40% of all civilian casualties from airstrikes in Afghanistan – almost 1,600 – in the last five years were children«, 06.05.2021, online unter: aoav.org.uk.

25 Vgl. Jessica Purkiss: »The families paying the price for the war in Afghanistan«, 03.06.2020, online unter: www.thebureauinvestigates.com.

26 Vgl. Ehsan Qaane: »Afghan War Crimes Trials in The Netherlands: Who are the suspects and what have been the outcomes?«, 25.03.2020, online unter: www.afghanistan-analysts.org.

27 Vgl. Emran Feroz: »Atrocities Pile Up for CIA-Backed Afghan Paramilitary Forces«, 16.11.2020, online unter: www.foreignpolicy.com.

28 Vgl. BBC: »BBC reporter Ahmad Shah killed in Afghanistan attack«, 30.04.2018, online unter: www.bbc.com.

29 Vgl. Clemens Neuhold: »Solche jungen Afghanen kommen bereits kriminell nach Österreich«, 02.07.2021, online unter: www.profil.at.

30 Vgl. Kate Martyr: »George W. Bush: Afghanistan troop withdrawal ›a mistake‹«, 14.07.2021, online unter: www.dw.com.

31 Vgl. Azmat Khan: »Ghost Students, Ghost Teachers, Ghost Schools«, 09.07.2015, online unter: www.buzzfeednews.com.

32 Vgl. Hijatullah Darwazi: »See the real face of Fawzia Koofi and her corrupt family!«, 06.12.2015, online unter: www.rawa.org; Vgl. auch Thomas Ruttig: »Eldorado am Hindukusch: Krieg und Kriegsgewinnler in Afghanistan«, 24.11.2018, online unter: thruttig.wordpress.com.

Ernüchternde Realitäten

1 Vgl. Website von ›Gharnata‹, 06.2021: www.gharnata.net.

2 Vgl. Elisabeth Brumiller: »Bush Boards Luxury Bus To Campaign In Midwest«, 04.05.2004, online unter: www.nytimes.com.

3 Interviews des Autors mit Abdul Kadir Mohmand, 2019–2021.

4 Interview des Autors mit Saidal Mohmand, Juni 2021.

5 Vgl. Wesley Morgan: »Our secret Taliban air force«, 22.10.2020, online unter: www.washingtonpost.com.

6 Vgl. Julian Borger: »Trump reportedly tells Taliban official ›you are a tough people‹ in first phone call«, 03.03.2020, online unter: www.theguardian.com.

7 Vgl. Craig Whitlock: »At War With The Truth«, 09.12.2019, online unter: www.washingtonpost.com.

8 Vgl. John Sopko: »Setting the record straight on ›The Afghanistan Papers‹«, 17.12.2019, online unter: www.washingtonpost.com.

9 Vgl. Emran Feroz: »In Afghanistan, the freedoms of the press are under attack«, 18.12.2020, Columbia Journalism Review, online unter: www.cjr.org.

10 Vgl. Sarah Almukhtar & Rod Nordland: »What Did the U.S. Get for 2$ Trillion in Afghanistan?«, 09.12.2019, online unter: www.nytimes.com.

11 Vgl. Costs of War Project, 21.06.2021, online unter: watson.brown.edu.

12 Vgl. UN Report, 14.04.2021, online unter: unama.unmissions.org.

13 Vgl. Morgen 2021, S. 32.